반역, 패자의 슬픈 낙인

지은이 배상열

1963년 경북 달성 출생. 1988년 한국일보사에 입사한 뒤 역사 공부에 파묻혔다. 특히 이순신에게 영혼을 바치기로 결심, 연구에 돌입하여 2007년 《난중일기 외전》을 펴냈다. 이 책은 방대한 자료 조사와 철저한 고증을 거쳐 이순신을 새롭고도 완벽하게 재현했다는 평가를 받고 있다. 같은 해 석기시대를 다룬 소설 《동이》로 문화관광체육부장관상과 제2회 디지털작가대상을 수상했다. 이밖에 쓴 책으로 대하역사소설 《북벌 영웅 이징옥》(전 3권), 《이순신 최후의 결전》(전 3권), 역사 입문서 《조선 비화》《왕자의 눈물》 등이 있다.

피로 쓴 조선사 500년의 재구성
반역, 패자의 슬픈 낙인

1판 1쇄 인쇄 2009년 5월 25일
1판 1쇄 발행 2009년 6월 1일

지은이	배상열
펴낸이	고영수
펴낸곳	추수밭
등록	제406-2006-00061호(2005.11.11)
주소	135-816 서울시 강남구 논현동 63번지
	413-756 경기도 파주시 교하읍 문발리 파주출판도시 518-6번지
	청림아트스페이스
전화	02)546-4341
팩스	02)546-8053

www.chungrim.com
cr2@chungrim.com

ⓒ 배상열 2009

ISBN 978-89-92355-44-5 03900

가격은 뒤표지에 있습니다.
잘못된 책은 바꿔드립니다.

사진 제공 : 한국학중앙연구원, 이정근, 김재윤
* 일부 사진은 저작권자를 확인할 수 없었습니다. 출간 이후라도 저작권자를 확인하는 대로 저작권자의 권리를 지키기 위한 조치를 다하겠습니다.

피로 쓴 조선사
500년의 재구성

반역, 패자의 슬픈 낙인

배상열 지음

추수밭

■ 저자의 말

　흔히 '역사는 승자의 기록'이라고 말한다. 그렇다면 반란에 성공한 자들과 이를 제압한 자들의 손에 들린 붓은 최대의 전리품이라고 해도 과언이 아닐 것이다. 반란의 내부에는 그 시대의 모든 정보가 들어 있지만, 차마 눈뜨고 볼 수 없는 왜곡과 날조도 제법 많다. 칼을 뽑아 목적을 달성한 자들이 자신의 치부를 인정하고 기록할 리가 만무하지 않은가. 이번 작업을 통해 승자들이 저지른 추악한 행위를 낱낱이 밝히고, 그들 때문에 매몰된 피해자와 진실을 발굴했다.

　반역과 반란을 경유하여 접근한 역사의 비밀은 너무나 놀랍고, 그 가운데 일부는 황당할 지경이다. 《고려사高麗史》와 《고려사절요高麗史節要》에 나타난 고려의 모습, 특히 공민왕이 죽음에 이르는 과정은 도무지 말이 되지 않는다. 또 태종 이방원李芳遠이 부친 이성계李成桂에게 반역을 일으켜 보위를 빼앗은 것은 잘 알려져 있지만, 이성계가 이방원에게 반역으로 되갚으려 한 사실을 아는 사람은 드물다. 아비와 아들이 반역을 주고받은 진상과 함께 지금까지 가장 그릇되게 알려진 계유정난癸酉靖難의 진실도 완벽하게 추적하여 파헤쳤다. 수양대군首陽大君이 조카 단종을 몰아내고 왕이 되기 위해 반대파를 잔혹하게 제거한 반역 사건이 계유정난인데, 《조선왕조실록朝鮮王朝實錄》의 기록에 근거하여 그날 밤 수양대군이 김종서金宗瑞를 찾아가 죽인 것이 정설로 되어 있다. 지금까지 소개된 소설과 사극에서도 이를 사실로 다뤘으며 조금도 의심한 사람이 없지만, 그날 두 사람은 만나지도 않았다. 그렇다면 김종서는 어떻게 죽었으며, 수양대군은 어떻게 쿠데타에 성공했단 말인가. 이 책에 모든 비밀을 부검하여 펼쳐놓았다.

또 왕이 조작하여 일으킨 반역과 그 때문에 나라가 망할 뻔한 어이없는 사건, 날조와 조작에 따른 '기획 반역'에 걸려들어 희생당한 피해자들에게도 자신을 변호할 기회를 제공했다. 조선의 유통기한이 다할 때까지 발생한 주요 반역과 반란을 시대별로 충실히 정리하고 재해석했으니 독자들에게 조금이나마 도움이 될 것으로 믿는다.

배상열

■ 들어가는 글

　조선에 대해 논하기 전에 간단하게나마 고려 역사를 다루는 것이 순서가 아닐까 싶다. 918년에 왕건王建이 창건하여 34대 공양왕에 이르기까지 475년간 꿋꿋이 격류를 버텨낸 고려는 31대 공민왕이 죽음과 동시에 뇌사 선고를 받았다. 원元을 공격하여 국토를 수복하고 백성을 돌보는 등 개혁 정치를 추진하며 의욕적으로 일하던 공민왕이 180도 바뀐 것은 사랑하는 아내의 죽음 때문이라고 한다. 원 황실의 딸과 원치 않은 결혼을 했지만, 공민왕은 아내 노국대장공주魯國大長公主를 깊이 사랑했다. 노국대장공주가 난산 끝에 숨을 거둔 것은 공민왕 14년(1365)이다.

　최악의 불행을 당한 공민왕의 심정은 충분히 이해할 수 있지만, 문제는 이후의 행보다. 공민왕은 사랑하는 아내를 잃은 다음 사람이 확 바뀌어 극단적인 쾌락을 추구한다. 귀족의 자제들로 구성한 자제위子弟衛의 청년들을 불러 동성애를 즐기거나, 젊고 아름다운 궁녀들과 자제위를 혼음하게 한 뒤 지켜보는 등 변태적 관음까지 즐겼다고 한다. 심지어 대를 이을 왕자를 갖게 한다는 명분으로 자제위들에게 왕비와 후궁을 강간하도록 했는데, 그것에 맛 들인 자제위들이 왕의 명령을 빙자하여 수시로 왕비와 간음했다.

자제위에 배치된 내관 최만생崔萬生에게 익비益妃가 임신했다는 보고를 받은 공민왕이 비밀을 지키기 위해 자제위들을 죽이라고 명령하는데, 최만생이 이를 누설하고 만다. 모든 비밀을 아는 최만생이 자신까지 제거당할 것을 두려워했기 때문이다. 공민왕이 만취하여 자고 있을 때 최만생과 자제위들이 다투어 시역弑逆의 칼을 내리 찍었다는 것이 《고려사》와 《고려사절요》의 내용이며, 지금까지 그렇게 알려져 있다.

(1374년 9월 22일) 동이 트기 전 공민왕이 침소에서 암살되었다. 자제위 소속의 최만생과 홍륜洪倫, 권진權瑨, 홍관洪寬, 한안韓安, 노선盧瑄 등이 공모하여 저지른 일이다. 이들은 왕이 술에 몹시 취한 틈을 타 칼로 찌르고 "적이 밖에서 침입하였다"고 부르짖었다. 위사衛士·경호원들은 겁을 내어 움직이지 못했고 신하들도 두려워하여 입궐하는 자가 없었다. 오직 수문하시중守門下侍中 이인임李仁任이 사태를 수습하러 속히 입궐하였다. 이른 새벽에 명덕태후가 공민왕의 유일한 혈육인 강녕대군江寧大君 왕우王禑를 데리고 내전에 들어왔으나 상喪을 숨기고 발표하지 않았다. 이인임은 처음 대궐에 상주하는 승려 신조神照가 완력이 있고 지모가 있으므로 그를 의심하였다. 신조를 체포하여 옥에 가두게 하였으나, 곧 병풍과 최만생의 옷 위에 뿌려진 핏자국을 보고 최만생을 옥에 가두어 심문하였다. 진상을 알아낸 이인임은 시역의 무리를 모두 체포하였다.

그러나 《고려사》에 기록된 공민왕의 일화와 죽음은 아무래도 사실이 아닌 것 같다. 당시 정황에 비춰 전혀 맞지 않으며, 상식적으로도 이해할 수 없는 점이 많다. 사건을 일으킨 자제위는 공민왕 21년

(1372)에 친위親衛의 필요성에 따라 신뢰하는 고위 관료의 자제들을 뽑아 출범한 조직이다. 학식이 풍부하고 무예가 출중하며 강한 충성심으로 무장된 자제위는 참모와 경호 등을 담당하며 공민왕의 최측근으로 활약했다. 부패하고 타락한 권력층을 배제할 용도로 설치한 자제위가 공민왕을 시해했다는 것은 믿기 어렵다.

일단 기록대로 공민왕이 자제위에게 명하여 젊은 궁녀들과 혼음하고, 왕비나 후궁을 강간하게 했다고 하자. 그렇다면 자제위의 아기를 가진 여성들이 나타나야 할 것이 아닌가. 혈기왕성한 청년과 젊은 여성이 집단으로 섹스를 하고 왕비와 후궁들이 수시로 간음했는데 아기가 생기지 않았다면 그것이 오히려 이상하다. 아기가 태어나지 않은 것은 아니지만, 익비가 딸 하나를 낳았을 뿐이다. 그토록 황음했는데도 다른 후궁과 궁녀들이 전혀 생산이 없었다는 것은 의심스러운 일이다. 설령 그렇게 태어난 아기들이 있다고 해도 자제위의 씨라는 것이 파다하게 퍼졌을 텐데, 어떻게 정통성을 부여받을 수 있겠는가. 실제로 그렇게 황음했다면 소문이 쫙 퍼지고도 남을 일인데, 공민왕이 비밀을 지키기 위해 자제위를 죽이려 했다는 것은 도무지 설득력이 없는 얘기다.

게다가 공민왕에게는 아들이 있었다. 제시한 기록에 '공민왕의 유일한 혈육인 강녕대군 왕우'가 바로 그의 아들이며, 뒤이어 즉위한 우왕이다. 보위를 이을 대군이 있는데 다시 아들을 바란다는 것은 있을 수 없는 일이다. 아들이 하나뿐인 것이 염려되어 그랬다고 해도 왕권에 위협이 되는 자들의 말로는 대부분 처참해서, 결국 비극을 부르게 마련이다. 당시 정황에 약간의 분석을 더하면 그 사건은 사실이 아니라는 결론에 이를 수밖에 없다.

공민왕 신상 ■ 서울시 마포구 염리동 공민왕 신당에 모셔진 공민왕 신상. 아무런 근심 없이 웃음 띤 모습이 오히려 서글퍼 보인다. 사랑하는 아내 노국대장공주의 영정도 함께 있으면 좋지 않았을까?

둘째, 기록에 공민왕을 시해한 자들을 진압하고 상황을 종료한 것으로 나타난 이인임에 대한 의혹이 적지 않다. 그때 이인임은 반역을 진압하고 나라를 안정시킨 공을 세워 자신의 위치를 확고히 했다. 그러나 이인임은 정치적으로 공민왕과 반대 위치에 있던 자다. 공민왕이 죽은 때가 이인임을 견제할 수 있는 유일한 세력인 최영崔瑩이 반란을 진압하기 위해 지방에 가 있던 시기와 맞물리는 것도 예사로 넘길 일이 아니다. 뒤에서 잠깐 다루겠지만, 당시는 제주도에서 대규모 반란이 발생하여 최영을 위시한 장군들이 거의 참전해야 했다. 수도와 궁궐의 방어력이 취약해진데다, 자신을 견제할 최영의 부재는 이인임에게 결코 놓칠 수 없는 기회가 되었으리라. 최영이 수도 개경에 있었다면 공민왕이 시해당하는 일은 없었을 것이다.

공민왕이 죽은 다음 이인임이 기다렸다는 듯이 입궐하여 반역자들을 색출하고 체포한 것도 적지 않은 의혹이다. 기록에 '위사들은 겁을 내어 움직이지 못했고 신하들도 두려워하여 입궐하는 자가 없었다'고 하지 않는가. 누구도 감히 입궐할 엄두를 내지 못하는 상황에서 이인임만 들어왔다는 것은 이인임이 사건에 깊숙이 개입되었을 개연성이 크다는 점을 시사한다. 공민왕과 가장 근접한 자 가운데 누군가가 이인임의 명령을 받거나 제휴하고 시해한 다음 은밀히 연락을 취하지 않고는 있을 수 없는 일이다.

이인임이 집권해 공민왕의 기본 노선인 친명배원親明排元 정책을 버리고 친명파를 숙청한 다음 공민왕 이전으로 돌아간 것을 보면 의혹을 품기에 충분하다. 이인임은 공민왕의 암살에 직접 개입했으며, 무고한 자제위를 체포하고 고문하여 범인으로 조작했다는 혐의를 벗을 길이 없다. 최영이 반란을 제압하고 상경했을 때는 이인임이 공민왕의 아들 우를 왕으로 추대하고 심복들을 요직에 앉힌 다음이니 최영으로서도 어쩔 도리가 없었을 것이다.

조금만 생각해도 날조와 조작이라는 것이 드러나지만 조선이 들어선 다음에는 정설이 되었다. 자신들이 벌인 반역을 정당화하려면 고려를 최대한 혐오하게 만들어야 하지 않겠는가. 그들은 인간의 도리를 모르는 왕들이 다스린 나라가 고려며, 도탄에 빠진 백성을 구하는 방법은 한 가지밖에 없었다고 왜곡했다. 조선의 실록에서도 패배한 정적政敵들을 가차 없이 깎아내리기 예사였으니 망한 나라는 오죽했겠는가.

■ 우왕은 요승 신돈의 자식?

《고려사》에는 우왕이 요승妖僧으로 소문난 신돈辛旽의 자식이라고 되어 있지만, 이는 어디까지나 '조선인의 시각'일 뿐이다. 반역 세력이 고려를 폐기하기 위해서는 공민왕의 적통嫡統인 우왕과 그의 아들 창왕부터 제거해야 했다. 그러려면 공민왕의 난행을 부각하고 우왕의 정통성을 부인해야 했기에 끌어 붙인 명분이 신돈의 자식이라는 것이다. 공민왕은 동성애와 관음증 등에 병적으로 집착하다가 목숨을 잃었다는 오욕을 뒤집어쓰고 아들의 정통성까지 의심받고 말았다. 이러니까 사서를 있는 그대로 읽고 받아들일 수 없는 것이다.

■ 차례

저자의 말 004
들어가는 글 006

| 1장 | 조선, 반역으로 일어서다 015
　고려를 쓰러뜨린 반역 – **이성계의 난** 017
　최초의 권력투쟁, 부자의 혈투 – **1차 왕자의 난** 037
　다시 불붙은 골육상쟁, 형제의 혈투 – **2차 왕자의 난** 059
　이성계의 마지막 불꽃 – **조사의의 난** 072

| 2장 | 신하, 왕 사냥에 나서다 091
　쿠데타의 백미 – **한명회와 수양대군의 난** 093
　또 하나의 '황제' 출현 – **이징옥의 난** 126
　왕권이 멱살을 잡히다 – **이시애의 난** 150
　재발한 왕 사냥 – **중종반정** 160
　혼자만의 리그 – **조광조의 난** 187

| 3장 | 조선사 최대의 비극, 선조의 난 197
　이보다 완벽할 수 없다! 기획 반역의 절정 – **정여립의 난** 199
　조선 시대의 촛불시위와 선조가 부추긴 반란 – **송유진의 난, 이몽학의 난** 221
　선조가 잉태한 조선사 최대의 비극 – **광해군과 칠서의 난** 239
　죽은 공명이 산 중달을 잡다 – **인조반정** 250

| 4장 | 테러, 완전범죄를 노리다 257
청출어람의 비극 – **소현세자 독살 사건** 259
반역이 부른 반역의 이율배반 – **경종 독살 사건, 이인좌의 난** 272
왕의 목숨을 노리는 사람들 – **정조 암살 미수 사건** 292

| 5장 | 봉기, 세상을 구하러 나서다 309
왕조 해체의 깃발을 들다 – **홍경래의 난** 311
새로운 세상의 씨앗 – **갑오동학농민전쟁** 324

| 번외 | 영웅이 된 도적들 351
가장 화려한 강도 – **홍길동의 난** 353
의적은 없다 – **임꺽정의 난** 357
시대가 만든 영웅의 허상 – **장길산의 난** 364

부록 조선 연표 369

| 1장 |

조선, 반역으로 일어서다

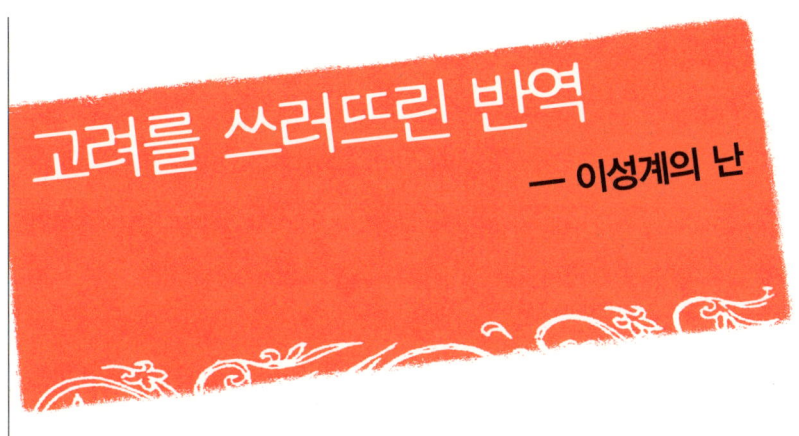

고려를 쓰러뜨린 반역
— 이성계의 난

◈ 반역의 가문

이안사李安社:목조 — 이행리李行里:익조 — 이춘李椿:도조 — 이자춘李子春:환조 — 이성계태조

　조선은 역성혁명易姓革命으로 출범했다고 흔히 말한다. 고려의 공양왕이 이성계에게 왕위를 물려주는 평화로운 방법으로 왕조가 교체되었다지만, 대부분 그렇듯 조선의 출생도 칼과 반역에 따른 결과다. 고려가 멸망한 시기는 1392년 7월 17일 이성계가 개경의 수창궁에서 즉위했을 때로 공식 기록되었으나, 실질적인 멸망일은 32대 우왕 14년(1388) 5월 22일이다. 요동을 정벌하기 위해 진격하던 고려의 대부대가 반역하여 창끝을 조국으로 돌리던 날, 고려에게 멸망의 최후통첩이 발부되었다. 위화도에서 회군하여 고려를 매장하고 조선의

태조로 등극한 이성계는 반역자며, 그의 집안은 배반이 전문이다.

실록에 따르면 이성계의 본관은 전주로, 그곳에서 호족으로 상당한 영향력을 행사한 집안이라고 한다. 처음 배반한 자는 뒷날 목조로 추존된 고조부 이안사다. 이안사가 조정에서 파견한 산성별감山城別監: 지방 행정관과 알력이 생기자, 백성을 이끌고 삼척三陟으로 이주한 것이 추악한 배반의 발원이다. 산성별감과 충돌한 것은 이안사가 사랑하는 기생을 별감이 억지로 취하려 했기 때문이라는데, 그렇다고 해서 백성을 이끌고 이주할 필요가 있었는지 의심스럽다. 게다가 당시의 도로 여건과 정치 상황을 감안하면 전주에서 삼척까지 백성을 이끌고 가는 것은 거의 '엑소더스exodus' 수준 아닌가. 그러나 그토록 어렵게 이주한 삼척에서도 그리 오래가지 못했다. 어이없게도 예전의 산

태조 이성계 어진 ■ 왼쪽은 이성계 가문의 발상지 전주 경기전慶基殿에 봉안된 어진御眞이며, 오른쪽은 이성계의 탄생지 함경남도 영흥 준원전濬源殿에 봉안된 어진이다. 지금까지는 온화하고 넉넉한 느낌을 주는 경기전의 어진이 주로 소개되었는데, 이성계의 실제 모습은 무인의 분위기가 짙게 풍기는 준원전 어진 쪽에 가까울 것 같다.

성별감이 그쪽으로 부임했기 때문이다.

 이안사는 다시 백성을 데리고 동북방의 국경 의주宜州:원산, 곧 덕원德原로 옮겼다. 그 이후 조정에서 의주병마사宜州兵馬使 직첩을 받고 국경을 수비하다가 원나라에 투항했다.

 (이안사가) 처음에 전주에 있었는데, 그때 나이 20여 세로 용맹과 지략이 남보다 뛰어났다. 산성별감이 객관客館에 들어왔을 때 관기의 사건으로 주관州官:지방관과 틈이 생겼다. 주관이 안렴사按廉使:지방의 장관와 함께 의논하여 위에 알리고 군사를 내어 도모하려 하므로, 목조이안사가 그 소식을 듣고 드디어 강릉도江陵道:강원도의 삼척현으로 옮겨 가서 거주하니, 백성들이 자원하여 따라 이사한 사람이 170여 가家나 되었다. 일찍이 배 15척을 만들어 왜구를 방비했는데, 조금 후에 원나라 야굴대왕也窟大王:몽골의 장군, 일명 야고也古이 군사를 거느리고 여러 고을을 침략하니 목조는 두타산성頭陀山城을 지켜서 난리를 피하였다.

 때마침 전일의 산성별감이 새로 안렴사에 임명되어 또 장차 이르려고 하니, 목조는 화가 미칠까 두려워하여 가족을 거느리고 배를 타고 바다로 나가 동북면東北面:함경도 방면의 의주에 이르러 살았는데, 백성 170여 호戶가 따라갔고, 동북의 백성들이 진심으로 사모하여 좇는 사람이 많았다. 이에 고려에서는 목조를 의주병마사로 삼아 고원高原을 지켜 원나라 군사를 방어하게 하였다. 이때 쌍성雙城:곧 영흥永興 이북 지방이 개원로開元路:원나라 때 설치한 행정구역의 이름. 지금의 지린성吉林省과 랴오닝遼寧 남부의 땅에 소속되었고, 원나라 산길대왕散吉大王:몽골의 장군이 와서 쌍성에 둔屯치고 있으면서 철령鐵嶺 이북 지방을 취하려고 하여, 사람을 두 번이나 보내어 목조에게 원나라에 항복하기를 청하니, 목조는 마지못하여 김보노金甫奴 등 1000여 호를 거느리고 항복하였다. 이보다 먼저 평양의 백성들이 목조의 위세와 명망을 듣고 붙좇는 사람들이 많았는데, 이때에 이르러 함께 따라오니, 산길이 크게 기뻐하여 예절을 갖추어 대우함이 매우 후하였고…….

─《태조실록》총서

이안사가 몽골의 장수 산길에게 투항한 것은 고려 고종 41년(1254)이다. 국경을 방어하는 막중한 임무를 내던지고 적에게 투항한 것은 있을 수 없는 배반이다. 실록은 이안사의 배반에 대해 필요 이상으로 상세하고 장황하게 변명하고 있다. 몽골의 일개 장군에 불과한 산길을 대왕으로 칭하고 그가 두 번이나 사람을 보내는 삼고초려의 형식을 취한 것으로 미화하지만, 그렇다고 추악한 배반자의 본질이 변하지는 않는다. 군민을 지휘하여 적과 싸우다가 중과부적으로 부득이하게 투항하는 것은 그럴 수도 있는 일이지만, 조정에서 정식으로 발령받고 국경을 지키는 막중한 임무를 맡은 관리가 이득에 따라 적에게 항복하는 것이 과연 올바른가. 실록에 나타난 이안사는 아무리 좋게 보려 해도 배반자일 뿐이다.

고려를 배반하고 적에게 투항한 이안사는 오늘날의 북간도 지역으로 들어갔다가 25대 충렬왕 즉위년(1274)에 세상을 떴다. 그에 따라 익조로 추존된 아들 이행리가 관직을 세습했다. 노련한 이안사 대신 미숙한 아들이 대를 잇자, 만만하게 여긴 여진족 추장들이 연합하여 공격했다. 이행리는 근거지를 상실하고 남하하여 충렬왕 16년(1290) 쌍성총관부 관하의 함주咸州:함흥에 자리 잡았다. 이행리가 도주할 때는 한술 더 떠 기적이 일어난다.

익조가 부인과 함께 말을 달려서 적도赤島의 북쪽 언덕에 이르렀는데, 물의 너비가 600보步나 될 만하고, 깊이는 헤아릴 수도 없으며, 약속한 배도 이르지 않았으므로 어찌할 수가 없었다. 북해北海는 본디 조수가 없었는데, 물이 갑자기 100여 보나 줄어 얕아져서 건널 만하므로, 익조가 부인과 함께 백마 한 마리를 타고 건너가고, 종자從者들이 다 건너자 물이 다시 크게 이르니, 적병이 이르러도 건너지 못하였다. 북방 사람이 지금까지 이를 일컬어 말하기를 "하늘이 도운 것이고 사람의 힘은 아니다".

—《태조실록》총서

모세를 방불케 하는 기적의 도움을 받아 지금의 함흥 방면으로 도주한 이행리는 충렬왕 26년(1300) 원나라에서 그 지역을 다스리는 다루가치達魯花赤에 임명되었다. 집안은 다루가치를 세습하면서 주변의 여진족과 제휴하거나 쟁패하다가 조부 이춘을 거쳐 부친 이자춘 대에 이르러 고려로 돌아왔다. 당시는 명나라가 발흥하여 압박하는 바람에 원나라가 만리장성 밖으로 밀려나 북원北元으로 겨우 명맥을 잇던 시기다. 고려의 공민왕이 종주권을 행사하던 북원을 노골적으로 배척해도 북원이 이를 저지하지 못할 만큼 국력이 쇠하자 이자춘은 결단을 내렸다. 옛 영토 쌍성총관부를 탈환하려던 공민왕에게 그쪽에서 내응하겠다는 이자춘의 제안은 복음과도 같았다.

공민왕 5년(1356)에 이자춘이 돌아왔을 때 아들 삼형제도 따라왔다. 그 가운데 차남이 이성계인데, 그때 나이 스물한 살이었다. 4대나 고려를 떠나 있었으니 고려 말이나 제대로 할 수 있었는지 의아하다. 이성계는 조선이 오랑캐로 통칭하는 여진족과 가까운 사람이다. 심지어 여진족의 일파라는 주장까지 있는데, 고조부가 고려를 떠나 북쪽으로 간 다음 무려 100년 만에 돌아왔기 때문에 그런 의심을 받는 것은 당연하다. 실제로 유력한 여진족 추장 가운데 삼선三善과 삼개三 介는 이성계 고모의 아들이다. 이성계를 지금의 시각으로 보면 외국으로 이민한 재외교포 4, 5세쯤 된다. 그들이 모국어를 제대로 구사하지 못하고 사고방식도 달라 한국인으로 분류되기 어려운 것처럼, 이성계도 고려와 매우 이질적이었을 것이다.

이성계 혈통의 진실

기록에 따르면 이성계를 공격했다가 패배한 삼선과 삼개의 부친이 길주吉州 지방의 다루가치 김방괘金方卦라고 되어 있다. 그러나 삼선과 삼개가 여진족의 손에 성장했고 나중에 여진족을 이끌고 쳐들어왔다는 기록을 보면 여진족이 분명하며, 이성계 역시 그쪽 사람으로 봐도 그리 틀리지 않을 것이다. 이안사 시절부터 주변과 통혼했으니 이성계에 이르러서는 고려의 혈통이 상당히 희석되었을 가능성이 농후하다. 하늘을 가르고 바다를 뒤엎었다는 해동오룡海東五龍의 신화는 변절과 배반의 반복에 지나지 않는다.

이안사는 왜 이주해야 했는가?

실록은 '목조는 화가 미칠까 두려워하여 가족을 거느리고 바다를 건넜다' 정도로 표현했을 뿐, 이안사가 이주한 이유를 정확히 기술하지 않았다. 무엇 때문에 그런 고생을 자초했는지 의심스럽고, 이주할 때마다 많은 백성들이 자발적으로 따랐다는 기록 역시 신빙하기 어렵다. 이안사의 이주는 사실상 도주 아닌가. 도주하기 위해서는 행색이 가벼워야 하는데도 전주에서 삼척까지 백성을 이끌고 도주한데다, 의주로 갈 때 극히 어려운 도주에 성공했다는 것 역시 믿기 어렵다.

실록에는 '삼척에서 의주로 갈 때 동북의 백성들이 진심으로 사모하여 좇는 사람이 많았다'거나, '평양의 백성들이 목조의 위세와 명망을 듣고 붙좇는 사람들이 많았는데' 등 믿기 어려운 부분이 적지 않다. 평양에 있는 백성들이 어떻게 이안사를 알며, 이안사가 있는 곳까지 올 수 있단 말인가. 여러 기록과 정황으로 보아 이안사가 여러 차례 이주하다가 결국 배반한 것은 큰 잘못을 저질렀기 때문이 아니냐는 추정이 가능하며, 그 전에 이안사의 가문이 전주를 기반으로 했다는 자체가 의심스럽다. 이안사는 북방의 국경 출신으로, 정부에서 파견한 관리를 살해하는 등 중죄를 저지르고 도주했을 개연성이 적지 않다. 원나라로 도주할 것을 결심한 이유도 오랫동안 그 지역에 거주하여 원나라의 사정을 잘 알고 그들과 친숙했기 때문이 아닌가 싶은데, 뒷날 나라를 세운 이성계가 그런 기록을 남겼을 리 만무하다. 전주에서 지낸 기록이 거의 없는 것으로 보아 의혹은 더욱 무성해진다.

이성계, 홀로 서다

공민왕은 이자춘 덕분에 쌍성총관부를 탈환하여 동북면으로 편입했지만 그를 경계했다. 이자춘이 원나라를 배반한 것은 고려가 원나라의 영향권에서 이탈할 조짐을 보이자 쌍성총관부가 위협을 느낀 나머지 고려 출신자들에게 억압 정책을 편 것이 원인이다. 대대로 다루가치를 역임하여 기득권을 누렸지만, 조상이 고려인이다 보니 기득권을 박탈당할 우려가 크다고 본 이자춘이 배반한 것이다. 그런 이자춘을 돌려보냈다가 북원에서 좋은 조건을 제시하면 무슨 일이 벌어지겠는가. 한 번 배반한 사람은 얼마든지 다시 배반할 수 있다. 더구나 이안사부터 시작하여 배반의 경력이 화려한 가문이니 고려가 배반의 재발을 경계한 것은 지극히 당연하다. 공민왕이 이자춘에게 대중대부사복경大中大夫司僕卿이라는 벼슬을 내리고 개경에 저택을 주어 머물게 한 것은 곁에 두고 감시하겠다는 의도가 분명하다. 그러나 머지않아 이자춘을 돌려보낼 수밖에 없었는데, 그가 아니고는 동북면을 다스리기 어려워서다.

이성계의 홀로 서기가 시작된 것은 공민왕 9년(1360)에 이자춘이 죽은 직후다. 이자춘은 생전에 아들 삼형제 가운데 장남 이원계李元桂를 제치고 이성계를 후계자로 지목했다. 이성계가 난세에 살아남는 능력이 가장 뛰어나다고 판단한 결과지만, 고려는 이자춘이 지명한 후계 구도를 인정하지 않았다. 이성계는 동북면병마사를 물려받지 못하고 하위직 상만호上萬戶에 제수되었다. 그때부터 이성계는 오직 실력으로 살아남아야 하는 약육강식의 세계를 횡행했다.

이성계가 데뷔한 것은 공민왕 10년(1361) 9월이다. 독로강만호禿魯江萬戶 박의朴儀가 배반하여 크게 소란을 피웠을 때 이성계가 출전하여 격파했는데, 고려를 배반한 이성계의 첫 전과가 반란 진압이라니 아이로니컬하다. 당시 고려는 하루도 평안한 날이 없었다. 왜구와 홍건적이 무시로 출몰했고, 북원과 여진족도 고려를 가만두지 않았다. 그야말로 전쟁으로 날을 새는 나날이 계속되었는데, 그것이 이성계에게 기회로 작용했다. 부친 이자춘의 지위를 세습한 것도 전쟁 때문이다. 공민왕 11년(1362) 북원의 맹장 나하추納哈出가 침공했을 때 조정이 임명하여 내보낸 동북면병마사가 참패하고 말았다. 여진족의 비중이 큰 동북면의 특성을 제대로 이해하지 못하는 지휘관을 내보낸 결과인데, 그에 따라 이성계를 복귀시켜야 한다는 여론이 형성되었다. 동북면의 병력을 장악한 이성계는 나하추를 격파하는 쾌거를 올렸다. 원나라의 통제에서 벗어난 독립적 군벌로 명나라도 쩔쩔매던 맹장 나하추를 격파한 결과 이성계의 존재가 크게 부각되었으며, 덕분에 동북면을 완전히 장악할 수 있었다.

적수를 찾기 어려운 이성계의 무예와 군사적 재능은 가문이 부흥하는 원동력으로 기능했다. 이성계는 전투에서 한 차례도 패하지 않았으며, 나가면 이기는 무적의 상승常勝 장군이었다. 신들린 것 같은 용맹과 지휘력으로 상대를 가리지 않고 격파하는 이성계는 고려 굴지의 무장으로 성장했다. 특히 우왕 6년(1380), 황산荒山에서 3만에 달하는 왜구를 격파할 때 결정적인 공을 세워 입지를 굳혔다. 오직 실력으로 최영과 함께 고려의 양대 군벌로 성장한 이성계의 재능은 아무리 칭찬해도 모자라지 않다. 그때는 이성계가 반역하여 새 나라를 세우리라고는 상상조차 할 수 없었다.

패배를 모르는 장군 이성계가 정계의 주목을 받은 것은 우왕 14년 정월이다. 최영이 거병하여 무소불위의 권력을 휘두르던 이인임 일파를 제거한 것이 이성계에게 좋은 기회가 되었다. 최영이 우왕의 요청에 따라 거병할 때 이성계의 협조를 구했다. 최영이 이성계에게 병력 동원을 요청한 것은 수도 개경에서 군대를 움직이면 이인임 일파가 눈치 챌 것이 우려된데다, 이성계의 병력이 최강으로 정평 났기 때문이다. 최영은 이인임 일파를 척결한 공으로 최고 관직 문하시중門下侍中을 제수 받고 딸을 왕비로 들였다. 또 이성계는 최영의 바로 아래인 수문하시중을 제수 받아 본격적으로 중앙에 진출했다.

이성계가 정치인으로 업그레이드된 후 최영과 불편해졌다. 본래

두 사람은 크게 신뢰하는 사이였다. 이인임 일파를 제거할 때 최영이 협조를 구하고 이성계가 응한 것은 그만큼 두 사람이 깊이 신뢰했다는 증거가 아니겠는가. 실제로 이성계를 경계하는 움직임이 일었을 때도 최영은 받아들이지 않았다. 그러나 최영이 이인임을 대체한 다음 이성계가 권력을 넘볼 정도로 성장하자, 황금분할이 존재하지 않는 권력의 법칙에 따라 대립할 수밖에 없었다.

대립의 결과는 파국이고, 파국의 원인을 제공한 것은 명나라다. 명나라가 철령鐵嶺 이북에 철령위를 두어 자신들의 영토로 편입하겠다고 통보한 것은 최영과 이성계가 거병한 직후인 우왕 14년(1388) 3월이다. 명나라는 자신들이 원나라를 물리쳤기 때문에 원나라의 영토쌍성총관부였던 철령 이북을 차지하는 것이 당연하다는 논리를 폈다. 그러나 고려는 결코 받아들일 수 없었다. 철령 이북이 쌍성총관부가 된 것은 고려의 영토를 원나라가 강제로 편입시켰기 때문이다. 이자춘의 내응에 힘입어 고려가 수복한 지역을 말도 안 되는 논리를 내세워 날로 삼키려는 명나라의 수작은 극렬한 반발을 불렀다. 또 철령은 강원도와 함경도의 접경으로 북쪽의 방비에 꼭 필요한 통로이자, 개경과 바로 통하는 요지다. 그곳을 내놓으라는 요구는 절대 받아들일 수 없는 폭거다. 조정을 장악한 최영은 전쟁을 불사해야 한다는 주장을 관철했고, 우왕도 불안한 왕권을 강화하기 위해 최영에게 동조했다.

우왕 14년 4월 12일, 5만에 달하는 부대가 평양에 집결한 다음 전투 편제를 받고 압록강을 향해 출발했다. 원정군은 크게 두 부대로 구성되었다. 총사령관 팔도도통사八道都統使는 최영이다. 이성계는 우군도통사로 동북면과 안주도安州道: 현재의 평안남도 안주와 강원도의 부대를 이끌었고, 조민수曺敏修는 좌군도통사로 평양과 양광도楊廣道: 지금의 충청도,

경상도, 전라도 부대를 지휘했다. 또 각급 원수 28명을 뽑아 도통사들을 보좌하게 했다.

이때 이성계는 유명한 사불가론四不可論을 작성하여 조정으로 보냈다. 작은 나라가 큰 나라를 거스를 수 없다는 이소역대以小逆大, 농사철에 군사를 일으키기 어렵고 질병이 창궐할 우려가 크다는 하월발병夏月發病, 주력이 요동으로 빠진 틈을 타서 왜구가 쳐들어올 우려가 있다는 왜승기허倭僧其虛, 장마철이 되면 비와 습기 때문에 고려군의 주요 무기인 활을 접합한 아교가 끈기를 잃어 전투가 곤란하다는 시방서우時方署雨가 골자다. 사불가론의 내용을 보면 이성계는 필패를 확신하고 있음이 분명하다. 모든 여건이 불리하기 짝이 없는데다, 폭우로 위화도가 침수될 위기에 처해 어쩔 수 없이 회군했다는 것이 이성계의 변명이다. 그렇다면 최영은 무엇 때문에 이기지도 못할 전쟁을 시작하여 고려가 망하고 자신의 목숨까지 잃는 자충수를 두었을까.

그러나 당시 72세로 평생을 전쟁터에서 보낸 백전노장 최영의 판단은 그르지 않았다. 고려는 명나라와 충분히 겨뤄볼 만했다. 비록 만리장성 밖으로 밀려났지만 북원은 아직 건재했고, 나하추는 발군의 위력을 떨쳤다. 1387년 나하추가 명나라에 항복하기는 했지만 결코 실력이 모자라서 그런 것은 아니다. 오히려 여러 차례 명나라 부대를 격파하여 궁지에 몰아 넣었는데, 나하추를 박살 낸 사람이 이성계 아닌가. 무적으로 정평 난 이성계의 용맹이면 적어도 서전緖戰에서 패하지는 않을 것이다. 전쟁이 벌어지면 크게 자극받은 북원이 참전하여 명나라는 양쪽에서 적을 맞는 형세가 될 터였다. 아직 기반을 굳히지 못하여 여러 곳에서 전쟁을 치르는 명나라로서는 외교적 해결책을 모색할 가능성이 크다는 게 최영의 의도였다. 또 명나라의 초대 황제 주원장朱元璋은 영토를 필요 이상 확장할 생각이 없었다. 과욕을 부리다가 무너지는 것을 경계했기 때문인데, 실제로 명나라는 마지막까지 만주 지역을 직접 지배하지 않았다. 군사 지역 위衛를 두기는 했지만 명목상의 영토일 뿐, 여진족이 대부분을 자치했다. 만주는 여진족을 가둬두는 울타리 이상의 의미는 없었다.

그렇다면 명나라가 무엇 때문에 별로 필요하지도 않은 철령 이북을 내놓으라고 했는지 의문이 생긴다. 그때 이성계가 위화도에서 반역하지 않았다면 크게 곤란을 당할 뻔했는데, 그들은 왜 고려를 자극하여 위기를 자초했는가. 그것은 고려가 북원에 가까워지는 것을 두려워한 나머지 튀어나온 반작용이다. 주원장은 고려를 명나라 영향권에 두기 위한 방법으로 채찍을 선택했다. 도산검림刀山劍林을 헤치고 살아온 주원장의 생존 방식은 당근과 거리가 멀었다. 특히 고려처럼 만만해 보이는 상대는 일단 윽박지르고 보는 것이 좋다고 여겼다. 철령 이북을 내놓으라는 요구가 전혀 현실성이 없다는 것은 누구보다도 주원장 자신이 잘 알았다. 주원장의 최종 의도는 만주 지역에 강력한 거점을 구축한 다음 고려를 내세워 북원과 여진족을 막아내는 것이었다. 압박당한 고려가 외교적인 해결책을 제시하면 못 이기는 척하고 의도를 관철할 작정이었다. 주원장은 이번에도 압박 전술이 먹혀들 것이라 생각했는데, 고려가 이판사판 전쟁으로 나오자 당황한 나머지 전쟁이 어떻게 될지 점을 쳐보라고 했을 정도다. 이성계가 반역하여 회군하기 전에 주원장은 잠도 제대로 이루지 못했을 것이다.

주원장이 오만하게 나온 데는 고려에게도 원인이 있다. 자주적이던 공민왕이 필요 이상으로 명나라를 섬긴 것은 원나라를 등에 업고 왕권까지 능멸하는 부원배附元輩를 척결하기 위함이었다. 고려가 부마국으로 전락하고 왕들이 원나라에 입조하여 대대로 충성하겠다는 의미로 충忠이라는 항렬을 사용한 지 100년이 넘다 보니 부원배의 농단이 극에 달했다. 특히 공민왕 시절에는 원나라에 공녀貢女로 바쳐졌다가 황제의 총애를 받아 일약 황후에 오른 기황후奇皇后 일족의 행패가 극심했다. 기씨 일파뿐 아니라 부원배가 곳곳에서 백성의 피를 빨아대는 바람에 나라가 망할 지경이었다. 그러던 와중에 명나라가 발흥하여 원나라를 밀어내자 공민왕이 기회를 놓치지 않고 기씨 일파를 위시한 부원배를 척결하기 시작했다. 보다 강력한 개혁 정책을 추진하기 위해서는 가급적 명나라의 환심을 살 필요가 있었다. 명나라를 극진히 섬기고 무리한 요구도 척척 들어준 덕분에 고려 국왕의 칭호를 받는 등 정식으로 승인되었지만, 얕보이고 멸시당하는 반갑지 않은 부작용도 발생했다.

억울한 공민왕

1372년 11월에 주원장이 보낸 대부대가 나하추에게 대패했다. 최소한 5000명 이상이 전사하고, 군량미 10만 석을 잃은 참패다. 이때 주원장은 고려가 나하추와 내통하고 명나라를 정탐했다는 등 크게 꾸짖었다. 지극 정성으로 명나라를 섬기던 공민왕으로서는 억울했겠지만, '제발 진노를 거두시라'고 손이 발이 되도록 비는 수밖에 달리 도리가 없었을 것이다. 주원장은 공민왕의 입장을 이용하여 무리한 요구를 계속 관철했으며, 그것이 고려를 상대하는 기본 전술이 되었다. 조선 건국 이후에도 명나라의 압박이 계속되었다.

❋ 망국의 출발

　　　　　　　　　명나라를 이용한 공민왕의 개혁 정치는 가시적인 성과를 거두었다. 부원배를 척결하고 그들이 노비로 삼은 백성을 해방했으며, 빼앗긴 땅을 돌려주는 등 획기적 조치로 백성의 숨통을 트이게 했다. 신돈에게 개혁을 맡겨 부패한 관리를 일소하고 조직을 새롭게 재편했지만, 기득권층은 그동안 누리던 특권을 박탈하려는 공민왕을 좋아하지 않았다. 정식으로 과거에 급제하여 채용된 관료들 외에는 종주국이 명나라로 바뀌는 것을 환영하는 사람이 없었다. 명나라를 종주국으로 섬겨 그들의 제도를 받아들이면 엘리트 관료가 국정 운영을 맡을 텐데, 그렇게 되면 기득권층이 누리던 특혜를 모조리 빼앗기고 생존 자체가 불투명해질 것이 분명했다. 유능하고 참신한 신진 관료들을 내세워 개혁에 박차를 가하던 공민왕에게 기득권층의 반동은 충분히 예상한 일이었다.

　큰 사건이 터진 것은 공민왕이 시해당한 1374년이다. 그때 주원장이 말 2000필을 보내라고 요구했다. 주원장이 노린 것은 원나라가 제주도에 건설한 거대한 목장이다. 원나라가 필수 전략 물자인 전마戰馬를 사육하고 훈련시킬 목적으로 건설한 목장은 그들이 북원으로 밀려난 다음에도 그대로 유지되었다. 주원장은 그곳을 그냥 두어선 안 된다고 판단했다. 이는 제주도의 전마가 북원의 손에 들어가거나 고려의 전투 기동력이 되는 것을 막기 위한 조치다. 그와 함께 고려를 정탐할 임무를 맡은 예부주사禮部主事 임밀林密과 자목대사孳牧大使 채빈蔡斌이 출발했다. 임밀과 채빈은 공민왕이 베푼 연회에서 예의를 지키지 않고 재상들을 모욕하는 등 지극히 거만했다. 횡포에 가까운 그들의 행동은 고려를 기를 꺾기 위한 것이 분명했다. 고려로서는 매우 불쾌했지만 참을 수밖에 없었다.

그런데 북원에 충성하는 제주도의 백성들이 전마를 바치라는 주원장의 요구를 거부하고 반란을 일으켰다. 반란을 진압하기 위해 최영이 총사령관이 되어 제주도로 출격했다. 이때 엄청난 사건이 중첩되었다. 놀랍게도 9월 22일에 공민왕이 암살되었으며, 11월에는 압록강 인근에서 전마를 기다리던 채빈이 죽고 임밀이 북원으로 납치당했다. 사신을 죽이고 납치한 범인은 호송 책임을 맡은 김의金義다. 사신들이 안하무인이어서 참지 못하고 사건을 저질렀다지만, 사신을 살해하는 것은 전쟁을 유발할 사유가 되므로 아무리 화가 난다고 해도 함부로 저지를 수 없는 행동이다. 그런데도 김의가 사신을 죽였을 때는 배후를 의심할 수밖에 없다. 공민왕 시해를 사주한 자와 명나라 사신을 죽이라고 충동한 자는 동일 인물일 확률이 크다. 굳이 이인임의 이름을 거론할 필요가 있을까.

한편 최영도 명나라를 좋아하지 않는 사람 가운데 한 명이다. 좀더 상세히 말하면 그는 전쟁이 필요했다. 무관에 지나지 않는 최영이 권력의 정점에 설 수 있었던 것은 오직 전쟁 덕분이다. 세상이 평화로웠다면 그는 최고 관직을 받지도 못하고, 딸을 왕비로 들일 수도 없었을 것이다. 홍건적과 왜구, 북원 등이 끊임없이 전쟁을 일으켜준 덕분에 지금의 특혜를 얻었는데, 불행히도 전쟁은 끝물이었다. 홍건적은 소멸하고 북원도 힘을 잃었으며, 왜구의 침입도 뜸해졌으니 '전쟁 특수'를 누릴 수 없지 않은가. 위기의식을 느끼던 최영에게 철령 이북을 자기 영토로 삼겠다는 명나라의 통보는 기사회생의 영약이었다. 외교적으로 해결해야 한다는 관료들의 주장을 누른 최영은 전쟁으로 치달았다. 최영의 의도가 먹혔을 때 무력투사武力投射의 범위를 어디까지 두느냐 문제가 생기는데, 반드시 요동을 석권할 필요는 없었다. 전쟁의 목적은 강제적인 수단으로 의도를 관철하는 데 있지 않은가. 몇몇 성을 함락하고 주요 도로를 장악하는 정도면 충분할 것이다. 명나라에게 적당히 양보를 얻어내면 우왕은 왕권을 강화하고, 명나라와 긴장 상태가 유지되기 때문에 최영도 계속 정권을 잡을 수 있다.

또 명나라와 고려의 전쟁은 이성계를 합법적으로 제거할 수 있는 좋은 기회다. 좋든 싫든 압록강을 건너 명나라와 전쟁을 치르면 이성계의 세력이 꺾일 것은 불문가지不問可知다. 이성계가 충분한 전과를 올린 뒤 전사한다면 더 바랄 게 없으며, 위기감에 휩싸인 나머지 명령에 따르지 않거나 반항할 조짐을 보일 때는 그것을 빌미로 제거하면 그만이다. 그런 상황에서 이성계가 사불가론을 주장하리라는 것은 생각하기 어렵지만, 여하튼 전쟁이 일어나면 최영의 의도대로 진행될 수밖에 없었다.

이성계 역시 평화를 바라지 않는 사람 가운데 하나다. 그가 권력의 성층권에 오른 것도 전쟁 덕분이다. 전쟁이 아니라면 그는 일찌감치 제거되었거나 변방에서 떠돌아야 했을 것이다. 전쟁이 끝나고 평화가 정착되는 것은 이성계에게도 바람직하지 못했다. 중앙집권의 관료 체제가 정착되면 이성계의 입지가 좁아질 것이 분명했다. 이성계가 세력 기반인 군대를 유지한 것은 전쟁에 대비한다는 명목으로 세금을 전용할 수 있었기 때문인데, 전쟁이 사라지면 중앙에 세금을 바쳐야 할 것이다. 이는 친위 부대의 해체를 의미했다. 군대 없는 이성계가 무엇이 두렵겠는가. 군대를 빼앗은 관료들은 다음 순서로 이성계의 근거지 동북면을 통째로 삼키려 할 것이다. 동북면을 일반 행정

최영 장군 묘 ■ 정국이 어수선한 고려 말기를 주름잡던 최영 장군은 이성계가 감히 넘보지 못할 거인이었다. 하지만 역사의 흐름은 그를 지는 해로, 이성계를 떠오르는 태양으로 만들었다. 경기도 고양시 대자동 소재.

구역으로 편입시킨 다음 이성계에게 이름만 그럴싸한 관직을 주어 내직으로 불러들이고, 중앙의 관리를 동북면의 책임자로 발령하는 날에는 끝장이다. 이성계로서는 최악의 시나리오가 아닐 수 없는데, 문제는 그것이 시나리오로만 존재하지 않을 것이라는 점이었다.

그런 상황에서 요동을 치라는 최영의 명령이 떨어졌다. 전쟁이 생존과 직결되는 이성계의 입장에서도 '요동 정벌 전쟁'은 지극히 위험했다. 최영에게 등 떠밀려 나갔다가는 요동의 광야에서 고혼孤魂이 될 판이었다. 겨우 살아남는다고 해도 병력을 대부분 상실한 다음일 텐데, 그것 역시 파멸을 부를 뿐이다. 이성계가 살아남을 방법은 하나뿐이지만, 최영을 이길 자신이 없었다. 최영은 이성계가 반항할 때를 충분히 염두에 두었을 것이 분명하다. 압록강을 건너가 싸우다가 전멸하거나, 항명했다가 체포되어 파멸하거나 둘 중 하나를 선택할 수밖에 없었다. 이성계는 절체절명의 위기에 빠졌다.

그러나 이성계에게는 강력한 아군이 있었다. 정도전鄭道傳과 승려 무학無學이 그와 손을 잡았기 때문이다. 두 사람은 더는 유지되기 어려운 고려를 대체할 새로운 나라를 건설해야 한다는 급진파다. 정도전과 무학은 종전의 정치 체제가 회생불능이며, 도탄에 빠진 백성을 구하는 길은 새로운 나라를 건설하는 것밖에 없다고 확신했다. 무학은 이성계에게 부족한 제왕의 도리를 가르쳤고, 정도전은 실무를 맡아 보좌했다. 특히 정도전은 적수를 찾을 수 없을 정도로 걸출했다. 그가 없었다면 조선이 발흥하지 못했을 것이다. 조선 제일의 두뇌로 공인된 정도전이 열성을 다해 이성계를 위한 계책을 내놓았다.

한편 최영과 함께 평양에 있던 우왕은 안절부절못했다. 원정군이 떠날 때를 노려 이인임의 잔당이 준동하려 한다는 소문이 퍼졌기 때문이다. 공포에 질린 우왕이 최영에게 원정군을 진두지휘하지 말고 자신을 보호해달라고 애원하자 최영이 딜레마에 빠졌다. 이번 원정을 성공으로 이끌고 이성계를 제거하려면 반드시 참전해야 했다. 최영 특유의 카리스마로 전군을 틀어잡아 다른 생각을 품을 여지를 주지 말아야 할 텐데, 우왕이 저렇게 애걸하니 참으로 난감했다. 그러나 우왕은 최영 없는 세상은 상상조차 할 수 없었다.

1374년에 공민왕이 죽고 열 살 어린 나이에 즉위한 우왕은 당시 스물셋의 청년으로 자랐으나, 정치력을 갖지 못한 상태였다. 게다가 모친이 요승으로 몰려 죽은 신돈의 시녀 반야般若기에 신돈의 자식이 아니냐는 말이 많았는데, 정통성을 의심받는 왕치고 잘 되는 예가 없었다. 특히 우왕은 정권을 잡은 이인임이 제대로 가르치지 않고 방치한 탓에 바람직한 인격이 형성되지 못했다. 어릴 때부터 유희와 쾌락에 탐닉하던 우왕은 최영이 이인임 일파를 제거한 다음에야 비로소 현실을 인식했다. 자신이 처한 상황을 파악한 우왕은 더욱 최영에게 기댈 수밖에 없었다. 최영의 딸을 왕비로 맞은 것도 그에게 보호받기 위한 수단이었다.

최영이 원정군을 지휘하기 위해 떠나자마자 반란군이 쳐들어올 것만 같았다. 실제로 공민왕이 죽은 시기도 최영이 제주도의 반란을 진압하기 위해 병력을 이끌고 떠난 뒤였으니, 우왕이 겁에 질릴 만도 하다. 그러자 최영도 난감해졌다. 자신이 기획한 대업을 완수하기 위해서는 반드시 원정군에 참여해야 하지만, 이인임의 잔당이 봉기할 가능성도 배제할 수 없었다. 반군이 우왕을 죽이고 새로운 왕을 앉힌 뒤 보급을 끊는 날에는 원정군은 잘린 도마뱀 꼬리가 될 것이다. 고려의 모든 것을 털어 넣은 원정군이 요동에서 흔적도 없이 사라지는 날에는 바로 멸망이다. 최영은 괴로운 선택을 할 수밖에 없었다.

바야흐로 역사적인 위화도회군이 벌어지기 직전에 이상한 소문이 퍼졌다. 이성계가 직할 군단인 동북군을 대동하고 돌아가려 한다는 소문에 조민수가 크게 놀라 달려왔다. 같은 도통사인 조민수가 먼저 찾아온 것은 의미가 크다. 조민수가 찾아온 것이 계기가 되어 회군이 논의되었기 때문에 이성계가 장수들의 의사를 받아들이는 모양새가 되지 않는가. 자신의 의사와 무관하게 반역할 수밖에 없었다는 변명이 되는데다, 조민수보다 우월한 위치를 점유할 수 있는 것이다.

무엇보다 중요한 것은 최영의 의도가 완전히 무산되었다는 점이다. 최영이 우왕의 애걸을 받아들인 것은 원정군이 사병의 집단에 가까웠기 때문이다. 원정군의 편성에서 알 수 있듯 중앙군이 주력이 되지 않고 각각의 지방군이 한데 묶였으니 이성계가 반역하려고 해도 어려울 터였다. 다른 부대를 설득하려고 해도 본래 경쟁심이 강한 지방군이라 쉽게 말이 통하지 않을 것이며, 공이 큰 이성계를 질시하는 다른 장군들이 흔쾌히 받아들이기 어렵지 않겠는가. 오히려 이성계가 협공당할 확률이 크다는 계산으로 우왕을 보호하기 위해 남았는데, 그것이 보기 좋게 깨질 줄이야. 반란군이 거침없이 개경에 입성했을 때 최영은 고려와 함께 역사의 지층 아래 매몰되었다.

이인임의 이름값?

이인임의 잔당이 봉기하려 한다는 소문의 파괴력은 대단했다. 반역의 성패를 좌우했다고 해도 과언이 아닌데, 정도전 외에는 그런 책략을 획책할 사람이 없을 것 같다. 정도전은 고려와 조선을 통틀어 보기 드문 프로페셔널이다. 그리고 주원장은 대대로 물려줄 황실의 기록에 이성계를 이인임의 아들로 기록하라고 명령했다. 이성계가 위화도까지 진격한 것에 대한 보복이 아니냐는 생각도 드는데, 정통성이 완전히 부정된 조선은 200년 동안이나 그것에 얽매여 전전긍긍했다.

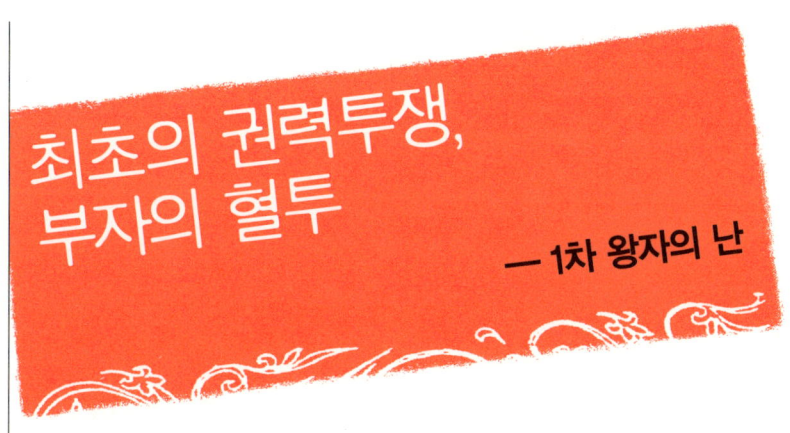

최초의 권력투쟁, 부자의 혈투
― 1차 왕자의 난

◈ 어긋난 출발

조선이 출범하여 한성으로 도읍을 옮기고 2년이 지난 태조 7년(1398) 8월 26일 밤, 경복궁 건너 솔고개송현松峴에 느닷없는 불길이 올랐다. 불길이 인근의 솔숲을 온통 태울 듯 거세게 타오르자 경복궁은 불안하게 술렁였다. 그것이 반역의 효시라는 것을 알았을 때 이성계는 숨이 넘어갈 듯 놀랐다. 이성계가 할 수 있는 일은 정도전을 부르는 것밖에 없었지만, 정도전은 벌써 죽었다. 경복궁의 코앞에서 반역이 벌어지리라고 어느 누가 예측했겠는가. 반란군이 곳곳에 그득하다는 소문이 돌아 누구도 감히 진압하러 나갈 엄두를 내지 못했다. 건국의 주역 정도전을 죽이고 이성계에게 칼을 겨눈 반역의 수괴는 놀랍게도 이성계의 다섯째 아들 이방원이다. 반역의 직접적 원인은 파행적인 후계 구도다.

> 어린 서자 방석芳碩을 왕세자로 삼았다. 처음에 공신 배극렴裵克廉과 조준趙浚, 정도전 등이 세자를 세울 것을 청하면서 나이와 공로로 청하고자 하니, 임금이 강씨康氏를 존중하여 뜻이 방번芳蕃:방석의 형에 있었으나, 방번은 광망狂妄하고 경솔하여 볼품이 없으므로, 공신들이 이를 어렵게 여겨 사적으로 서로 이르기를 "만약에 반드시 강씨가 낳은 아들을 세우려 한다면 막내아들이 조금 낫겠다"고 하더니, 이때에 이르러 임금이 "누가 세자가 될 만한 사람인가?"라고 물으니, 장자長子로 세워야 하고, 공로가 있는 사람으로 세워야 한다고 간절히 말하는 사람이 없었다. 배극렴이 말하기를 "막내아들이 좋습니다" 하니, 임금이 드디어 뜻을 결정하여 세자로 세웠다.
>
> ―《태조실록》 1년(1392) 8월 20일

앞에서 말했듯 이성계가 즉위한 것은 1392년 7월 17일이다. 당시 이성계는 고려의 국왕을 계승한 상태로, 역성혁명을 통한 새 왕조의 개창은 진행 초기였다. 명나라에게 승인을 받기 전이고 국호國號도 정해지지 않았는데, 무엇보다도 왕조의 골조를 갖추는 것이 시급했다. 이성계의 나이 또한 당시로서는 노령에 해당하는 57세였기 때문에 세자 책봉은 매우 중요했다.

그런데 세자로 책봉된 왕자 방석은 막내인데다 본처의 소생도 아니다. 또 책봉할 때 나이가 열 살에 불과하니 도저히 이해할 수 없는 일이 벌어진 것이다. 더 이상한 점은 신하들이 세자 책봉을 주청하면서 '나이와 공로'를 조건으로 제시했다는 사실이다. 방석은 고려를 실질적으로 멸망시킨 위화도회군 무렵에는 겨우 여덟 살이라 공을 세우도 싶어도 그럴 수 없는 처지였다. 비록 본처 신의왕후가 죽고 방석의 생모 신덕왕후가 이성계의 총애를 받기는 했지만, 모든 여건

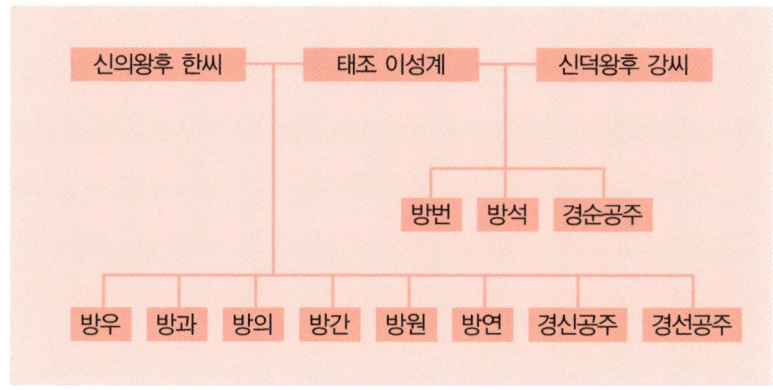

이 세자와는 가장 거리가 먼 방석이 책봉되었으니 기막힌 노릇이었다. 세자를 파행적으로 책봉한 그날부터 골육상쟁의 비극이 시작되었다고 해도 과언이 아니다.

가장 문제가 되는 점은 장남 방우가 밀려난 것이다. 당연히 본처 소생의 장남 방우가 세자가 되어야 할 텐데, 어쩌다가 이런 파행이 벌어졌을까. 파행의 원인을 제공한 사람은 어이없게도 방우 자신이다.

◈ 파행의 내막

이성계가 주도적으로 위화도회군을 단행하여 최영과 우왕을 제거하고 권력의 성층권에 진입했지만, 그것으로 끝이 아니었다. 정치와 정략에 익숙지 않은 이성계에게는 앞으로 벌어질 권력투쟁이 훨씬 위험했다. 정치판은 이성계를 지지하는 세력과 저지하려는 세력으로 양분되었다. 관료들 가운데 고려를 폐기하고 새로운 나라를 일으키려는 정도전과 조준 등 급진파가 이성계에게 모였으며, 어떻게든 고려를 수호하려는 이색李穡과 정몽주鄭夢周 등은 무력이 있는 조민수를 앞세워 대항했다. 첫 접전에서는 이색 일파가 승리했다. 정도전 일파는 고려를 폐기하기 위한 전 단계로 우왕의 후계를 정통성이 희박한 왕족으로 대체하려 했다. 그때 이색 일파는 고려의 정통성을 유지하기 위해 우왕의 아들 창왕을 밀었는데, 왕실 내부의 협조를 얻어 창왕이 즉위할 수 있었다. 언뜻 이색 일파의 승리로 보이지만 아홉 살에 불과한 창왕에게 정치력을 기대할 수 없는데다, 급진파가 고려를 없애기로 결심한 이상 창왕의 즉위는 상황을 반전시킬 재료가 되기 어려웠다.

불리한 상황을 역전시킬 기회를 노리던 이색 일파가 명나라를 등에 업는 것으로 승부수를 던졌다. 주원장이 창왕을 고려 국왕으로 책봉하게 하여 명나라의 승인을 얻으면 급진파가 창왕을 제거하기 어렵다는 점을 노린 것이다. 창왕이 직접 주원장을 찾아가 호소하는 것이 가장 효과가 크겠지만 그러기에는 너무 어렸다. 일단 창왕의 뜻을 대신 전할 사신을 선발했다. 주원장이 반드시 창왕의 친조親朝를 허락하지 않더라도 긍정적으로 받아들인다면 반격할 재료가 될 수 있다. 마침내 고려를 죽음에서 구해낼 막중한 임무가 부여된 사신들이 출발하기에 이르렀다. 그때 이성계의 장남 이방우가 사신을 자처하고 나섰다.

> 창왕 즉위년(1388) 11월에 밀직부사 이방우가 정사正使 강희백康希白과 함께 명나라에 사신으로 들어갔다.
>
> —《고려사》 권 137, 열전 권 50

이번의 사신은 흔히 오가는 일상적인 사신이 아니다. 임무를 성공하면 고려가 회생할 수 있지만, 그것은 이성계의 파멸을 의미한다. 이방우가 부친의 목에 칼을 겨눈 것은 이성계의 아들보다는 고려의 충신으로 남고 싶었기 때문이다. 자신이 성공하면 부친은 물론 형제와 그 가족까지 죽음으로 몰아 넣는다는 것을 알면서도 감연히 나선 이방우의 각오는 무서웠다. 그때 이성계는 장남의 배신에 몸서리치며 전율했을 것이다. 그러나 이방우는 성공하지 못했다. 문제는 주원장이다. 툭하면 고려를 윽박지르고 감 놔라 대추 놔라 참견하던 주원장이 어찌된 일이지 '너희 일이니까 너희가 알아서 하라'며 시큰둥한 반응을 보였다. 이번에야말로 반드시 나서야 할 때인데 주원장이 꼬리를 내린 것은 현실을 정확하게 파악한 결과다. 앞으로 누가 정권을 잡을지 계산이 나왔겠지만, 만일 계산이 틀리면 어떡할 것인가. 확실해 보이는 이성계를 밀었다가 반대 결과가 나와 고려를 적으로 돌리는 일은 피해야 했다. 고려를 함부로 대했다가 큰코다칠 뻔한 주원장으로서는 더욱 몸을 사릴 수밖에 없었겠지만, 비통하게도 고려의 운명은 결정되고 말았다.

캐스팅보트를 쥔 주원장의 결정은 파멸적 위력을 갖춘 폭풍이 되어 빈사 상태에 처한 고려를 강타했다. 주원장이 간섭하지 않겠다는 의사를 표명하자 급진파가 즉시 행동을 개시했다. 조민수와 이색이 제거되고 창왕과 우왕이 죽음을 당했으며, 억지 춘향으로 즉위한 공양왕은 정해진 수순에 따라 왕좌를 이성계에 넘겼다. 부친을 배반하면서 충성한 왕조가 멸망하고 충신들이 몰살당하는 참극을 묵묵히 바라보던 이방우는 자신을 죽음으로 밀어 넣었다. 날마다 독한 소주를 마시던 이방우는 오래지 않아 시체로 발견되었다. 빛나는 세자의 자리까지 마다하고 충성을 바친 결과는 너무나 비참했지만, 다른 형제에게 좋은 기회로 작용했다. 장남이 사라지니 장자 승계의 원칙이 적용될 수 없었기 때문이다.

■ 이성계의 형, 이원계

이성계의 육친 가운데 영달을 거부하고 죽음을 택한 사람이 또 있다. 이성계의 형 이원계도 고려가 멸망한 뒤 스스로 목숨을 끊었다. 이자춘에게 선택된 이성계에 가려 두드러지지 않았지만 이원계도 대단한 인물이다. 이성계와 함께 거의 모든 전투에 참전했으며, 위화도회군 당시에는 조전원수助戰元帥로 참가한 경력까지 있으니 실력과 경력 모든 면에서 충분히 검증된 사람이다. 그런 이원계가 출세를 마다하고 자결했으며 이방우도 끝까지 충성을 다했으니, 가문이 고려를 배반한 것에 조금이나마 속죄가 되었을 것이다.

◈ 이방원이 급부상하다

이성계가 시행한 후계 구도에 따라 권력 승계가 순탄하게 진행되리라고 믿은 사람은 없다. 신료들이 세자 책봉의 조건으로 주장한 '나이와 공'에 합당한 왕자 방원이 있는 이상 언제 폭발할지 알 수 없었기 때문이다. 방원은 당시 스물다섯 청년이지만 열 살밖에 되지 않은 방석과는 비교조차 할 수 없는 나이며, 결정적 요건 '공'은 방원에게만 해당하는 것이었다. 본처 소생 가운데 막내방연은 어려서 죽었다 방원이 세자의 자리까지 바라볼 수 있게 해준 공은 대체 무엇인가.

이방원이 수하를 시켜 선죽교에서 정몽주를 격살한 것은 모두 아는 사실이다. 그러나 정몽주가 죽음으로써 지조를 지키려는 '충신의 브랜드 가치'밖에 없었다면 그를 죽여 봤자 공으로 인정받기 어려울 것이다. 정몽주는 이성계와 정도전 일파에게 최대의 위협이었다. 주원장에게 사신을 보내 창왕을 승인받으려 한 것도 사실상 정몽주가 주도한 일이다. 고려를 되살리기 위해 노심초사하던 정몽주가 제거당하지 않은 것은 이성계가 호감을 가진데다, 창왕의 승인이 실패한 이후 이성계에게 협조적인 태도를 보였기 때문이다. 이성계는 자신의 반대편에 선 충신 그룹을 대표하는 정몽주가 협조하니 매우 기뻤겠지만, 정몽주는 뼛속까지 고려의 충신이다.

이성계에게 협조하는 척해 목숨을 보전하고 빈틈을 노리던 정몽주에게 마침내 기회가 왔다. 공양왕 3년(1392), 이성계가 해주로 사냥을 나갔다가 낙마하는 바람에 운신하지 못할 정도로 다친 것이다. 결코 놓칠 수 없는 기회라고 확신한 정몽주가 본색을 드러냈다. 그는 공양왕에게 이성계를 움직이는 정도전은 물론, 조준과 남은南誾 등 심복을 파직하고 유배에 처하라고 주청했다. 자신의 운명을 아는 공양왕은 정몽주의 주청에 따랐다. 일단 소프트웨어와 하드웨어를 분리하는 데 성공했지만, 이성계가 완전히 힘을 잃은 것은 아니기 때문에 심복을 모조리 죽이는 등 조치가 뒤따르지 못했다.

정면으로 맞붙어서는 승산이 없다는 것을 잘 아는 정몽주는 조용히 기다렸다. 이성계가 모습을 드러내지 못하고 정도전과 조준 등 최측근까지 유배를 당하자, 이성계의 사병들이 당황하기 시작했다. 이런 상태가 계속되면 구심점과 결속력을 잃은 사병 집단은 자중지란으로 붕괴할 것이다. 정몽주가 병권까지 장악한다면 가장 먼저 이성계의 사병을 뿌리 뽑으려 할 것이 분명했다. 이성계의 부하들이 공포에 질려 우왕좌왕할 때 이방원이 분연히 일어섰다. 그는 큰형이 된 방과와 이성계의 이복동생 이화李和, 이성계의 사위 이제李濟 등을 설득하여 행동에 돌입했다. 조영규趙英珪와 조영무趙英茂, 고여高呂, 이부李敷 등에게 정몽주를 치도록 한 것이다. 사병 조직이 없는데다 예상치 못한 기습을 당한 정몽주는

정몽주 ■ 이방원에게 죽음을 당한 이후 충절의 상징이 되었지만, 정몽주는 단순한 충신이 아니다. 그의 정치적 비중은 대단해서, 실제로 하마터면 이성계를 제거할 뻔했을 정도다.

선죽교에서 처참한 최후를 맞았다. 정몽주의 죽음은 고려의 최후다.

'정몽주 살해 사건'은 보통 큰 일이 아니다. 위기에 몰린 이성계와 정도전 일파가 기사회생하고, 고려를 폐기할 수 있는 결정적 계기가 마련되었다. 실제로 정몽주가 죽고 얼마 지나지 않아 공양왕이 이성계에게 양위했으니 이방원의 공은 아무리 칭찬해도 부족함이 없다. 방원은 누가 봐도 세자가 되기에 충분한 나이와 공을 갖춘 왕자다. 이성계의 최측근에게 인정받고 강력한 사병까지 얻은 이방원은 야심을 숨기지 않았다.

그러나 조선 건국의 주역은 어디까지나 정도전이다. 정도전은 장군의 능력밖에 없는 이성계를 밀어 조선의 태조가 되게 했으며, 신생 국가 조선에 필요한 모든 것을 갖춰준 사람이다.

> (정도전이) 개국할 즈음에 왕왕 취중에 가만히 이야기하였다.
>
> "한漢 고조高祖가 장자방張子房:장량을 쓴 것이 아니라, 장자방이 곧 한 고조를 쓴 것이다."
>
> 무릇 임금을 도울 만한 것은 모의하지 않은 것이 없었으므로, 마침내 큰 공업을 이루어 진실로 상등의 공훈이 된 것이다.
>
> ─《태조실록》 7년(1398) 8월 26일

정도전이 유방劉邦을 이용해 한나라를 창건한 장량과 자신을 비유했는데, 실록은 그것을 무리 없이 인정하는 분위기다. 반대파가 폄훼한 기록이 그 정도라면 정도전의 능력은 미루어 짐작할 수 있다. 그런 정도전이 후계 구도에 개입하지 않는다면 오히려 이상한 일이다.

정도전은 야심만만한 이방원을 극히 꺼렸다. 이방원이 보위에 오르면 부담이 되는 개국공신을 제거하는 것은 정해진 수순인데, 정도전은 1순위로 제거당할 것이 뻔했다. 이방원 대신 만만한 왕자를 세자로 책봉하여 좌지우지하려던 정도전에게는 신덕왕후 소생의 어린 왕자들이 안성맞춤이었다. 본처 신의왕후가 죽은 다음 왕비로 책봉되고 이성계의 총애를 받아 정치력이 만만치 않던 신덕왕후 역시 자신의 아들을 왕으로 만들고 싶어했다. 정도전과 신덕왕후의 이해관계가 완벽하게 맞아떨어지고 정도전을 믿고 의지하던 이성계의 동의를 얻은 결과, 신덕왕후 소생의 막내 왕자 방석이 세자로 책봉되었다. 정도전과 신덕왕후는 쾌재를 불렀겠지만, 이는 피비린내가 진동하는 골육상쟁의 출발점이다.

이방원이 두각을 나타낸 시점

실록에는 정도전 살해 사건 이전에도 이방원의 공이 큰 것으로 되어 있다. 이성계가 위화도에서 회군했을 때 최영을 치지 못하고 주저하자, 이방원이 단호하게 공격할 것을 주장해 이성계가 받아들였다는 것이다. 그러나 반역을 결심한 이성계가 무엇 때문에 주저했을까. 당시 이방원은 스물을 갓 넘겼으며, 별로 주목받지도 못했다는 것을 감안하면 그다지 현실성이 없는 얘기다. 이방원이 주목받은 것은 어디까지나 정몽주를 격살하고 고려의 충신들을 제거한 다음이다. 그 사건 역시 이방원의 작품이라기보다는 정도전에 버금간다는 책사 하륜河崙이 조언했을 가능성이 크다.

조선의 이방원과 명나라의 연왕

《태조실록》 3년(1394) 11월 19일에 이방원이 명나라에 사신으로 다녀온 기록이 있다. 거기에는 '명나라 선비들이 태종을 보고 모두 조선의 세자라 하면서 대단히 존경하였으며, 태종이 연부燕府를 지날 때는 연왕燕王: 명나라의 3대 황제가 되는 영락제 성조이 친히 대해 보았는데……'라는 내용이 있다. 나중에 3대 황제가 되는 연왕이 당시 해당 지역의 책임자로서 이방원을 접견한 것이야 그럴 수도 있다지만, 명나라의 선비들이 이방원을 어떻게 알아 존경하겠는가? 게다가 그들이 이방원을 '조선의 세자'라고 불렀다는 기록은 이방원이 후계 구도를 인정하지 않았다는 근거로 충분하다. 당시 이방원을 접견한 연왕은 나중에 군사를 일으켜 스스로 황제가 되었는데, 실록에 두 사람의 만남을 기록한 것은 이방원의 거사에 필연성과 정당성을 부여하기 위함이라 할 수 있다. 연왕과 이방원은 자기 힘으로 보위에 올랐다는 공통점이 있으며, 공교롭게도 묘호까지 똑같은 태종을 썼다.

◈ 제로섬 게임이 벌어지다

골육상쟁의 참극이 벌어지기 전에 상식적으로 이해하기 어려운 일이 발생했다. 미스터리에 가까운 사건을 일으킨 자는 명나라의 황제 주원장이다. 태조 5년(1396) 2월 9일, 명나라에서 외교문서가 왔다. 문서의 내용은 신년을 맞이하여 조선이 명나라의 황제와 태자에게 정례적으로 드리는 표전문表箋文:황제에게 드리는 것이 표문이고, 태자에게 드리는 것이 전문이다. 이를 합쳐 표전문이라 한다.에 경박하게 희롱하고 모멸하는 문구가 있음을 지적하는 것이었다.

'조선이 표전문을 보내 황제와 태자를 희롱하는 것이 반복됨에 따라 군사를 동원하여 죄를 물으려 했다'는 내용에 이성계와 조정이 경악했다. 주원장은 표전문을 작성한 자를 보내라고 요구했다. 외교 관례에 어긋나는 요구지만, 이성계는 굴욕을 참고 표전문을 작성한 신하들을 보낼 수밖에 없었다. 놀랍게도 주원장은 이성계가 보낸 신하들을 유배하고 죽였으며, 해명하기 위해 보낸 사신을 투옥하고 억류하는 등 도저히 있을 수 없는 짓을 자행했다. 아무리 종주국이라 해도 조선의 신하를 죽이는 것은 이성계의 권위를 짓밟는 폭거다. 전쟁으로 발전할 수 있는 범법 행위는 거기에서 끝나지 않았다.

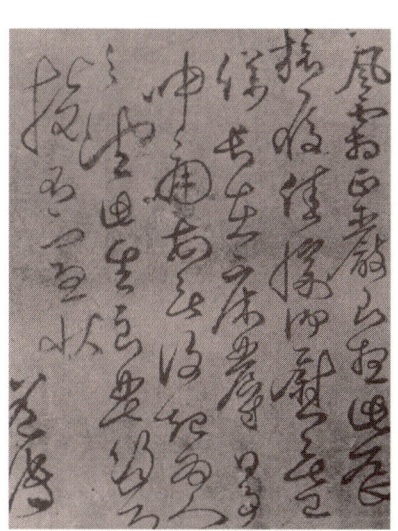

정도전의 글씨 ■ 정도전은 조선 제일의 두뇌로, 명나라까지 부담을 느꼈을 만큼 대단한 인물이다. 그가 계속 집권했다면 역사는 달라졌을 것이다.

1장 조선, 반역으로 일어서다 **47**

주원장은 '문제의 표전문을 작성한 자는 정도전이니 반드시 정도전을 보내라'며 압박했다. 정도전을 보내라 함은 그를 죽이겠다는 뜻이며, 정도전에게 의지하는 이성계의 힘을 꺾겠다는 말과 같다. 도저히 받아들일 수 없는 요구에 이성계가 격분했다. 정도전이 주동이 되어 전쟁을 불사하는 차원을 넘어 요동을 정벌하려는 시도가 발생하기에 이르렀다. 정도전은 병력을 소집하고 훈련에 박차를 가하는 동시에 구체적인 작전 계획을 세웠다. 고려에 이어 '2차 북벌北伐 전쟁'의 서막이 오른 것이다.

일련의 사태에서 도무지 이해할 수 없는 것은 주원장이 왜 그런 요구를 했느냐는 점이다. 전쟁이 벌어지리라는 것을 뻔히 알면서도 조선을 자극하는 주원장은 아무리 봐도 제정신이 아니다. 그런 식으로 나갔다가 크게 당할 뻔한 기억이 아직도 생생한데, 다시 자충수를 두려 한 이유를 알 수 없다. 주원장이 조선과 전쟁을 벌일 이유가 없지 않은가. 충성을 맹세하고 국호까지 받아 가는 등 '알아서 기는' 조선을 무엇 때문에 적으로 돌린단 말인가. 당시가 영토 전쟁이 마무리되는 시기라는 것을 생각하면 미스터리라 할 수밖에 없다. 상식적으로 생각해도 정도전이 고의로 황제와 태자를 모독했을 리가 만무하지 않은가. 조선의 관료들이 외교 관례와 예법에 익숙지 못하여 실수를 저질렀을 개연성이 있지만, 주원장의 태도는 정상이 아니다.

실록에 따르면 이해하기 어려운 건 정도전도 마찬가지다. 정도전은 혁명 초기부터 명나라를 종주국으로 섬겨야 한다는 것을 분명히 했으며, 그것을 조선의 국시國是로 삼았다. 이성계가 즉위했을 때 주원장을 찾아가 그를 칭송하는 표문을 바친 일도 있다. 명나라를 자극했다가는 사형선고를 받을 수밖에 없다는 것을 누구보다 잘 아는 정도전이 무엇 때문에 그런 짓을 한단 말인가. 모든 면에서 보았을 때 정도전이 주원장의 심기를 건드릴 이유가 없다. 당시 전쟁을 주도적으로 기획한 정도전의 행동에 대해서도 아직까지 명확한 결론이 없다. 민족의 자주성을 회복하기 위해 북벌을 계획했다는 주장과 자신의 권력을 공고히 다지기 위해 '전쟁 정국'이 필요했을 뿐이라는 주장이 팽팽히 맞서는 형편이다. 어떤 것이 정답인지 모르지만, 주원장이 도발하지 않았으면 정도전도 굳이 전쟁을 기획할 이유가 없다는 점은 분명하다. 또 전쟁 준비가 사병의 혁파로 이어졌으며, '1차 왕자의 난'과도 밀접한 연관이 있다. 그런 측면에서 보면 아무래도 후자에 비중이 실린다. 정도전은 주원장의 요구를 전쟁 정국에 활용했으며, 이후 역사를 기록하는 자들이 침소봉대하고 날조한 결과가 상식적으로 이해되지 않는 미스터리의 진실일 것이다. 실록도 얼마든지 왜곡과 날조가 가능하다는 사실을 생각하면 그리 이상할 것도 없다.

혁명 동지 조준이 결사반대하고 이성계도 그리 적극적이지 않아 정도전의 계획에 제동이 걸렸다. 그러나 전쟁 준비로 공신과 종친이 가지고 있던 사병은 거의 흡수된 다음이었다. 이때 특기할 만한 사실은 지방의 병력까지 중앙의 명령 체계에 포함시켰다는 점이다. 통제 밖에 있는 지방 병력이 얼마나 큰 위협이 되는지 잘 아는 정도전으로서는 일대 쾌거를 이룩한 셈이다. 그러나 무력 기반인 사병을 빼앗긴 이방원을 위시한 실력자들의 불만이 쌓일 수밖에 없었다. 그 시대에 사병을 빼앗긴다는 것은 권력에서 배제된다는 것을 의미했다. 차기 권력에서 배제된 종친과 개국공신은 물론, 빛나는 공에도 개국공신이 되지 못하고 사병까지 빼앗긴 이방원이 어떤 생각이 들었을지는 불문가지다.

이 시기에 조준이 정도전과 등진 것은 많은 점을 시사한다. 개국공신들은 정도전에게 불만이 많았으며, 사병을 빼앗긴 무관과 종친도 불안하게 술렁였다. 지금도 이런 판에 정도전이 책봉시킨 것이나 진배없는 이방석이 즉위하면 어떨까. 정도전의 세상이 되는 것을 두려워하는 자들은 이방원에게 쏠릴 수밖에 없었다. 정도전이 군사력을 장악했다면 이방원은 그에 따른 반대급부로 인맥을 얻었다고 할 수 있는데, '1차 왕자의 난'은 정도전과 이방원의 대결로 보는 것이 타당할 것이다.

그 와중에 신덕왕후가 강씨가 죽었다. 강씨의 죽음을 슬퍼한 사람은 이성계와 강씨의 두 아들뿐이다. 정도전은 언젠가는 대결해야 할 외척 세력의 구심점이 사라진 것을 다행스러워했고, 이방원은 어머니의 자리를 차지한 계모와 만만치 않은 적이 죽은 것을 기꺼워했다. 강씨는 이성계의 의사 결정에 적지 않은 영향력을 행사하고 세자 책봉에도 깊숙이 관여했지만, 죽은 뒤에는 빠르게 잊혀갔다.

주원장이 분노한 진실

표전문을 작성했다가 명나라로 압송된 신료들이 죽은 직접적 원인은 표전문과 별 상관이 없다. 주원장이 그들을 돌려보내기 위해 불렀을 때 마침 신덕왕후가 죽었다는 소식이 닿았다. 이성계가 보낸 자들은 예에 따라 주원장이 하사한 관복 대신 흰 상복을 입고 나타났는데, 그 때문에 주원장이 노한 것이다. 주원장은 "감히 종주국 황제 앞에서 미개한 번국의 예를 지키려고 하느냐!"며 격분했다. 주원장에게 참혹한 형벌을 받은 나머지 신료들이 죽음을 당했는데, 그것이 다시 이성계를 격분하게 만들었다. 이성계도 전쟁을 피할 수 없다는 결론에 이르지만 조준이 현실을 들어 반대하고, 여론이 부정적으로 돌아감에 따라 소극적으로 돌아섰다.

이후 '표전문 정국'은 주원장이 죽는 바람에 유야무야되었다. 그때 신덕왕후가 죽지 않았다면 얼마든지 좋게 해결될 수도 있었는데, 왕자의 난까지 부르는 원인이 되었으니 대단히 아이로니컬하다.

◈ 최후의 대결

운명의 날은 태조 7년(1398) 8월 26일이다. 그날의 실록이 사극과 역사소설에 빈번히 소개되어 정설로 통하지만, 필자의 시각은 그렇지 않다.

정도전과 남은, 심효생沈孝生 등 일파가 이방원을 비롯한 왕자들을 죽이려는 계획을 세웠다. 그때 이성계가 병이 걸려 자리에 누웠는데, 왕자들이 문병하러 경복궁에 들어오면 일망타진하겠다는 계획이었다. 이방원의 숙부 의안군義安君 이화가 그 계획을 알아채고 이방원에게 알렸다. 격분한 이방원은 경복궁에 들어가지 않고 거병하였다. 일단 집에 돌아오니 그를 따르는 사람들이 모였다. 이방원을 따르는 자들의 면면은 지안산군사知安山郡事 : 안산군수 이숙번李叔蕃과 마천목馬天牧, 이거이李居易, 조영무, 신극례, 서익, 문빈, 심귀령沈龜齡, 이천우李天祐 : 이성계의 형 이원계의 아들, 처남 민무구와 민무질 등이다. 왕자로는 방의芳毅와 방간芳幹이 각각 아들들을 동반하여 따랐으며, 이성계의 사위 이백경李伯卿도 뜻을 함께 했다.

이방원의 아내 민씨가 몰래 준비한 갑옷과 병장기를 내주며 격려하자 마침내 이방원이 떨쳐 일어섰지만 병력이 너무나 부족했다. 주력인 기병은 겨우 10명뿐이고, 보병 역시 9명뿐이었다. 왕자들과 사위가 데려온 인원도 각각 10명에 지나지 않고, 무장까지 시원치 않아 막대기를 들었을 지경이다. 도무지 대업을 도모할 상황이 아니지만 아주 중요한 정보를 입수한 상태였다. 그때 정도전 일파는 송현에 있는 남은의 첩의 집에 모여 있었는데, 이방원이 불을 지르고 기습하자 허무할 정도로 쉽게 무너졌다. 정도전을 위시한 수뇌부를 몰살해 1차 목적을 완벽히 달성한 이방원은 경복궁과 대결했다. 그러나 세력이 너무 약했기 때문에 일단 종루鐘樓:지금의 종로로 나가 함성을 질러 세력을 위장하는 한편, 정승들을 불러 모아 대의를 설명하고 협조를 구했다.

경복궁이 나와 싸우지 못한 것은 곳곳이 반란군으로 그득하다는 소문 때문이다. 게다가 경복궁 내부에서 배반자가 발생했다. 경복궁을 숙위宿衛하던 지휘관 가운데 조온趙溫이라는 자가 이방원과 내통하여 휘하의 무사들을 무장해제하고 밖으로 나간 다음 경복궁은 대항할 의지를 상실하고 말았다. 이방원이 유리한 것으로 판단한 자들이 계속 합세하자, 날이 밝은 다음에는 경복궁도 어쩔 도리가 없었다.

실록에는 100명도 안 되는 병력으로 경복궁을 제압한 것은 전적으로 이방원의 뛰어난 판단과 지휘력 덕분이라고 기록되었다. 이성계의 운영체제로 기능하던 정도전을 죽여 경복궁을 혼란에 빠뜨린 다음, 반란군의 규모가 엄청나다는 소문을 퍼뜨려 패닉 상태로 만든 것이 승리의 결정적 요인이라는 것이다. 이방원이 일으킨 1차 왕자의 난은 적은 병력이라도 중심부에서 느닷없이 일어나 심장부를 제압해야 한다는 반역의 정석이 완벽하게 적용된 쾌거라는 얘긴데, 미안하지만 승리자가 구미에 맞게 날조한 것에 지나지 않는다.

일단 송현에 있는 남은의 첩의 집을 포위하고 불을 질렀다는 것부터 큰 문제가 있다. 그 집이 있던 자리에 한국일보사가 들어섰는데, 한국일보사와 경복궁이 지척이라는 사실은 예나 지금이나 변함이 없다. 특히 경복궁의 동쪽을 지키는 초소 동십자각東十字閣은 문제의 장소와 길 하나 사이로, 엎어지면 코 닿을 거리다. 그것과 조선이 방화를 가장 엄하게 처벌했다는 점을 대입해보자. 조선은 방화를 반역과 대등하게 처벌했는데, 경복궁의 코앞 송현에서 불길이 치솟았다면 어떻겠는가. 즉시 비상이 걸리고 경복궁의 병력이 출동했을 것이다. 최강의 무사로 구성되고 실전 경험까지 갖춘 경복궁의 병력과 '불과 수십 명도 되지 않는데다 그나마 막대기를 든 반란군'이 격돌한 결과를 굳이 설명할 필요가 있을까. 그리고 경복궁에서 나서기 전에 도성을 경비하는 순군巡軍들이 출동할 확률이 큰데, 그때의 결과 역시 마찬가지일 수밖에 없다. 그런데 이방원은 누구의 방해도 없이 정도전 일파를 몰살하고 유유히 다음 작전으로 들어갔으니, 어찌 의혹이 가지 않겠는가.

결과부터 말하면 이방원은 그때 반란군이라고 하기도 부끄러운 부대를 이끈 것이 아니며, 송현에 있지도 않았다. 정도전이 뭔가 이상하다는 낌새를 챘을 무렵에는 벌써 경복궁으로 가는 도로가 차단된 다음이다. 이방원이 보낸 특공대가 정도전 일파를 몰살해 운영체제를 파괴한 이후 대규모 반란군이 무력시위에 들어갔으며, 이성계는 패배를 인정할 수밖에 없었을 것이다. 정도전이 사병을 혁파했는데 그렇게 많은 병력을 어디서 동원하느냐는 의문이 제기될 수 있겠다. 그러나 사병 혁파가 진행 중이지 완결된 것은 아니었다. 사병 혁파가 충분히 진행되었다면 왕자의 난이 발발하여 정권을 찬탈하지 못했어야 한다. 이방원을 비롯한 실력자들이 상당수 사병을 빼앗긴 것은 사실이지만, 그들도 바보가 아닌 이상 뭔가 대책을 강구하지 않았을까. 위장 전입이나 용도 변경 등 편법을 사용하여 감춰둔 사병을 결정적인 순간에 모조리 동원하니 경복궁을 위협할 만한 규모가 되었을 것이다. 비록 병석에 있었다지만 전쟁의 달인 이성계가 진압할 엄두가 나지 않았을 정도라면 적어도 지금의 사단 규모는 되었을 것으로 본다.

동십자각 ■ 위 사진은 경복궁의 초소 동십자각이고, 아래 왼쪽은 광화문 쪽에서 바라본 동십자각 방향이다. 아래 오른쪽은 유형문화재 13호로 지정된 현재의 동십자각 모습이다. 동십자각의 길 건너에 지금은 사라진 한국일보 본사가 있었는데, 그 부근에서 정도전이 죽었다.

(세자) 방석 등이 변고가 일어났다는 말을 듣고 군사를 거느리고 나와서 싸우고자 하여, 수하들을 시켜 궁의 남문에 올라가서 군사의 많고 적은 것을 엿보게 했는데, 광화문부터 남산에 이르기까지 정예한 기병이 꽉 찼으므로 두려워서 감히 나오지 못하였으니, 그때 사람들이 신의 도움이라고 하였다.

그날 이방석 등이 목격한 '광화문부터 남산에 이르기까지 꽉 찬 정예한 기병'은 '신의 도움으로 나타난 허깨비들'이 아니라 어김없는 사실이다. '기병 열에 보병 아홉'에 불과하던 세력이 갑자기 복제되고 증식한 것이 아니라 본래부터 그 정도 규모였다. 실제로 그날의 실록에 사병이 나타난 증거가 있다.

날이 어두워졌다. 이때 여러 왕자들이 거느린 시위패侍衛牌를 폐하게 한 것이 10여 일 되었는데, 방번만은 군사를 거느림이 그전과 같았다.

방번은 신덕왕후 강씨의 소생으로, 세자 방석의 친형이다. 이방번이 거느렸다는 시위패는 사병의 용도로 전환될 수 있는 병력인데, 다른 왕자들도 거느렸다고 되어 있지 않은가. 이방원 위주로 기록하다 보니 명령에 따라 폐했다는 식으로 기록한 것이다. 증거를 하나 더 제시해보자.

정안대군靖安大君: 이방원은 생각하기를, 이방석 등이 군사를 거느리고 경복궁을 나와 교전한다면 우리 군사가 적으므로 당하지 못하고 물러가야 할 것이다. 그렇게 된다면 여러 정승들이 당연히 저편 군사의 뒤에 있을 것이므로, 혹시 저편을 따를까 여겨 사람을 시켜 도당都堂:최고 의결 기관인 도평의사사都評議使司에 말하였다.

"우리 형제가 노상에 있는데, 여러 정승들이 도당에 들어가 있는 것은 옳지 못하니 마땅히 즉시 운종가雲從街:이방원이 있는 종로에 옮겨야 할 것이다."

마침내 예조禮曹에 명령하여 백관百官들을 재촉해 모이게 하였다.

의정부와 육조, 한성부를 비롯한 핵심적인 관청은 종루 옆의 육조 거리六曹距離:지금의 세종로에 운집했으며, 주요한 신료들이 모두 나와 있는 상태였다. 그날 밤 이방원은 자신의 세력이 약했기 때문에 신료들이 경복궁 쪽에 붙을까 염려하여 그들을 불러 모았다고 되어 있다. 그러나 이방원의 세력이 약했다면 정승들이 순군과 의흥삼군부義興三軍府의 직속 병력을 동원하여 이방원을 쳤을 확률이 크다. 정승과 주요 신료들이 보기에도 이방원의 세력이 강했기 때문에 그의 말에 따라 운종가로 가지 않았을까. 강해 보이는 자에게 붙는 것은 예나 지금이나 마찬가지다. 조정을 이끄는 정승들을 수중에 넣는 것은 중요한 계획 가운데 하나며, 이성계의 진압 의지를 꺾은 주요한 원인이었을 것이다.

또 위험 요소를 사병으로 국한할 수는 없다. 그날 큰 역할을 하여 두고두고 이방원의 총애를 받는 이숙번이 동원한 병력은 정규군이다. 지금의 안산군수에 해당하는 이숙번이 부대를 이끌고 도성에 들어온 것은 정릉貞陵:신덕왕후 강씨의 묘을 경비하라는 명령에 따른 것이다. 정도전에 버금간다는 이방원의 브레인 하륜이 그것을 놓칠 리 있겠는가. 그런 상황에서는 이숙번의 병력이 200명 정도만 되었다고 해도 수효 이상의 위력을 발휘할 수 있었을 것이다.

그날 이후 이성계와 이방원은 아비와 아들이 아니었다. 이성계는 그토록 사랑하여 세자로 책봉한 막내아들 방석을 방원에게 내줘야 했다. 이방원의 손아귀에 넘어간 방석과 방번의 운명은 참혹했다. 이성계가 빼앗긴 것은 두 아들만이 아니다. 이성계는 정해진 수순에 따라 상왕上王과 태상왕太上王으로 진급했으나, 권력은 조금도 누릴 수 없었다. 이방원이 일으킨 반역의 최대 피해자는 이성계지만, 그 자신에게도 절반 이상 책임이 있다.

임금께서 마침내 영안대군永安大君 : 이방과을 세자로 삼겠다는 교지를 내렸다.
"적자嫡子를 세우되 장자로 하는 것은 만세萬世의 도리며 다른 아들들은 든든한 성城과 같으니 과인의 기대다. 다만 그대의 아버지인 내가 일찍이 나라를 세우고 난 후에 장자를 버리고 어린 아들을 세워 방석으로 세자를

헌릉 ■ 서울시 서초구 내곡동에 위치한 태종과 원경왕후의 묘. 태종 이방원은 스스로 일어나 원하는 것을 쟁취했으며, 아내 원경왕후 민씨도 대단한 여성이다.

삼았으니, 이 일은 다만 내가 사랑에 빠져 의리에 밝지 못한 허물일 뿐만 아니라, 정도전과 남은 등도 그 책임을 면할 수가 없을 것이다."

본처 소생의 장남을 후계자로 세우는 것이 도리임을 그렇게 잘 아는 사람이 무엇 때문에 반역을 자초했는가. 도무지 자격이 되지 않는 방석을 세자로 세운 것이 '다만 내가 사랑에 빠져 의리에 밝지 못한 허물'이라 자책했는데, 그렇다면 방원을 비롯한 다른 아들은 죽어도 좋단 말인가. 이방석이 즉위하면 정도전 일파가 이방원을 비롯한 왕자들을 가만둘 리 만무하다. 어떻게든 제거하고야 말 것을 뻔히 알면서도 막내를 책봉했다가 결국 반역을 당했으니 자업자득이라 할 것이다. 그러나 그날의 반역이 왕권이 강화되는 결정적 계기로 기능했으니 조선으로서는 매우 다행스런 사건이다.

이방원의 잔혹한 복수

이방원이 집요하고 잔혹한 사람이라는 것은 비교적 잘 알려져 있다. 대표적인 사례가 도성 안에 있던 신덕왕후의 능묘를 바깥 외진 곳지금의 정릉동으로 이전한 것도 모자라, 능에 있던 비석 등 석물石物을 뜯어 광교에 사용하게 한 것이다. 얼마나 한이 맺혔으면 계모의 비석을 다리에 깔아 뭇사람이 밟게 했겠는가. 그리고 한 가지 흥미로운 사실은 조선 개국에 가장 큰 공을 세운 정도전을 자신에게 대적했다 하여 복권을 금지한 반면, 자신이 죽인 정몽주는 영의정으로 추대한 것이다.

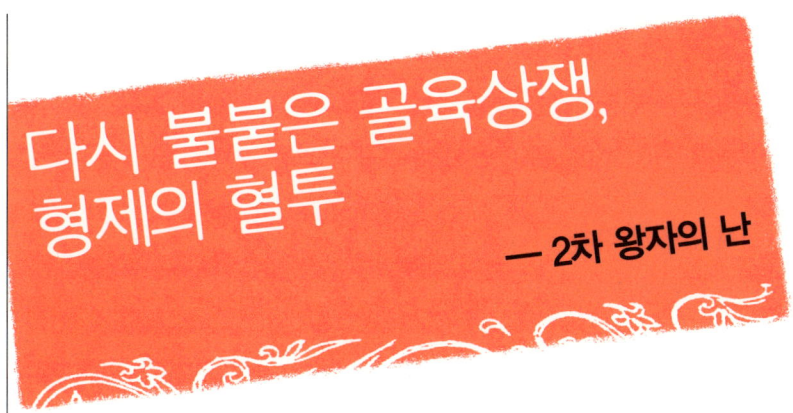

다시 불붙은 골육상쟁, 형제의 혈투
— 2차 왕자의 난

🍁 어수선한 정국

정종 2년(1400) 1월 28일, '2차 왕자의 난'이 벌어졌다. 이번에 격돌한 왕자는 방원과 그의 손위 방간이다. 2년 전처럼 이복형제를 노린 것이 아니라 부모가 같은 형제의 격돌이라 진정한 의미에서 골육상쟁이라고 할 수 있지만, 그때와는 많이 달랐다. 우선 장소가 한성이 아니라 개경이며, 백주에 맞붙었다는 것부터 이례적이다. 이전과 결정적으로 다른 점은 도전한 측이 참패한 것이다. 이방간이 도전했다가 어이없이 참패한 2차 왕자의 난은 급박하고 살벌한 1차 왕자의 난에 비하면 한바탕 신명 나는 전쟁놀이와 흡사했을 정도다. 그 승부는 조선이 출범하면서부터 잉태된 '후계자 결정전'의 완결판이다.

앞에서 말했다시피 문제는 세자가 되어야 했던 이성계의 장남 방우가 자신을 탈락시킨 데서 비롯됐다. 부친을 배반한 방우는 아들이 있지만 세손世孫의 후계 구도를 인정받지 못했다. 이방우의 아들까지 연좌한 것은 그의 죄가 크기도 했거니와, 정도전과 신덕왕후가 정상적인 후계 구도를 원치 않았기 때문이다. 이방우의 동생들 역시 자신에게 좋은 기회가 될 수 있기에 내심 반겼다. 실제로 이방원은 반역에 성공하지 않았는가. 누가 봐도 다음 왕은 이방원이 분명했다.

그러나 방석 다음으로 책봉된 세자는 방과다. 방우가 죽은 뒤 장남이 된 방과는 세자로 책봉되는 것을 꿈에도 바라지 않았지만, 이방원이 거병한 명분이 '장남 대신 후처 소생을 책봉한 파행을 바로잡는 것'이기에 일단 방과에게 양보하는 형식을 취했다. 날개가 꺾인 이성계는 방과를 세자로 책봉하고 한 달 뒤 양위, 상왕으로 물러앉았다.

1차 왕자의 난이 성공한 뒤, 정국은 각설이 패가 들이닥친 잔칫집처럼 어수선했다. '제2의 개국공신'이 양산되는 반면, 줄을 잘못 섰다가 횡액을 당하는 자들이 부지기수였다. 본래 반역자는 자신과 같은 자들을 극도로 경계하게 마련이어서 조금이라도 혐의가 있어 보이면 사정없이 짓밟고 탄압했다. 그것을 이용하여 개인적인 감정을 풀거나 이득을 취하려는 자들이 극성을 부렸다. 그 와중에 이방번의 종 박두언朴豆彦이 주인의 원수를 갚기 위해 반란을 일으키려다 미수에 그치거나, 이성계와 정도전의 혁명 동지로 나중에 이방원에게 투신해 큰 공을 세운 조준이 반역 혐의를 받는 사건이 발생하기도 했다.

새로 즉위한 정종 이방과는 자신이 허수아비에 지나지 않는다는 사실을 잘 알았겠지만, 그에게도 적지 않은 결함이 있었다. 이방과는 정식 아내와 사이에서 아들을 두지 못했다. 정안왕후 김씨는 생산이 없는 반면, 후궁들은 아들을 많이 낳았다. 정종이 후궁에게서 얻은 아들이 15명이다. 아들만 추산하면 조선을 통틀어 랭킹 1위에 해당하는 기록이지만, 문제는 모두 후궁의 소생이라는 점이다. 이방원이 거병한 명분이 전처소생의 정식 왕자를 후계자로 삼지 않았다는 것이 아닌가. 이는 정종도 정식 왕자가 없기 때문에 후계 구도에서 배제되어야 한다는 압박과 같다. 정종과 정안왕후로서는 차라리 다행이었겠지만, 이방원 못지않게 야심만만한 이방간에게도 다행스러운 일이었다. 이방간은 자신이 왕이 될 수 있다는 희망에 부풀었을 것이다. 방간과 방원의 충돌은 필연적이었다. 잠시 실록에 나타난 이방간의 모습을 보자.

> (1차 왕자의 난 때 이방원이) 일어서서 양쪽 소매로 떨치면서 말하였다.
> "형세가 하는 수가 없이 되었다."
> 이에 즉시 말을 달려 궁성宮城의 서문으로 나가니 익안대군益安大君 : 이방의과 회안대군懷安大君 : 이방간, 상당군이 모두 달아나는데, 상당군만은 능히 이방원의 말을 따라오고 익안대군과 회안대군은 넘어지기도 하였다.

이방원이 거병을 결심했을 때 방간은 정신없이 달아나다가 넘어졌다고 되어 있다. 그렇게 겁이 많은 사람이 어찌 이방원에게 맞서 싸울 수 있단 말인가. 그날 다른 왕자들도 적잖은 공을 세운 것이 분명하지만, 실록은 그렇게 기록하지 않았다. 실제로 그랬다 해도 형제의 정을 봐서 감춰줘야 할 텐데, 그런 식으로 실록에 남기는 저의가 무엇인가. 그런데 정종은 더욱 한심하다. 당시 정종은 이성계의 쾌유를 빌다가 변고가 났다는 말을 듣고는 달랑 종 하나를 거느리고 줄을 타고 몰래 도성을 빠져나왔다. 밤새도록 걷고 또 걸어서 풍양豐壤까지

간 다음 김인귀金仁貴의 집에 숨었다. 이방원이 사람을 시켜 그를 찾은 연후에야 도성으로 돌아왔지만, 자신이 세자가 된다는 말을 듣고 크게 놀라 사양하다가 마지못해 받아들였다고 한다. 이방원이 고의로 형들을 폄훼한 정황이 짙다고 하겠는데, 여하튼 후계 구도는 방원과 방간으로 압축되었다. 방간이 방원에 대적할 정도로 뛰어났다기보다는 둘째 형 방의가 현명하게도(?) 스스로 포기한 결과라고 할 것이다.

◈ 다가오는 충돌

'바지사장'에 지나지 않던 정종의 치세에서 가장 두드러진 것을 꼽으라면 수도를 다시 개경으로 옮긴 것이다. 개경 환도가 결정된 것은 정종 1년(1399) 2월 26일이다. 여러 가지 심상치 않은 조짐이 나타나 천문과 지리 등을 담당하는 서운관書雲觀에서 해석한 결과 개경으로 돌아가야 한다는 결과가 나왔다고 하자, 정종이 그렇게 하라고 명했다. 그러나 수도를 옮기는 것은 실권이 전혀 없는 정종이 마음대로 결정할 사안이 아니다. 애써 옮겨 온 한성에서 개경으로 환도할 것을 결정하고 실행할 사람은 이방원밖에 없다.

이성계가 정도전에게 명령하여 한성을 새로운 수도로 삼고 개경에서 이주한 것은 굳이 '새 술은 새 부대에'라는 측면에 입각하지 않아도 지극히 당연했다. 400년 이상 고려의 수도로 기능하던 개경은 조선의 수도로 사용하기에 너무나 위험했다. 개경의 주민들이 자신들의 나라를 멸망시킨 새로운 왕조를 증오할 테니 이념적으로 맞지 않으며, 부동산 가격이 충분히 올라 실질적으로도 발전 가능성이 없었다. 개경은 고려였으며, 개경에 뿌리박은 고려의 중추 세력을 확실하게 꺾는 방법은 수도를 옮기는 것뿐이었다.

조선 제일의 두뇌 정도전이 설계하여 모든 것이 완비된 한성은 신흥 도시답게 잘 구획되고 미래에 충분히 대비되었지만, 이방원으로서는 익숙지 않았다. 특히 반역을 성공시킨 뒤에는 불안해지기 시작했다. 익숙지 않다는 것은 반격 당했을 때 대비할 수 있는 여지가 적다는 것을 의미한다. 한성이 아직 기반 산업이 충분히 성장하지 못해 궁궐과 백성의 소비 수요를 충족하지 못한다는 현실적인 문제도 고려해야 했다. 소비재와 생필품을 상당 부분 인근에서 충당해야 하는데, 아무래도 개경이 물류 기지가 될 수밖에 없었다. 물자를 개경에서 수송하면 번거롭고 비용이 많이 들기도 하거니와, 본질적으로 고려의 영향에서 벗어나지 못하는 것이 아닌가. 안전과 실리를 고려한 이방원은 차라리 개경으로 환도하는 것이 좋겠다고 결정했다.

이방원은 개경에서 열광적인 환영을 받았다. 이성계가 새로운 수도로 떠난 뒤 개경은 하루가 다르게 쇠락했다. 실업률이 치솟는 반면, 부동산은 바닥을 치다 못해 땅속으로 파묻혔다. 그토록 찬란하던 개경이 한성의 물류 기지로 전락한 뒤에는 예전의 혼란과 아귀다툼이 그리울 지경이었다. 희망이나 미래와는 거리가 먼 나날을 보내던 개경 주민들에게 환도는 구원의 복음과도 같았다. 왕조가 돌아오자마자 개경의 분위기가 확 달라졌다. 개경에 자리 잡으려는 자들 때문에 부동산이 폭등하고, 시장 거래도 활기를 띠었다. 개경 주민들은 입을 모아 이방원을 칭송하기에 바빴다. 그러나 이방원은 개경에 눌러앉을 생각이 없었다. 그 역시 한성이야말로 조선의 중심이 될 도성으로 손색이 없다고 생각했다. 개경으로 온 것은 도성의 생산력이 궤도에 오르고, 위험 요소가 제거될 때까지 시간을 벌기 위해서다.

이방원의 최종 목표는 새로운 도성에서 군림하고 지배하는 것이었다. 그 전에 정종을 최대한 이용해 왕족과 공신의 사병을 빼앗고, 그들의 힘을 제거해야 했다. 이는 미래를 대비한 가장 중요한 작업인데, 이방간과 충돌하는 직접적 원인으로 작용했다. 이방간은 선택의 여지가 없었다. 신하와 장군들이야 본분을 자각하여 이방원에게 충성을 맹세하면 이전보다는 못해도 그럭저럭 살아갈 수 있을 터였다. 그러나 왕족, 특히 이방간처럼 왕위 계승권이 충분한 자들은 예전에 누리던 특혜를 반납하는 데서 그치지 않고 언제 제거될지 알 수 없는 불안한 삶을 살아야 한다. 이방의처럼 일찌감치 포기하고 조용히 살거나, 죽든 살든 한판 붙어보는 방법밖에 없다.

기록에 따르면 뇌관을 건드려 폭발하게 만든 자는 박포朴苞다. 박포는 일찍부터 공이 큰 무관으로 대장군大將軍의 경력이 있으며 죽성군竹城君의 칭호를 받기도 했고, 1차 왕자의 난이 일어났을 때 공이 적지 않아 공신에 책봉된 자다. 공신에 책봉되면 엄청난 부와 명예를 얻을 수 있으며 반역죄가 아니면 사면되는데다, 자식들에게 세습되어 누구나 선망했다. 그런데 박포는 공신 책봉에 불만이 있었다. 일단 당시 공신으로 책봉된 면면을 보자.

> 일등으로는 이화, 이방의, 이방간, 전하殿下:이방원을 미리 전하라고 예우함 이방원, 이백경, 조준, 김사형, 이무, 조박, 하윤, 이거이, 조영무다……
> 이등으로는 양우, 심종, 복근, 이지란, 장사길, 조온, 김로, 박포, 정탁, 이천우, 장사정, 장담, 장철, 이숙번, 신극례, 민무구, 민무질이다……
> ―《태조실록》7년(1398) 9월 17일

공신의 칭호는 종사를 바로 세웠다는 의미의 정사공신定社功臣이며, 일등과 이등을 합해 모두 29명이 포상의 영예를 누렸다. 일등은 이방원을 비롯한 왕자와 사위들, 조준, 김사형, 이무, 조박, 하윤, 이거이 등이 포함되었다. 박포는 이등에 올랐어도 대단한 영예인데, 자신이 일등에 오르지 못한 것에 불만이 많았다. 박포가 불만을 가진 것은 일등 공신 가운데 공이 없는 자들이 포함되었기 때문이다. 실제로 당시 정승이던 조준과 김사형은 반란에 참가하지도 않은데다, 이무는 아예 공이 없었으며 태도가 애매모호했다. 그런 자들이 일등 공신에 책봉되자, 실제 칼을 들고 싸워 공을 세웠어도 그들에게 뒤진 박포가 불만을 터뜨릴 수도 있을 것이다. 그러나 공신 책봉은 정치적 고려가 우선이다. 특히 반역에 성공한 이방원으로서는 여러 측면을 고려하지 않을 수 없었을 텐데, 원로급이며 조정의 수장인 조준을 위시한 정승들을 자기편으로 끌어들여야 했을 것이다. 그런 계산에 따라 조준 등은 공이 없어도 일등 공신에 책봉했다.

　그러나 박포는 묵묵히 넘어가지 않았다. 자신이 일등이 되지 못한 데 불만을 토로했다가 이방원의 귀에 들어가고 말았다. 거사와 공신 책봉을 주도적으로 이끈 이방원으로서는 매우 불쾌했으리라. 분명 박포의 공이 적지는 않다. 하지만 같은 이등이라고 해도 이숙번과 민무구, 민무질 등의 공이 박포만 못하겠는가. 그들의 공은 최소한 박포와 대등하거나 훨씬 크지만 불만을 표하지 않았다. 무관으로서 누릴 수 있는 최고의 영예를 누린 것에 감사하기는커녕 불만을 토로한 대가는 유배였다. 유배는 얼마 안 되어 풀렸지만 박포의 응어리는 좀처럼 풀리지 않았다. 그래도 공신인 것을 감안해 유배로 끝났지 다른 자 같았다면 참형을 면치 못했을 상황인데, 박포는 조금도 관대한 처분이라고 생각지 않았다. 오히려 더욱 심사가 뒤틀린 박포는 급기야 극단적인 결심을 한다.

> 지난해 동짓날 방간의 집에 가서 장기를 두면서…… 방간이 말하기를 "앞으로 어떻게 처신하는 것이 좋겠는가?" 하기에, 박포가 대답하기를 "지위를 보전하는 가장 좋은 계책은 군사를 맡지 말고 출입을 삼가며, 의관을 정제하고 행동거지를 무겁게 하기를 고려(말기) 때의 왕들처럼 하는 것이다"라고 하였습니다. 방간이 그 다음의 계책을 묻기에 박포가 대답하기를 "권력에 연연하지 않고 오랑캐의 땅으로 들어가 은거한 중국의 태백太伯과 중옹仲雍을 본받아 정계에서 은퇴하는 것이 그 다음이다"라고 하였습니다. 또 그 다음을 묻기에 박포가 대답하기를, "정안공이방원은 군사가 강하고 또 강한 자들이 많이 따르지만, 공이방간의 군사는 약하여 위태하기가 아침 이슬과 같으니, 먼저 공격하여 제거하는 것이 타당하다"고 하였습니다.
>
> ―《정종실록》3권, 2년(1400) 2월 1일

박포가 이방간을 찾아가 충동질한 자체가 이방간이 이방원에게 대항할 수 있는 유일한 세력임을 의미한다. 박포는 '계속 이러다가는 이방원에게 죽음을 당할 것이 분명하다'고 위기감을 돋우는 동시에 자존심을 긁었다. 이방간은 그렇지 않아도 승부를 낼 작정이었기에 박포의 권유를 흔쾌히 받아들였다. '전력이 열세한 것은 사실이지만 기습을 하면 충분히 승산이 있을 것'이라는 박포의 조언이 있은 직후 골육상쟁이 벌어졌다. 실록에 나타난 전투의 경과가 의외로 장황하여 상세히 소개할 수는 없으니 중요한 부분만 소개하겠다.

디데이는 정종 2년 1월 28일로, 작전도 나쁘지 않았다. 그때 마침

둑제纛祭 : 임금의 가마나 친위 부대의 앞에 세우는 가장 높은 깃발에 지내던 제사가 있어 둑기纛旗 앞에 바칠 제물이 필요했다. 왕족과 지체 높은 자들이 사냥을 하여 제물을 바치는 것이 관례였기 때문에 사냥을 핑계 삼아 합법적으로 병력을 동원할 수 있었다. 이제 개경으로 들어간 다음 폭풍처럼 진격하여 이방원을 때려잡는 일만 남았는데, 이방원 측이 벌써 이 일을 아는 것이 아닌가. 이방간은 크게 당황했다. 작전의 성패가 달린 '벼락같은 기습'이 수포로 돌아가고 만 것이다. 그러나 쏘아버린 화살, 여기까지 와서 포기할 수는 없다. 이방간은 죽음을 각오하고 진격 명령을 내렸다.

이방간의 거사를 안 태조와 정종은 크게 놀랐다. 이성계는 "소처럼 미련한 놈 같으니…… 네가 방원이와 아비가 다르냐, 어미가 다르냐? 그 따위 미련한 짓은 당장 집어치워라!"며 펄펄 뛰었고, 정종도 "내가 방원이에게 호소하여 책임지고 목숨을 구해줄 테니 제발 그만두라"며 애원했다. 어떤 반대든 이방간의 패배를 전제하는 것이기에 그로서는 불쾌할 수밖에 없다. 이성계와 정종의 만류는 오히려 이방간의 투지에 기름을 부은 꼴이 되고 말았다.

너무 어설픈 반역

정안공이 이에 변이 있는 것을 알았다. 이때 의안공 이화와 완산군完山君 이천우 등 10인이 모두 정안공의 집에 모였다. 정안공이 군사로 호위하고 나가지 않으려 하니, 이화와 이천우가 곧 침실로 들어가 군사를 내어 대응할 것을 극력 청하였다. 정안공이 눈물을 흘리며 굳이 거절하기를 "골육이 서로 해치는 것은 불의가 심한 것이다. 내가 무슨 얼굴로 응전하겠는가?"

하였다. 이화와 이천우 등이 울며 청하여 마지않았으나 또한 따르지 아니하고, 곧 사람을 방간에게 보내어 대의로 이르고, 감정을 풀고 서로 만나기를 청하였다.

―《정종실록》 2년 1월 28일

실록에 따르면 놀랍게도 이방원은 나가 싸우려 하지 않았다. 적군이 쳐들어오는데도 나가 싸우기는커녕 눈물을 흘리며 골육상쟁의 비참함을 토로하고, 이방간에게 사람을 보내 좋게 해결하자고 했다. 보다 못한 이화 등이 "이방간의 흉험한 것이 극진하여 사세가 여기에 이르렀으니, 어찌 작은 절조에 연연하여 종사를 돌보지 않을 수 있겠습니까"라며 애원하는 지경이었다. 이방간이 화평을 거부했다는 급보가 닿았는데도 이방원이 움직이려 하지 않자, 다급해진 이화와 이천우 등이 "어찌 혈육의 정에 연연하여 종사를 위태롭게 할 수 있느냐"며 나가 싸울 것을 청했다. 이때 부인 민씨가 갑옷을 입혔으며, 이화 등이 억지로 말에 앉혔다. 이방원은 할 수 없이 싸우는 모습을 취했는데, 아무럼 이방원이 골육상쟁이 가슴 아파 눈물 흘릴 사람인가. 그렇다면 1차 왕자의 난이 벌어지지 말았어야 했다. 골육상쟁을 벌일 수 없다고 눈물을 흘리며 이방간에게 화평을 청한 것은 이방간에게 책임을 전가하기 위함이며, 왕실에서 비중이 큰 숙부 이화와 조카 이천우에게 왕실의 안위를 생각한다는 명분을 이끌어내기 위한 용도였다.

마침내 전투가 벌어졌다. 이방간이 무서운 기세로 쇄도했지만 곧 막히고 말았다. 이방원의 무사들은 골목골목에 매복하고 있었다. 본래 열세한데다, 포위당한 것과 다름없는 이방간의 부대는 제대로 싸우지 못했다. 몇 차례 일제 사격을 퍼붓자 이방간의 부대가 붕괴하기 시작했다. 이방원은 전투가 시작되기 전에 "만일 우리 형을 보거든 화살을 쏘지 말라. 어기는 자는 베겠다"고 엄명을 내렸다. 목숨이 왔다갔다하는 상황에서 생각하기 어려운 명령이지만, 그만큼 자신있다는 방증일 것이다. 예상대로 이방원은 어렵지 않게 승리를 거뒀으며, 도주한 이방간은 아들 맹종孟宗과 함께 체포되었다. 당장 죽여야 마땅하다는 주청이 들끓었지만 이방원이 받아들이지 않았다.

 2차 왕자의 난은 사병을 제거하여 안전을 확보하려는 이방원의 의지가 관철된 사건이다. 이방원은 강력한 사병을 이용하여 권력을 찬탈했지만, 자신이 권력을 잡자 사병을 경계하지 않을 수 없었다. 사병을 제거하는 가장 확실한 방법은 가장 강한 사병을 가진 자를 격파하는 것이며, 그가 바로 이방간이다. 기록에는 이방간의 야심이 부각되지만 이방원 측이 은연중에 도발했을 가능성이 짙다. 이방간이 나름대로 작전을 짜고 행동에 나섰을 때 대응에 나선 것을 보면 사전에 이방간의 움직임을 간파한 것이 틀림없다. 실제로 이방간이 거사하려 하자 주변에서 만류하다 못해 방원에게 밀고한 기록이 있는데, 그 전에도 심각한 상태였던 것 같다.

> 이방간이 다른 음모를 꾸며 가지고 정안공을 그의 집으로 청하였는데, 정안공이 가려고 하다가 갑자기 병이 나서 가지 못하였다. 다른 날 방간이 정안공과 더불어 대궐에 나가 임금을 뵙고 말을 나란히 하여 돌아오는데, 방간이 한 번도 같이 말하지 아니하였다.
>
> —《정종실록》 2년 1월 28일

이방간이 거사하기 전에 이방원을 집으로 초대했을 때 뭔가 낌새를 채고 병을 핑계 삼아 가지 않았다는 내용은 그냥 넘기기 어려운 대목이다. 이는 두 사람의 갈등이 매우 심각한 상태라는 증거가 될 수 있으며, 이방원이 이방간의 의도를 완벽하게 파악하고 있다는 의미가 된다. 두 사람은 격돌할 수밖에 없었고, 그 결과 사병을 혁파할 길이 열린 것이다. 이방간의 참패는 사병을 내놓지 않으려다가 어떤 꼴을 당하리라는 경고로 충분했다. 실력자들의 이빨과 발톱을 뽑아버린 이방원은 그들을 틀어잡고 부려먹을 수 있었다. 이제야 왕조가 제대로 서는 기틀을 잡은 것이다.

이방간과 맹종이 살아남을 수 있었던 것은 살려둬도 위험하지 않기 때문이다. 이성계와 정종이 특별히 선처를 당부했으니 그들의 체면도 살려줘야 했겠지만, 아비에게 반역하고 배다른 동생들을 죽인 이방원으로서는 '이미지 관리'도 필요했을 터다. 이방간은 귀양 가는 것으로 끝났지만, 악역을 떠맡을 제물이 필요했다. 제물은 아무래도 박포가 가장 적합했는데, 박포는 그날 전투에 참가하지 않았다.

> 박포는 본래 정안공의 조전절제사助戰節制使:고위급 무관였는데, 그날 병을 칭탁하여 나오지 않고 중립을 지키며 관망하고 있었으나…….

박포의 역할이 심히 의심스럽다. 없는 곳에서는 임금도 욕한다 했으니 술자리에서 몇 마디 뱉은 것에 불과하지 않느냐는 의혹이 크지만, 중요한 것은 이방원이 조선이 롱런할 기틀을 다졌다는 점이다. 사병이 혁파되고 중앙정부가 군사력을 장악한 것은 그만큼 의미가 크다.

조상을 잘못 둔 죄?

이방간은 죽음을 면했으나, 그의 집안은 오래도록 왕족의 대우를 받지 못했다. 후손들은 왕족의 족보에 오르지 못하는 것은 물론 어떤 특혜도 누리지 못했으며, 심지어 일반 백성의 의무인 군역과 노역까지 부담하라는 명령을 받았다. 후손들의 필생 소원이던 사면 복권이 된 것은 280년이나 흐른 숙종 때다.

진정한 '바지사장' 정종

태종은 정종을 제대로 대우하지 않았다. 정종이 죽은 이후 당연히 받아야 할 묘호를 주지 않은 것이 대표적인 사례다. 정종은 종과 조의 칭호를 받지 못하고 '공정왕恭靖王'으로 불리고 기록되었는데, 고려의 마지막 왕이 공양왕인 것을 보면 해도 너무한다는 생각을 지울 수 없다. 정종을 왕으로 인정하지 않은 것은 자신에게 정통성이 있다는 것을 강조하기 위함이었을 텐데, 실제로 이방원은 정종을 태조와 자신을 연결하는 징검다리로 여겼을 뿐이다.

이성계의 마지막 불꽃
— 조사의의 난

❖ 이해할 수 없는 반역자

　　　　　　　　　　태종 2년(1402) 11월 5일, 동북면의 안변부사安邊府使 조사의趙思義 등이 반란을 일으켰다는 급보에 조정이 발칵 뒤집혔다. 조선이 건국된 지 겨우 10년밖에 지나지 않았으며, 이방원이 즉위한 것이 2년 전이다. 태종에 이르도록 창업 단계를 벗어나지 못한 형편이라 모든 것이 버거운 때 반란은 치명적인 위협이 될 소지가 컸다. 게다가 반란이 일어난 지역이 동북면이라는 것도 예사로 넘길 일이 아니다. 동북면의 병력은 강하고 억세기로 정평 난 태조 이성계의 무력 기반이 아닌가. 특히 가별치加別赤라 불리는 사병 집단의 전투력은 발군이었다. 그들이 반란을 일으켰다면 보통 사건이 아닌데다, 인근 함흥과 영흥으로 파급되는 날에는 심각한 사태를 부를 우려가 적지 않았다. 실제로 영흥판관 김견金謙이 반란에 가담했으며, 함흥까지 불온하게 움직이기 시작했다.

고려의 그늘에서 멀리 벗어나지 못한 상황에 일어난 반란으로 태종은 심각하게 고민했다. 이번 반란을 확실하게 제압하지 못하면 고려에 충성하는 자들과 불온 세력이 여기저기서 날뛸 것은 분명했다. 까딱했다가는 조선이 발목을 잡혀 엎어질 판이었다. 일이 풀리지 않으려니 명나라 사신들까지 와 있는 상태였다. 반란은 군주의 실정失政을 나타내는 바로미터니, 명나라에서 알면 태종을 얼마나 우습게볼까. 한마디로 사면초가였다. 일단 상호군上護軍 박순朴淳을 보내 설득하게 했는데, 반군이 그를 잡아 죽였다. 조사의가 대화를 원치 않는다는 것이 분명해진 이상 태종이 직접 나설 수밖에 없다. 태종이 반역을 진압할 부대를 편성하라고 명하자 조선이 비상사태로 돌입했다.

반역을 일으킨 조사의가 누구인가. 감히 태종 이방원에 맞서 반역을 일으켰다면 만만치 않은 자 같은데, 의외로 신상이 알려진 바 없다.

> 조사의는 곧 현비신덕왕후 강씨의 족속인데, 강씨를 위하여 원수를 갚고자 한 것이었다.
>
> —《태종실록》 2년(1402) 11월 5일

실록에는 조사의의 신상과 반역을 일으킨 명분이 너무나 간단하게 기술되었다. 이성계가 본부인 신의왕후 한씨 소생의 장성한 아들들을 제치고 강씨 소생의 어린 아들 방석을 세자로 책봉하자, 이방원이 반란을 일으킨 것은 잘 알려진 사실이다. 이방원이 일으킨 1차 왕자의 난으로 방석은 물론 방번까지 죽음을 당하자, 조사의가 그 원한을 갚겠다고 거병한 것이다. 그런데 조사의와 강씨가 어느 정도 가까운 친척인지 전혀 기록이 없다. 조사의가 처음 나타나는 것은 태조 2년(1393) 6월 22일이다. 이때 조사의는 정사품 의랑議郎이었는데, 세자빈이던 현빈 유씨의 폐출과 관련되어 처벌을 받았다.

그런데 유씨가 폐출된 이유가 참으로 어이없다. 태조가 세자빈 유씨를 쫓아낸 것은 내시와 간통했기 때문이다. 세자빈 유씨와 간통한 내시는 이만李萬이라는 자다. 내시가 어떻게 성 관계를 맺었는지 의아하지만, 감히 세자빈과 간통하다가 들켰으니 어찌 무사할 수 있겠는가. 이성계는 이만을 죽이고 세자빈을 폐출한 다음 가급적 묻어두려 했다. 당시는 고려를 배반하고 보위를 찬탈한 이성계에 대한 시선이 곱지 않았다. 왕씨王氏를 마구 죽이고 이성계의 심복들이 민폐를 끼쳐 인심을 잃은 판에 세자빈이 내시와 간통했다는 사실이 퍼지면 어떻게 되겠는가. 이성계는 열불이 터졌지만 왕실의 체통이 땅에 떨어지고 도덕성까지 의심받을 수 있기 때문에 쉬쉬하고 넘어가려 했다. 그런데 관리들이 눈치 없게 진상 규명을 요청하자 모조리 하옥했다. 이때 조사의가 포함된 것은 강씨의 친족으로서 한 마디 끼어들지 않을 수 없었기 때문이리라.

> 임금이 임진나루에 머물렀는데, 그 남쪽에 전조前朝: 고려의 시중侍中 정렬공貞烈公 경복흥慶復興의 묘가 있었다. 임금이 말하였다.
> "경 시중은 강개, 청직하고 시중 벼슬에 있어서 나를 보기를 자식같이 하고, 나도 아버지같이 섬기었다."
> 첨절제사僉節制使 조사의를 보내어 제사를 지내게 하였다.
> ─《태조실록》6년(1397) 2월 28일

별다른 내용은 아니지만 조사의가 첨절제사라는 점이 눈길을 끈다. 보통 첨사僉使라고 부르는 첨절제사는 종삼품 무관으로, 주요 지역을 수비하는 직책을 맡기 때문에 지금의 연대 급 병력을 지휘할 수 있다. 의랑이던 조사의가 어떤 경위로 고위급 무관이 되었는지 알 수 없지만, 반역에 필수적인 요소를 갖춘 것은 분명하다. 그리고 반역 이전에 마지막으로 나타난 경력이 흥미롭다. 태조 7년 8월 26일에 조사의를 포함한 상당수 고위급 무관들이 체포되어 중징계를 받는다. 그날이 이방원이 1차 왕자의 난을 일으킨 날이라는 점을 감안하면 쉽게 이해할 수 있는데, 조사의가 투옥된 것은 이방석의 모친 강씨와 가까웠기 때문일 것이다. 그러나 곧 사면되고 주요 지역 안변의 부사로 간 것을 보면 이방원에게 직접 대항하여 싸우지 않은 것이 분명하다. 강씨와 가까운 친족이다 보니 일단 잡아넣었을 텐데, 특별히 의심할 만한 근거가 발견되지 않아 사면하고 다시 채용한 것으로 보인다. 거칠게 표현하면 잔챙이 급에도 미치지 못했다고 할까.

적어도 이때까지 조사의는 반역과 무관했던 것으로 보인다. 그러나 불과 석 달도 지나지 않아 반역을 일으키고 말았다. 이해가 되지 않는 것은 조사의가 왜 안변에서 반란을 일으켰느냐는 점이다. 조사의는 안변을 다스리는 부사였을 뿐, 그곳에는 아무런 기반이나 연고가 없다. 또 그가 거병의 명분으로 삼은 강씨의 원한을 갚겠다는 것 역시 지역의 정서와는 전혀 합치되지 않는다. 강씨는 개경에서 오래 산 권문세가의 딸이라 안변과는 아무런 인연이 없다. 안변 백성에게 강씨의 원한을 갚자고 말했다가는 정신이 온전치 못한 사람 취급당하기 십상일 것이다. 그런데도 조사의는 군사를 일으켰다. 피어오르기도 전에 꺼져야 할 반역의 불씨가 오히려 활활 타올랐다. 게다가

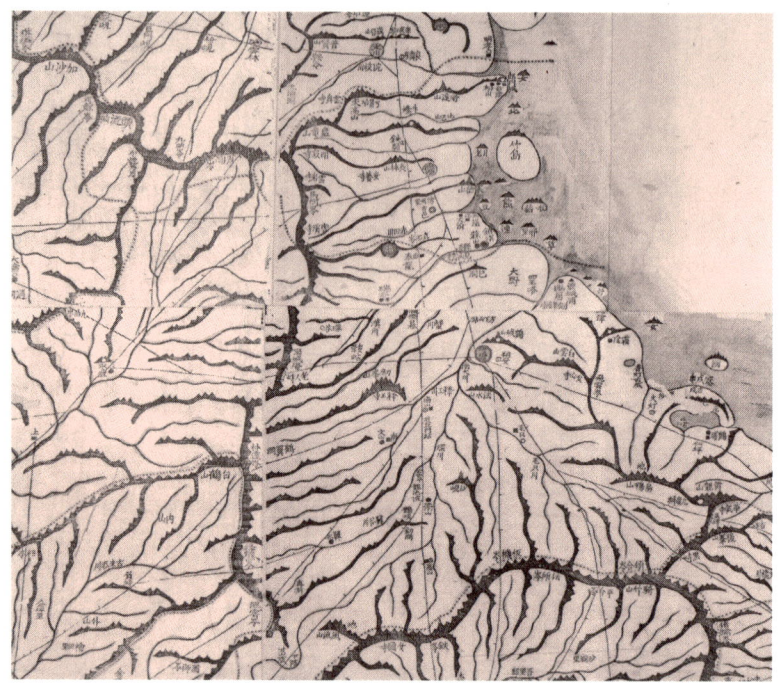

안변 지방 ■ 〈대동여지도〉 중 안변 부근 지도. 안변은 지금의 함경남도 지역으로서 원산과 동해東海에 근접하고, 강원도와도 접경하고 있다. 실록에 현빈으로 격하된 이성계의 후처 강씨의 근거지 개성이나 본관 황해도와는 전혀 연관이 없다.

인근의 영흥도 동참했으며, 심지어 여진족까지 협조를 약속했으니 대체 어찌된 일인가.

🏵 이성계, 다시 반역을 꿈꾸다

반역을 명령한 사람은 이성계다. 동북면과 여진족이 유일하게 따르는 사람이 이성계로, 그가 아니고는 그들에게 반역을 명령할 사람이 없다. 조사의는 이성계의 명령을 전달하는 심부름꾼이었을 따름이다. 이성계가 안변 지역의 반란에 깊이 개입했다는 증거가 적지 않다. 반란이 일어나기 전 이성계의 행적을 추적해보자. 졸지에 태상왕으로 전락한 이성계는 궁궐에 있지 않고 여기저기 돌아다녔다. 아들 때문에 이빨 빠진 호랑이가 된 이성계가 무슨 낙으로 궁궐에 있겠는가. 정종과 태종의 얼굴을 대하는 것도 민망했을 테고, 개경아직 한성으로 돌아가기 전이다에 임금이 세 명이나 있다는 것도 그리 즐거운 일이 아니었다. 이성계는 이래저래 자주 궁궐을 비우고 유람할 수밖에 없었으며, 고향 함흥과 안변 등지에 오래 머물렀다는 것은 얼마든지 가능한 일이다. 그런데 반역이 일어나기 직전인 태종 2년 10월 27일의 기록이 심상치 않다.

> 태상왕이 징파도澄波渡에서 사신 온전溫全에게 잔치를 베풀었다. 온전이 금강산에서 돌아오매, 태상왕이 중간에서 청하여 잔치를 베풀었다. 임금이 기생과 풍악을 보내고, 또 종친과 별시위別侍衛를 보내어 호종하게 하였다. 태상왕이 별시위를 거느리고 동북면에 행차하려고 하니, 변현邊顯 등이 아뢰기를 "주상께서 전하가 사신을 보려고 하시기 때문에 신 등을 보내어 시위하게 한 것이고, 처음에는 거가車駕를 따라 깊이 먼 지방까지 들어간다는 사실은 알지 못하였습니다. 하물며 자량資糧:여비와 식량의 준비가 넉넉지 못하니, 멀리 따르기가 실로 어렵습니다" 하였다. 태상왕이 말하기를 "너희는 모두 내가 기른 군사인데, 지금 어찌하여 나를 배반하느냐?" 하고, 인하여 눈물을 흘리니 변현 등이 마지못해 따랐다.

그날 명나라의 사신 온전이라는 자가 당도하여 이성계가 태상왕의 자격으로 임진강의 징파도에서 잔치를 베풀었다. 태종이 기생과 악공, 종친과 별시위를 보냈는데, 이는 사신과 이성계를 개경까지 호위하기 위함이다. 그런데 이성계가 뜻밖에 별시위를 대동하고 동북면으로 가려는 것이 아닌가. 사신을 호위하기 위해 보낸 별시위를 임의로 대동한다는 것은 있을 수 없는 일이다. 별시위의 지휘관 변현 등이 크게 놀라 식량 등의 준비가 충분하지 못하여 따르기 어렵다고 말하자, 이성계가 눈물을 흘리며 호소했다. 자신들을 기른 이성계가 눈물로 호소하자 별시위로서는 따를 수밖에 없었다.

이때 주목할 것은 이성계가 별시위에게 '배반'을 입에 담았다는 점이다. 정 동북면으로 가고 싶었다면 굳이 배반까지 입에 담을 필요는 없었을 것이다. 눈물을 흘리고 호소하는 것으로 충분했을 텐데, 굳이 배반이라는 극한적 표현을 사용한 이유는 무엇인가. 또 별시위가 아니라도 호위병은 얼마든지 구할 수 있다. 비록 실권 없는 태상왕이라 해도 인근의 수령들에게 명하면 당연히 호위해줄 텐데, 무엇 때문에 최정예 별시위를 동북면까지 대동하려 했을까.

이성계가 별시위 일부사신을 호위해야 했기 때문에 전부 대동하기는 어려웠을 것이다를 이끌고 북상했다는 보고에 태종이 경악했다. 태종이 급히 이성계에게 사람을 보냈다. "외교 관례상 종주국에서 보낸 사신을 길가에서 맞이하고 헤어지는 것은 옳지 않으며, 그쪽의 고위급을 모두 만나는 것이 옳다"는 말을 전하여 돌아오게 했으나 이성계는 따르지 않았다. 이방원의 다급함을 실록은 다음과 같이 전한다.

> 임금이 태상왕의 향하는 곳을 알지 못하여 사람을 시켜 살피었으므로, '사람의 행렬'이 길에 잇닿았다.
>
> —《태종실록》 2년 10월 27일

이성계의 행적을 파악하기 위해 보낸 자들이 줄을 이었을 정도지만 이성계는 발견되지 않았다. 행적이 파악된 것은 반란이 턱밑에 닿은 11월 1일이다. 이성계는 계속 동북면으로 가고 있었다. 11월 3일과 4일에도 꾸준히 동북면에 근접했는데, 5일에야 비로소 이성계가 의중을 밝혔다.

> 내가 즉위한 이래 조종祖宗의 능에 한 번도 참배하지 못하여 일찍이 생각하고 있었는데, 지금 다행히 한가한 몸이 되었으니 동북면에 가서 조상들의 묘에 참배한 뒤 금강산을 유람코자 한다. 개경에 들어가면 잠시도 문을 나서지 않겠다. 만일 내가 선조들의 능에 참배하지 않으면 어찌 다른 날에 지하에서 조종을 뵈올 수 있겠는가. 사람들은 이것을 알지 못하고 나의 이번 행차를 미쳤다고 할 것이다. 그들도 부모가 있는 자들이니 자기 마음속으로 헤아려보면 내 마음을 알 것이다.
> ―《태종실록》2년 11월 5일

이성계의 동태를 살피러 보낸 환관 김완金完이 돌아와서 위와 같이 전했다. 가마를 메는 자들의 의복이 해졌으니 의복을 보내라는 명령도 덧붙였다. 그러나 태종으로서는 믿기 어렵다. 음력 11월 초면 한겨울이다. 고향에 있는 선조들의 능을 참배하겠다는 것은 이해하겠지만, 무엇 때문에 굳이 추운 겨울을 무릅쓰려는 것인가. 봄이 되기를 기다려 가는 것이 이성계 자신이나 부하들에게 좋을 것은 새삼 말할 필요도 없다. 그리고 이성계가 안변과 함흥 등지에 상당 기간 머물렀다는 점을 감안하면 도무지 말이 되지 않는다. 그때껏 머무를 때는 뭐 하다가 이제야 조상의 묘를 참배하겠다는 것인가. 별시위를 대동한 점

등을 감안하면 아무리 봐도 꿍꿍이가 있는 것이 분명한데, 그 의문은 머지않아 풀렸다. 바로 그날 조정에 조사의가 반역했다는 급보가 닿은 것이다.

또 11월 8일에는 이성계가 철령을 지났다는 보고가 들어왔는데, 그날은 태종이 보낸 박순이 함흥에서 잡혀 죽었다는 급보가 닿은 날이다. 결코 우연의 일치가 아니다. 안변에서 조사의가 반란을 일으켰다는 급보를 받은 순간, 태종은 번뜩 이성계가 떠올랐다. 반역의 중심에 있는 자는 이성계가 분명했다. 별시위를 대동한 것은 그들을 포섭해서 반군에게 위엄을 떨치는 동시에, 조정에서도 자신을 지지하고 있다고 선전하기 위해서다. 조사의는 결코 반역을 꿈꿀 그릇이 되지 못했다. 이는 반드시 부친에 따른 것이다. 반역으로 보위를 찬탈한 아들에게 똑같은 것으로 되갚아줄 심산이 분명했다. 설마 그러기까지 하겠느냐고 생각하다가 보기 좋게 뒤통수를 얻어맞은 것이다. 태종은 한동안 말을 잊었지만 앉아서 당할 수는 없었다.

> 조영무로 동북면 강원, 충청, 경상, 전라도 도통사都統使를, 이빈李彬으로 서북면도절제사西北面都節制使를, 이천우로 안주도도절제사를, 김영렬金英烈로 동북면과 강원도도안무사江原道都安撫使를, 유양柳亮으로 풍해도도절제사를 삼았다.
>
> ―《태종실록》2년 11월 12일

> 이귀철李龜鐵로 중군도총제中軍都摠制를, 강사덕姜思德으로 우군총제右軍摠制를, 한규韓珪로 중군총제中軍摠制를, 연사종延嗣宗으로 우군동지총제右軍同知摠制를, 유양으로 동북면도순문사東北面都巡問使를, 유귀산庾龜山으로 안변도호

부사安邊都護府使를, 유기柳沂로 전라도도관찰사全羅道都觀察使를, 이화미李和美로 대호군大護軍을 삼았다.

— 《태종실록》 2년 11월 13일

사신을 접대하고 인선과 전투 편제를 마친 다음 진압군이 출격했다. 개경의 방비는 민제閔霽:이방원의 장인와 성석린成石璘, 우인열禹仁烈, 최유경崔有慶 등에게 맡기고, 태종이 직접 출전하여 장병들의 사기를 높였다. 진압군을 보낸 태종은 개경 동북방의 금교역金郊驛에 머무르면서 상황을 예의 주시했다.

승리를 기다리는 태종에게 반갑지 않은 보고가 들어왔다. 이천우가 보낸 정예 기병 100기가 적에게 포착되는 바람에 전멸하고, 다음 날에는 이천우가 적과 싸우다가 참패하여 겨우 빠져나왔다는 것이다. 서전의 참패는 매우 불길했다. 서전의 승리로 기세가 오른 반란군이 철령을 넘는 날에는 개경이 지척이다. 반란을 차단하려면 어떻게든 철령을 넘지 못하도록 해야 했지만 아무래도 괴로운 싸움이 될 것 같았다. 이성계에게서 권력을 탈취하기는 했으나, 전쟁으로 당해낼 자신이 없었다.

❖ 어이없는 붕괴

악전고투를 각오한 태종에게 반란군이 일시에 궤멸했다는 놀라운 보고가 닿았다. 그것도 회전會戰의 결과가 아니라 스스로 붕괴한 것이다. 그날이 11월 27일로 반란의 보고를 받은 지 22일째 되는 날인데, 전말이 참으로 어이없다. 조사의의 반란군은 진로를 틀어 서북면 안주로 진출했다. 이때까지 연전연승한 반란군은 사기가 충천하여 성공을 의심하지 않았다. 그런데 진압군 측의 장교 김천우金天祐가 붙잡혔다. 조사의를 위시한 수뇌부가 적정敵情에 대해 심문했을 텐데, 김천우가 "진압군은 모두 6만에 달하며 너희를 사방에서 포위하고 있으니 장차 어쩔 것인가"라고 말하자 반란군이 크게 동요했다. 그날 밤 수뇌부 가운데 조화趙和라는 자가 도망치기 위해 군막軍幕에 불을 지르고 크게 소리치자 반란군이 일시에 혼란에 빠졌다. 공포에 질린 반란군은 장교들의 제지를 뿌리치고 달아나는 추태를 연출했는데, 살수薩水: 청천강를 건너다가 얼음이 꺼지는 바람에 수백 명이 물귀신이 되기도 했다. 일시에 전력을 상실하고 황급히 안변으로 돌아가는 조사의를 따르는 병력은 50여 기뿐이었다.

　전쟁을 공부하면서 싸우기도 전에 궤멸하는 것을 드물지 않게 보았지만, 이때처럼 허무하게 붕괴된 사례는 찾기 어렵다. 게다가 스스로 일어난 군대가 어찌 그리 오합지졸일 수 있단 말인가. 서전부터 잇달아 승리하여 기세등등하던 반란군이 포로의 말 한마디에 와해되었다는 것은 믿기 어렵지만, 김천우가 '6만에 달하는 대병력이 너희를 포위했다'고 한 말은 거짓이 아니다. 태종이 전력을 집중했기 때문에 적어도 6만은 되었을 것이며, 실제로 이천우를 위시한 장수들이 삼면에서 포위하는 형국이었다. 그러나 그 정도는 충분히 각오했을 터였다. 설마 아무런 싸움도 없이 반란이 성공하겠는가. 반란군은 지위 고하를 막론하고 머지않아 훨씬 우세한 정부군과 맞닥뜨리는 상황을 예상했을 것이다. 포위당하는 것도 충분히 예상 가능하지만, 그들은 두 차례 이긴 다음이었다. 특히 이천우를 크게 격파하여 사기가 최고조에 달했을 반란군이 포로의 말 한마디로 붕괴하는 것이 과연 있을 수 있는 일인가. 그것도 최강으로 공인된 동북면의 병력이 말이다. 특히 무적의 전투력을 보유한 가별치마저 싸우기도 전에 붕괴한 것을 어떻게 설명해야 할까.

붕괴의 직접적 요인은 이성계의 부재다. 강력한 카리스마로 반란군을 틀어잡고 승리를 확신시킬 리더가 존재했다면 포로의 위협 따위로 와해되지는 않았을 것이다. 조사의는 애당초 그럴 능력이 없으며, 실제로 그는 반란군의 붕괴를 전혀 막지 못했다. 그러나 이성계가 있었다면 결코 그런 추태가 벌어지지 않았을 것이다. 비록 보위를 빼앗기고 이빨 빠진 호랑이로 전락했다고 해도 이성계에 대한 동북면의 신뢰와 충성은 절대적이었다. 노쇠했다고 하지만 그는 존재 자체로 엄청난 용기를 심어줄 수 있지 않은가. 게다가 이성계는 전쟁에서 최고의 달인이다. 몇 배나 우세한 적에게 포위당했다고 해도 패배하지 않을 작전과 전술을 처방할 능력이 있는 사람이 바로 이성계다. 또 이성계의 존재는 진압군 측에 상당한 부담으로 작용하여 작전을 펴기 어렵게 만드는 효과를 줄 수 있지 않은가. 그런데도 상승세를 탄 반란군이 자멸한 데는 그때 이성계가 부재했기 때문이라는 결론밖에 추출할 수 없다.

일단 이성계의 행적을 보자. 이성계가 철령을 넘었다고 보고된 것이 11월 8일이며, 이튿날 이성계가 역마를 타고 함흥으로 갔다고 기록된 이후 한동안 행적이 묘연하다. 갑자기 사라진 이성계는 9일이 지나서야 홀연히 모습을 드러낸다.

　　　태상왕의 거가가 서북면의 옛 맹주孟州로 향하였다.
　　　　　　　　　　　　　　　　　　　　　—《태종실록》 2년 11월 18일

맹주는 지금의 함경남도 맹산군孟山郡으로, 강제수용소로 유명한 함경남도의 요덕耀德과 어깨를 맞대고 있는 지역이다. 한동안 사라졌던 이성계가 맹주에서 발견된 것은 그때까지 반란군과 함께 했다는 증거로 손색이 없다.

    이천우가 유기游騎: 유격과 정찰 용도의 날랜 기병 100여 인을 옛 맹주로 보냈으나, 조사의의 군사에게 잡히었다.
                                        —《태종실록》 2년 11월 19일

    이천우가 조사의의 군사와 더불어 옛 맹주의 애전艾田에서 싸워 패하여, 포위당하였다. 아들 이밀李密 등 10여 기와 함께 겨우 포위를 뚫고 나왔다.
                                        —《태종실록》 2년 11월 20일

이성계가 맹주에서 발견된 직후인 19일과 20일에 진압군은 바로 그 지역에서 참패를 거듭했다. 특히 최고지휘관인 도절제사 이천우가 맹주의 애전에서 조사의에게 참패하여 10여 기밖에 탈출하지 못한 것은 심각한 상황을 야기할 수 있었다. 반란군의 연승은 이성계의 지도력에 따른 것이 분명하다. 전쟁의 달인과 맞선 진압군은 암담했을 텐데, 어찌된 일인지 반란군이 스스로 붕괴했다. 이천우를 격파했으니 포위망의 일각이 무너진 셈이고, 병력의 격차도 많이 줄었을 텐데 이해할 수 없는 일이 벌어졌다.

    거가가 원중포元中浦에 머물렀다.
                                        —《태종실록》 2년 11월 22일

황해도 연안의 원중포는 고려 시대부터 왕들이 자주 사냥을 나가던 곳이다. 반란군에게 작전을 지도하고 사기를 높여야 할 이성계가 무엇 때문에 황해도의 바닷가에 나타났을까. 거가가 임금의 행차로 해석되기 때문에 적지 않은 기록에서 당시 원중포에 나타난 왕을 태종으로 묘사하고 있다. 그러나 동북면의 접경에서 전쟁을 지휘하던 태종이 한가하게 사냥터에, 그것도 서해안의 원중포에 나타날 이유가 없지 않은가. 그렇다면 상왕 정종을 생각해볼 수도 있겠지만, 정종 역시 반란군과 전투가 치열한 상황에서 원중포에 행차할 리 만무하다. 갑자기 원중포에 나타난 거가는 이성계가 분명한데, 아무리 봐도 정상적이지 못하다. 더욱 이상한 점은 실록에 거가가 원중포에서 떠났다고 기록된 다음날인 11월 27일에 태종에게 반란군이 자멸했다는 보고가 당도했다는 것이다. 또 27일에는 태종이 '내관 노희봉盧希鳳을 태상왕의 행재소에 보내어 문안하였다'고 되어 있다. 이는 이성계의 신병을 확보했다는 것으로 해석할 수 있다.

반란이 일어난 다음 태종이 이성계에게 사람을 보냈을 때는 '철령이 막혀 가지 못했다'는 기록이 있다. 이는 반란군이 그쪽까지 진출했다는 것을 의미하는데, 아무래도 이성계를 모시기 위해서였을 것이다. 이성계가 철령을 넘어 안변으로 들어갔다는 기록은 있지만 철령을 경유하여 돌아왔다는 기록이 없는 것도 유의할 필요가 있다. 그렇다면 원중포에 나타난 거가를 이성계로 확신할 수 있겠는데, 왜 그때 거기에 나타났을까.

이성계가 어떤 이유로 반란군과 분리되었을 개연성이 높다. 그때가 이천우를 대파한 직후라는 것을 대입하면 아무래도 조사의에게 혐의가 간다. 이천우를 이긴 다음 조사의가 과욕을 부리자 이성계와 갈등이 생겼을 소지가 크다. 반란군이 서전에 이어 연승을 거둔 것은 이성계의 지도력 때문이었을 것이다. 그러나 표면적이라고 해도 직접 반란을 일으킨 조사의는 흔쾌하지 않았을 터였다. 여하튼 목숨을 걸고 반란을 일으킨 주역은 조사의가 아닌가. 대승을 거두고 성공에 대한 확신이 서자 계속 이성계에게 끌려 다니며 하수인 노릇을 하는 것에 만족할 수 없다고 생각했으리라.

반역이 실패한다면 태종이 설마 이성계를 죽이지는 않겠지만, 조사의는 모든 것을 뒤집어쓰고 죽어야 할 것이다. 조사의의 시각에서 볼 때 자신은 밑져야 본전인 이성계에게 이용당하는 것에 불과했다. 엎질러진 물이지만 이제라도 주도권을 잡아야 한다고 판단한 조사의가 행동에 들어가려 했다. 조사의가 친병親兵을 동원하여 유폐하는 방식 등으로 이성계의 행동을 제한하려 하자, 반군 사이에 심각한 내분이 발생하고 무력 충돌로 발전했을 것이다. 이성계는 겨우 빠져나올 수 있었지만, 이성계가 보이지 않자 그가 죽었을지도 모른다는 공포에 휩싸인 반란군이 그대로 와해되었을 개연성이 크다. 실록에서 발굴한 증거를 대입했을 때 조사의의 반란이 실패한 원인은 두 사람의 갈등과 이성계의 부재로 결론지을 수 있다.

◈ 함흥차사는 없다

체포된 조사의가 개경으로 압송된 것은 12월 7일이며, 11일이 지난 12월 18일에 참수당했다. 반란에 연루되었는데도 처형당한 자가 그리 많지 않고 전모가 전혀 밝혀지지 않은 것은 이성계가 깊이 연루되었기 때문일 것이다. 실질적인 주모자가 임금의 부친이라는 것과 부자가 반역을 주고받았다는 것을 상세히 기록할 수는 없지 않겠는가.

> 태상왕의 거가가 평양에 머물렀다. 태상왕이 말하기를 "내가 동북면에 있을 때 국왕이 사람을 보내지 않았고, 맹주에 있을 때도 사람을 보내지 않았으니, 감정이 없지 않은 것이다" 하였다. 시자侍者:모시러 보낸 자가 말하기를 "주상께서 전 정승 이서李舒와 대선사大禪師 익륜益倫과 설오雪悟를 시켜 문안하게 하였사온데, 길이 막혀서 도달하지 못하고 돌아갔습니다" 하니, 태상왕이 말하였다.
> "모두 내가 믿고 중하게 여기는 사람이기 때문에 보낸 것이다."
> ―《태종실록》 2년 12월 2일

평양에 머무른 이성계의 억지가 참으로 가관이다. 반란이 일어나 전투가 벌어진 지역에 어떻게 사람을 보내어 문안할 수 있단 말인가. 이때 태종이 보낸 자가 "(당신이 일으킨 반란 때문에) 길이 막혀서 도달하지 못하고 돌아가지 않았느냐"라고 공박하자, 도무지 말도 안 되는 어조로 둘러대니 무안하기 짝이 없다. 이성계는 끝까지 패배를 인정하지 않고 꼼수를 부리다가 몽땅 털린 것이다. 덕분에 이방원은 동북면을 손에 넣고 이성계의 그늘에서 완전히 벗어났다. 또 이후 정국을 주도할 밑천인 위엄과 권위가 극대화되었으니 '반란 특수'를 톡톡히 누렸다고 할 수 있다.

무력 기반을 완전히 상실한 이성계는 개경으로 돌아올 수밖에 없었다. 함흥에 은거하다가 이방원이 보낸 차사差使들을 모조리 죽였다는 함흥차사의 전설은 전설일 뿐이다. 돌아오면서 신궁의 솜씨로 이방원을 쏘아 죽이려 했다는 것이나, 소매에 철퇴를 숨겨 쳐 죽이려다 실패했다는 것 역시 전설 속의 사건이다. 조사의의 난이 실패한 뒤 이성계에게 허락된 것은 무력한 노인의 삶밖에 없다.

이성계, 진짜 반란을 사주했나?

실록에 이성계가 반란과 직접 연루되었다는 증거가 있다.

김권金縋과 김온金溫, 배상충裵尙忠, 박부금朴夫金 등이 복주伏誅: 처형되었다.
— 《태종실록》 2년 12월 29일

함승복咸升復을 베었다. 승복은 환자宦者: 내관인데, 조사의의 난에 참여한 자다.
— 《태종실록》 3년(1403) 2월 21일

안우세가 말하였다.
"처음에 신이 변현과 조흥趙洪 등 16인과 별시위로서 명을 받고 (이성계를) 시종하였는데, 11월 초나흘에 금화金化 도창역桃昌驛에 이르니, 정용수와 신효창이 비밀히 나를 불러서 말하기를 '함승복과 배상충이 북쪽 땅으로 들어가 군마를 뽑으니, 반드시 변란이 일어날 것이다'."
— 《태종실록》 18년(1418) 4월 27일

안우세에게 물으니, 답하기를 "임오년 11월에 신효창과 정용수가 모든 일을 오로지 주장하여 초나흘에 도창역에 이르러 4경更 4점點에 안우세와 변현을 불러 말하기를 '배상충과 함승복이 초군抄軍: 군사를 모으는 일로 인하여 동북면에 들어갔다'고 하므로……".
— 《태종실록》 18년 5월 3일

당시 반역에 참가했다가 체포된 안우세 등을 심문한 결과 함승복과 배상충이 먼저 동북면으로 들어가 반역할 준비를 갖춘 것이 밝혀졌다. 반역에 관련되어 참수당한 함승복은 이성계를 모시던 내시며 배상충은 풍수를 보던 자인데, 그들은 이성계의 측근이거나 심복이다. 이쯤 되면 이성계가 안변에서 반역할 채비를 했다는 것은 의심할 여지가 없다.

이성계는 강렬히 복수를 원했다. 자신이 책봉한 세자를 죽이고 보위마저 찬탈한 이방원은 아들이 아니라 복수의 대상일 뿐이다. 최고의 권력에서 강제로 박리된 다음 현실을 받아들이지 못하던 이성계는 이대로 끝날 수는 없다고 생각했다. 이토록 비참하게 전락한 것은 이방원이 반역했기 때문이 아닌가. 이에는 이, 반역에는 반역으로 갚아줄 따름이다. 아직도 이성계의 끗발이 통하는 동북면은 이성계가 내밀 수 있는 최후의 카드였지만, 그는 최후의 도박에서 모든 것을 날리고 말았다.

| 2장 |

신하, 왕 사냥에 나서다

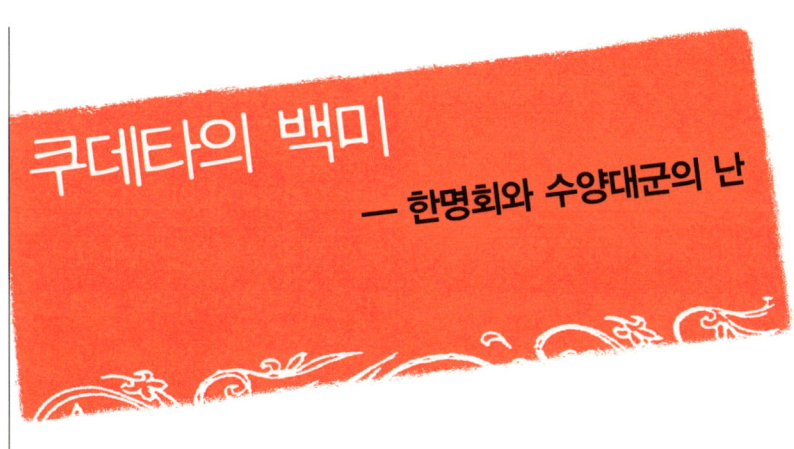

쿠데타의 백미
— 한명회와 수양대군의 난

◈ 그들은 누구인가

　　　　　　　　　　단종 1년(1453) 10월 10일 새벽, 대궐 쪽에서 고요함을 깨뜨리는 비명이 들렸다. 급히 입궐하라는 단종의 명에 따라 들어온 신료들을 기다리는 것은 칼과 철퇴였다. 빠르게 잘려나간 고깃덩이와 박살 난 두개골이 질펀했다. 걸음이 재지 못하거나 막다른 곳에 닿은 자들의 몸에서 뿜어진 핏줄기가 담벼락에 난해한 무늬를 그릴 때마다 한명회韓明澮가 비릿하게 웃으며 생살부生殺簿에 기입된 이름을 지워나갔다. 마지막 이름에 진한 먹물을 덧씌운 지 얼마 지나지 않아 살인자들이 거친 숨을 내뿜으며 모여들었다. 마구잡이로 사람을 죽여 피로 칠갑한 자들은 의외로 소수였다.

　수양대군은 무뢰배 수십 명을 동원하여 조선을 틀어잡았다는 것이 믿기지 않았다. 도저히 당해낼 수 없을 것 같던 김종서를 척살한 일이 꿈에서 벌어진 사건인 듯싶었다. 피비린내를 머금은 바람이 불 때 핏덩이 같은 태양이 떠올랐다. 역사는 하늘과 땅이 피로 질척이던 그 날을 계유정난으로 기록했다.

　조선 6대 왕 단종의 숙부 수양대군이 반역하여 김종서를 위시한 충신들을 죽이고 보위를 찬탈한 사건은 비교적 널리 알려져 있다. 그러나 계유정난은 한명회의 작품이며, 그와 김종서 일파의 대결 구도로 보는 것이 합당하다. 역사의 무대에서 정면으로 격돌하여 처절한 승부를 가른 한명회와 김종서의 삶은 너무나 대비되었다. '백두산 호랑이' 김종서의 이름을 듣지 못한 사람이 있는가. 조선이 건국되기 전인 1383년에 태어나 70세에 달한데다, 태종 5년(1405)에 문과에 급제한 이후 세종대왕의 명을 받아 북방육진北方六鎭을 개척하는 등 무수한 공을 세운 김종서는 당시 좌의정이었다. 문관이 백두산 호랑이로 불렸으니 김종서의 평판은 더 이상 좋을 수 없다.

　그에 비해 한명회는 닉네임부터 '칠삭둥이'로, 김종서의 정반대에 해당한다. 나이도 이제 37세로 김종서의 반 정도밖에 되지 않는데다, 출세에 필수적인 급제도 하지 못했다. 조상의 덕으로 벼슬을 얻는 음보蔭補를 통해 취직한 자리가 개경 경덕궁敬德宮:이성계가 왕이 되기 전에 거처하던 곳의 문지기니 김종서와 비교는커녕 어디 가서 명함도 내밀지 못할 지경이었다. 게다가 칠삭둥이라는 별명에서 알 수 있듯 체격과 외모 또한 볼품없었으니 악조건은 두루 갖춘 셈이다. 그런 사람이 여진족을 벌벌 떨게 만든 백두산 호랑이를 제압하고 최후의 승리를 쟁취한 이면에는 어떤 비밀이 있을까.

　태종이 세자를 갈아치우면서까지 확립한 왕권은 위대한 군왕 세종을 탄생시켰다. 문제는 세종의 후계자다. 장남 문종은 부친의 자질을

압구정도 ■ 조선 후기 겸재謙齋 정선鄭敾이 그린 〈압구정도狎鷗亭圖〉. 압구정은 조선을 통틀어 가장 큰 권력을 누린 한명회가 한강변에 지은 별장이다. 압구정의 모습에서 그가 누린 권력을 짐작할 수 있다. 보잘것없는 인재에 불과하던 그가 어떻게 조선 최고의 권력자가 되었을까?

물려받은 걸출한 왕재王才로, 세자가 된 후 세종의 명에 따라 8년이나 국정을 이끈 경험까지 갖췄다. 그러나 '준비된 왕' 문종은 매우 병약했다. 세종의 뒤를 이어 즉위했지만 2년밖에 재위하지 못했으며, 서른여덟에 세상을 뜨고 말았다. 문종은 슬하에 1남 1녀를 두었는데, 외아들 단종이 열한 살 어린 나이로 즉위하자 정치권에 심상치 않은 기류가 흐르기 시작했다. 스스로 앞가림을 할 수 있을 때까지 대비가 대신들과 협의하여 국정을 맡았다면 불행을 겪지 않았겠지만, 단종은 불행히도 수렴청정의 수혜를 입을 수 없었다. 단종을 생산한 현덕왕후는 출산 후유증으로 오래전에 유명을 달리했으며, 대비 소헌왕후도 7년 전에 세상을 떴기 때문이다.

불측한 자들이 나타날 것을 우려한 문종은 김종서, 황보인皇甫仁 등 중신들과 집현전을 이끄는 실세에게 어린 후계자를 보살펴줄 것을 당부했다. 문종이 당부한 신하들은 모두 믿을 만했지만 반대편에 있는 자들도 만만치 않았다. 그중 주목되는 자는 문종의 첫째 동생 수양대군과 둘째 안평대군安平大君이다.

처음 스파크가 발생한 것은 단종이 즉위한 직후인 1452년 5월 18일이다. 사헌부와 사간원의 대간臺諫들이 분경奔競:관리들이 승진이나 그 비슷한 일로 권문세가를 찾아가 청탁하는 것을 금지하자는 주청을 올리자 수양과 안평이 정면으로 반발했다. 청탁에는 뇌물과 이권을 비롯한 부정적인 요소가 필수적이기 때문에 분경의 폐단이 자못 심각했다. 정종 1년부터 하급 관리가 상급자를 사사로이 찾아가지 못하도록 규제하는 분경금지법을 시행했을 정도다. 어기는 자는 사헌부에서 조사하여 귀양보내거나 종신토록 다시 채용되지 못하게 하는 등 엄중하게 처벌했다. 태종은 세력가들의 집을 파수하고 감시했으며, 그래도 분경을 어기는 자가 있으면 사유를 불문하고 투옥했다. 사사로이 작당하면 모반이 발생할 것을 우려한 조치다.

그러나 모든 법규와 조칙이 완벽하게 지켜지는 경우는 없다. 형제에게 지나치게 관대하던 세종 대를 지나 문종 시대에는 "우리나라에서는 분경의 금지를 엄하게 세웠으나, 너무 횡행하다 보니 법으로도 어떻게 할 수가 없습니다"라고 보고됐을 정도로 분경이 당연하게 여겨졌다.

단종이 즉위한 직후 대간이 분경을 금해야 한다고 주청한 것은 그냥 넘길 일이 아니다. 금지 대상에 의정부의 고위직을 포함하는 모양새를 취하기는 했지만 대간의 목표는 대군들이 분명했다. 김종서나 황보인 등은 충분한 실권이 있기 때문에 분경을 금지해도 별로 피해 볼 것이 없는 반면, 청탁을 위해 찾아오는 자들의 수효와 뇌물의 규모가 세력의 바로미터가 되는 대군들에게는 보통 심각한 일이 아니었다. 분경 금지 조치는 즉각적인 반발을 불렀다. 실록에는 수양과 안평이 대신들에게 강력히 항의하자, 일단 대군들은 분경을 금하지 않는 대신 종친들을 감찰할 수 있는 종부시宗簿寺가 관할하는 것으로 낙착을 보았다고 되어 있다.

그러나 이는 사실과 다를 것이다. 문종 시대에도 불가능하던 분경 금지가 단종 시대라고 해서 가능할 리 만무하다. 그것을 잘 아는 대간이 단종의 즉위에 맞춰 분경 금지를 주청한 것은 실질적으로 이뤄지기를 기대했다기보다는 대군들에 대한 경고일 터였다. 시대가 바뀌었으니 그 정도 견제가 들어오리라는 것쯤은 충분히 예상할 수 있는 것이기도 했다. 분경 금지를 저지한 수양과 안평은 전면에 나설 준비를 갖췄다.

수양대군에게 한명회를 소개한 사람은 권람權擥이다. 권람은 문종 즉위년(1450)에 실시한 과거에서 장원을 차지한 인재로, 앞날이 유망한 관료다. 그런 권람과 급제는커녕 백수와 다름없던 한명회는 어울리지 않아 보인다. 권람이 한명회와 인연을 맺은 것은 유방선柳方善의 문하에서다. 유방선은 고려의 석학 이색에게 수학한 사람이다. 당대의 대학자로 이름 높은 유방선의 문하에서는 서거정徐居正과 이보흠李甫欽, 권람 등 쟁쟁한 인물이 배출되었는데, 한명회도 문하생 가운데 하나다. 동문들에 비해 형편없이 초라했지만 유방선은 한명회를 높이 샀다. 그가 '학식은 정경正卿:권람의자, 경륜은 자준子濬:한명회의자'이라며 한명회를 칭찬할 때마다 동문들은 고개를 갸웃거렸을 것이다. 유방선의 혜안에 감탄한 동문은 권람밖에 없다. 그는 한명회의 가치를 알아보는 몇 안 되는 사람이다.

잠시 한명회에 대해 알아보자. 한명회는 내세울 것 하나 없지만 본래 명문의 후손이다. 그의 집안은 청주 한씨 가운데서도 뛰어났으며, 고려 때부터 명성이 자자했다. 한명회의 13대조이자 가문의 시조인 한난韓蘭이 고려 초에 삼한공신三韓功臣의 칭호를 받은 것을 시작으로 쟁쟁한 조상들이 줄을 이었다. 일일이 소개하자면 너무 장황하니 5대조 한악韓渥부터 보자. 한악은 정승의 지위에 오르고 크게 이름을 떨친 다음 고려 28대 충혜왕의 묘정廟庭에 배향配享되었다. 공이 큰 신하의 신주가 섬기던 임금 곁에 모셔지는 것을 배향공신이라고 하는데, 신하로서는 다시없는 영광이다. 고려 시대 배향공신이 통틀어 아홉 명에 지나지 않으니 한악이 얼마나 대단했는지 짐작이 간다. 조선에 들어서는 조부 한상질韓尙質이 특출했다. 한상질의 경력 가운데 가장 뛰어난 것은 국호를 받아 온 것이다.

> 예문관학사藝文館學士 한상질을 보내어 명나라 남경南京에 가서 조선朝鮮과 화령和寧으로 국호를 고치기를 청하게 하였다.
>
> ―《태조실록》 1년(1392) 11월 29일

이성계가 명나라에게 국호를 정해달라고 요청한 것은 안전을 확보하기 위함이다. 역성혁명의 형식을 취하기는 했으나, 위화도회군 이후 조정과 백성의 신망을 한 몸에 받은 최영과 정몽주는 물론, 무수한 충신과 왕족을 죽이지 않았는가. 그뿐 아니라 우왕과 창왕, 공양왕을 시해했으니 평화적인 왕조 교체를 의미하는 역성혁명이 무색해지고 말았다. 그래서야 어찌 민심을 얻을 수 있겠는가.

이때 정도전이 민심을 수습하고 정권을 안정시키기 위해선 명나라의 승인을 받아 정통성을 얻어야 한다고 주장했다. 명나라에게 국호를 받은 것은 그 때문인데, 문제는 인선人選이다. 정식으로 승인받기 위해 파견하는 사신과 늘 오가는 일반적인 사신은 전혀 달랐다. 국호를 받기 위해 파견된 사신의 임무는 실로 막중했다. 검증된 학식과 외교 경력은 기본이고 판단력과 임기응변, 두둑한 배짱 등을 고루 갖춰야 했다. 모든 조건을 충족한 사람이 그리 흔치 않은데다, 자칫 황제의 노여움을 사거나 성과를 내지 못하고 돌아오면 경을 칠 우려가 컸기 때문에 선뜻 나서는 자가 없었다. 이때 한상질이 자청하여 명나라로 들어가 국호를 받아 왔다. 정통성에 목숨을 건 이성계는 한상질이 국호를 받아 온 것이 그렇게 기쁠 수 없었다. 한상질이 가장 높은 벼슬에 오르고 문열文烈의 시호를 받은 것은 당연한 결과다.

잘나가던 가문에 몰락의 조짐이 나타난 것은 부친 시절부터다. 가문을 이끌던 조부 한상질이 죽은 것은 한명회가 태어나기 5년 전인 정종 2년(1400) 1월이다. 한명회의 부친 한기韓起는 요절했는데, 예나 지금이나 부친의 부재는 자식에게 부정적인 결과를 초래하게 마련이다. 특히 집안 교육이 중요하고 가장의 존재가 절대적인 시대에 부친이 없었으니 어땠겠는가. 크게 이름을 떨치던 조부 한상질이 죽은 다음 부친까지 요절한 것과 한명회가 과거에 급제하지 못한 것은 그리 무관하지 않아 보인다. 한명회가 음보로 얻은 자리가 겨우 경덕궁의 관리직이라는 데서 가문의 몰락이 여지없이 나타난다. 한상질이 죽은 뒤에는 누구도 그를 거들떠보지 않았다. 대감 댁 개가 죽으면 문상객이 문전성시라도 대감이 죽으면 발길이 끊기는 것이 세상인심이다.

경위야 어쨌든 과거에 급제하지 못한 것은 기득권층에 편입될 수 없는 치명적 결점이다. 낙방서생落榜書生인데다 집안도 넉넉지 못한 자를 환영하는 곳은 없다. 하다못해 제법 힘을 쓰거나 인물이 번듯하다면 건달 노릇이라도 하련만, 칠삭둥이 주제에 무엇을 할 수 있단 말인가. 한명회를 아는 사람들은 대부분 그렇게 평가했다. 그러나 한명회에게는 남들이 갖지 못한 것이 있었다. 그의 두뇌는 명석하다는 정도로는 표현할 수 없다. 한명회는 실로 100년에 한 번 나올까 말까 한 천재다. 일괄적이고 제도적인 평가로는 그의 천재성을 알아볼 수 없었다. 그는 조선 역사를 통틀어 비견할 자가 거의 없는 천재성을 갖춘 사람이지만, 재능과 출세는 반드시 정비례하지 않는다. 한명회 못지않은 천재들이 없는 것은 아니었겠지만 대부분 시운時運이 따라주지 못했다. 예컨대 이순신李舜臣은 전쟁이 아니면 전혀 알려지지 않았을 것이며, 장영실蔣英實도 세종대왕 시대에 태어나지 않았다면 천한 관노官奴로 살다가 죽었을 것이다. 한명회 역시 세종이나 정조 시대의 인물이었다면 그저 그렇게 살다 갔겠지만, 당시는 모사謀士가 필요한 시대였다. 그는 수단과 방법을 가리지 않고 목표를 이루는 모사 가운데서도 최고의 자질을 갖춘 사람이다.

❖ 천재, 데뷔하다

권람이 세조수양대군를 알현하고 말하기를 "모름지기 장사로서 생사를 부탁할 만한 자 두어 사람을 얻어서 창졸의 변에 대비하소서" 하니, 세조가 말하기를 "이는 매우 좋다. 그러나 가히 장사를 얻게 해줄 만한 자가 누구인가?" 하므로, 권람이 말하기를 "한명회가 할 수 있습니다" 하였다.

　권람이 물러가 한명회에게 고하니, 한명회가 말하기를 "자네가 비록 말하지 않았더라도 내가 본래 이를 생각하였다. 어찌 한두 사람 할 만한 자가 없겠는가. 안평대군이 불의로 여러 사람을 얻으니, 나도 한심하게 여긴 지 오래다. 수양대군은 성품이 본래 엄정하며, 문에 사알私謁: 개인적인 청탁이 없어서 세력이 필부匹夫와 같으니, 비록 재능이 높다고 하더라도 어찌 능히 홀로 이루겠는가" 하였다.

―《단종실록》 즉위년(1452) 7월 28일

　권람이 수양대군에게 한명회를 소개한 것은 시류를 읽었기 때문이다. 대신과 대군들의 파워 게임이 심각한 사태로 발전할 수 있다는 것을 감지한 권람은 수양대군을 선택했다. 권람의 능력도 뛰어나지만, 그는 모략을 꾸며 목적을 이루는 모사가 아니다. 적이 알지 못하는 사이에 접근하여 목을 딸 수 있는 모사가 가장 필요한 시기인데, 수양대군도 모사의 필요성을 절감했다. 수양대군이 인재를 원한 것은 김종서의 압박과 급속히 세력을 확장하는 안평대군에 대한 불안감 때문이다. 권람이 한명회를 소개한 것은 아주 시의 적절했지만, 수양대군은 흔쾌하지 않은 기색이었다.

　한명회에게 부정적인 요소가 많은 것은 사실이다. 과거에 급제하지 못한데다, 경덕궁의 문지기니 초호화 진용으로 짜인 안평대군의 참모들과는 비교가 안 되었다. 게다가 체격과 인물까지 시원치 않아 신언서판身言書判을 중요시하던 조선 시대에는 더 나쁠 수 없는 악조건을 완벽하게 구비한 셈이다. 수양대군이 미덥지 못해하는 것은 일견 당연할 수 있겠으나, 거기에서 그의 한계가 여실히 드러난다. 비록 형편없어 보인다고 해도 사람은 겉모습만으로 알 수 없는 경우가 부지기수다. 특히 모사는 외면과 내면이 일치하지 않기 십상이라 일단은 잘 대접하고 보는 것이 이롭다. 게다가 학식과 능력이 검증된 권람이 적극 추천하는 사람이라면 틀림없이 뭔가 있지 않겠냐고 생각해야 할 텐데, 외면만 보고 실망하는 수양대군에게서 주군主君의 자질을 발견하기 어렵다. 야사에는 그때 한명회가 가소롭고 아니꼽다는 기색을 감추지 않았다고 한다. 피식 냉소하고 자리를 박차고 일어서는 한명회를 권람이 겨우 만류했다고 전해지는 바, 사실에 근접한 얘기로 보인다.

진정 실망한 사람은 수양대군이 아니라 한명회다. 실록에 권람의 추천을 받은 한명회가 "수양대군은 성품이 본래 엄정하며, 청탁하는 자들이 없어서 세력이 필부와 같으니, 비록 재능이 높다고 하더라도 어찌 능히 홀로 이루겠는가"라고 말한 데서 수양대군의 레벨이 잘 나타난다. 수양대군이 제대로 된 인물이라면 그런 말이 나올 수 없다. 수양대군의 세력이 필부와 같아진 것은 '성품이 본래 엄정하기' 때문이 아니다. 무능하고 용렬하다 보니 격조 높은 학식과 풍류를 자랑하는 안평대군에게 사람을 빼앗긴 것이다.

많은 기록에서 수양대군이 기상이 호방했다고 한다. 그 증거로 열네 살에 기방을 출입했다는 점 등이 제시되지만, 이는 참으로 어이없는 얘기다. 그 나이에 기방을 출입하는 것은 방종에 가까운 일이 아닌가. 여염에서 열네 살짜리가 기방에 출입하여 술 퍼마시고 기생과 동침한다면 '집안 말아먹을 망나니' 취급당하기 딱 좋을 것이다. 게다가 그때는 수양대군이 혼례를 치른 다음이다. 기방 출입은 아무리 어려도 부인을 거느린 자가 해선 안 될 행동이다. 실록은 그런 점까지 아주 좋게 평가하지만, 왕이 되었기 때문에 누리는 특권에 지나지 않는다.

다음은 《세조실록》 총서에 나오는 기록이다.

> 세종이 세조에게 명하여 안평대군 이용李瑢과 임영대군臨瀛大君 이구李璆와 더불어 음악을 배우도록 하였다. 용은 그 성품이 화려한 것을 좋아하였고, 구는 본래 음률에 밝았기 때문에 모두 즐겨 배웠다. 그러나 세조는 바야흐로 궁마弓馬에 뜻을 두고 날로 무인의 무리와 더불어 힘을 겨루니, 능히 따를 만한 자가 없으므로 문종이 그의 영건英健됨을 칭찬하였다. 세종이 거문고를 탄다는 말을 듣고 크게 기뻐하며 곧 배우기 시작하였다. 어느 날 안평대군과 임영대군과 더불어 향금鄕琴을 타라고 명하였는데, 세조는 배우지 않았으나 안평대군 용이 능히 따라가지 못하니 세종과 문종이 크게 웃었다. ……세조가 또 일찍이 피리를 부니 자리에 있던 모든 종친들이 감탄하지 않는 자가 없었고, 학이 날아와 뜰 가운데서 춤을 추니 금성대군錦城大君 이유李瑜의 나이가 바야흐로 어렸는데도 이를 보고 홀연히 일어나 학과 마주 서서 춤을 추었다.

실록에는 수양대군이 기상이 호방하고 무예에 뜻을 두어 사냥을 즐겼다고 되어 있다. 총서에서도 그렇게 표현하니 수양대군은 음률과 악기를 배우지 않았을 것이다. 그런데 배우지도 않은 연주 솜씨가 제대로 배운 안평대군이 따라오지 못할 정도로 수준급인데다, 피리를 부니 '학이 날아와 뜰 가운데서 춤을 추는' 경지에 이르렀다니 뭐라고 할 말이 없다.

신유년(1441, 세종 23년) 10월에 문종이 세조와 여러 아우들과 같이 밤에 앉아 있는데 퉁소 소리가 나더니 바람결에 삽연히경쾌하고 시원스럽게 두 번이나 들려왔다. 세조가 말하기를 "협종夾鍾:십이율十二律의 하나인 음려陰呂의 청조淸調다" 하니, 문종이 말하기를 "누구일까?" 하였다. 세조가 대답하기를 "귀신의 소리입니다" 하니, 문종이 말하기를 "어찌 아느냐?" 하니, 이에 세조가 말하기를 "……그 소리가 어지럽지 않고 떨리는 것이 더디지 않으며, 풍자를 용납하지 않으면서도 불평스런 뜻이 있으니, 이는 아마 와서 섬기려는 귀신일 것입니다" 하니, 광평대군廣平大君 이여李璵가 말하기를 "그렇다고 한다면 귀신이 어찌 정대正大한 데를 범한단 말입니까?" 하니, 세조가 말하기를 "요귀가 간혹 사람에게 의지하여 다니기도 한다. 지난 갑인년(1434, 세종 16년) 여름에 성상께서 헌릉獻陵에 제사하실 때 귀신불[鬼火]이 밤나무 언덕에 보인 적이 있는데, 이는 삼군三軍의 위엄과 성덕聖德의 고명하심을 두려워하지 않는 것이 아니지만, 이를 나타내는 것은 곧 사랑함일 것이다. 이날 감로가 내리고, 그 달에 영응대군永膺大君 이염李琰이 출생하였으니, 대개 좋은 징조였다. 귀신의 정상情狀을 잘 알기 때문에 감히 작란을 하지 못하는 것이다" 하였다.

이때 수양대군은 인간의 능력을 한참이나 초월한다. 귀신이 부는 퉁소의 음률과 내포된 의미를 단번에 알아맞히는데다, 느닷없이 출현한 귀신불까지 수양대군의 손바닥 안에서 논다. 초자연의 영역까지 거침없이 드나드는 수양대군이 어찌 인간일 수 있겠는가. 수양대군에게 초자연적인 능력이 있다고 기록된 것은 그만큼 하자가 많은 것을 감추기 위한 방도로 이해하면 될 것이다. 그렇기 때문에 주변에 사람이 모이지 않았는데, 역설적으로 권람과 한명회가 수양대군을 택한 이유가 바로 거기에 있다. 안평대군은 자질과 인격이 뛰어나지만, 측근과 참모진이 꽉 짜였기 때문에 비집고 들어갈 틈이 없었다. 타고난 귀골에 귀공자 타입인 안평대군이 완벽하게 정반대인 한명회를 우대하기는 어렵겠으나, 안평대군에게는 책사가 있었다. 이현로李賢老는 세종 시대에 문과에 급제한 정통 관료 출신으로 학식이 대단했으며, 특히 풍수와 천문에 통달한 자다.

김종서가 아뢰기를 "여러 대군들은 모두 집이 있는데 영응대군만 없으니, 진실로 옳지 못합니다. 사서 놓은 이교李皎의 집터는 여염 사이에 있고, 땅도 기울고 좁으며, 저자와 가까워 시끄럽고 고요하지 못하오니, 상림원上林園의 땅에 목진공睦進恭의 집을 아울러서 지음이 적당하옵니다" 하니, 임금이 말하기를 "이교의 집터에다 짓고자 한다. 이 앞서 여러 아들의 집을 짓는데 남의 집을 많이 헐어서, 사람들의 비웃음을 받음이 실로 많았으나, 매양 이를 생각하니 왕자로 하여금 성문 밖에 나가 살게 할 수야 있겠는가. 사세事勢가 부득이할 뿐이다. 집터는 천천히 의논해 정함이 마땅하다" 하였다.

얼마 아니 되어 이현로가 지리로 좋은 곳은 북부의 안국방동安國坊洞만 한 데가 없다고 아뢰어, 드디어 집터를 정하여 민가 60여 구區를 헐었다.

— 《세종실록》 30년(1448) 12월 14일

사헌장령司憲掌令 신숙주申叔舟가 아뢰기를 "왕세자를 책봉하는 날을 7월 초하루로 정하였는데, 지금 들으니 다른 날로 고쳐 정하였다 하니, 대저 국본國本을 정하는 것은 큰일이요, 사직과 종묘와 휘덕전輝德殿에 고하였는데, 음양의 소소한 구기拘忌로 경솔하게 당겼다 물렸다 하니, 신 등은 불가하다고 생각합니다" 하니, 임금이 말하기를 "세자를 봉하는 것은 큰일인데, 불길한 일진에 거행하는 것이 의리에 미안하고, 내가 근일에 병을 얻어 몸이 편치 않아서 큰일을 행하는 것도 불가하므로 20일로 정하였다" 하였다. 이현로가 일덕日德: 날의 운수이 불길하다고 아뢰었기 때문이다.

—《문종실록》즉위년 6월 30일

세종 시대의 기록은 대왕이 사랑한 영응대군의 자택을 지어주려 할 때 이현로가 집터를 골라준 것이다. 문종 시대의 기록은 단종을 세자로 책봉할 때 택일이 이현로 때문에 변경되는 내용이다. 왕실의 대사에 직접 영향을 미치는 이현로가 어찌 대단하다 하지 않을 수 있겠는가. 그만하면 충분히 천하를 노릴 기량을 갖춘 것 같다. 이현로는 김종서와도 연계가 있었다. 김종서가 수양대군을 제압하기 위해 안평대군과 손잡았다는 것은 비교적 잘 알려졌는데, 그 과정에서 연계가 발생한 것이 아니라 이전부터 가까운 사이다. 상대를 찾기 어려운 교양과 학식을 갖춘 안평대군과 역시 적수가 없을 정도로 뛰어난 이현로가 팀을 이루고, 천하의 김종서까지 밀어주니 어느 누가 수양대군에게 줄을 서려고 하겠는가.

❖ 싸움이 시작되다

수양대군이 한명회를 영입하고 그리 오래지 않아 이슈가 발생했다. 조선이 명나라에 문종의 부음을 전하고 단종의 책봉을 요청하자 곧 수락되었다. 이에 감사를 전하고 단종이 정식으로 즉위한 것을 알리는 고명사은사誥命謝恩使의 인선에 들어가야 했는데, 이 일이 의외로 심상치 않은 기류를 불렀다. 문제는 고명사은사에서 가장 지위가 높은 정사는 반드시 정일품에서 나와야 한다는 것이었다. 정일품은 극품極品이라 하여 가장 높은 벼슬을 이른다. 공신을 담당하는 충훈부忠勳府와 왕실의 친인척을 관리하는 돈령부敦寧府, 왕의 사위들을 돌보는 의빈부儀賓府의 수장들도 정일품이기는 하지만, 원로를 예우하는 명예직의 성격이 강했다. 종주국 명나라로 가는 사절의 대표는 당연히 의정부의 삼정승 가운데 나와야 할 것이다. 사신의 정사로 선발되는 것은 큰 명예기 때문에 서로 가려고 줄을 섰지만, 당시 상황은 그렇지 못했다. 종친의 정일품 수양대군과 실세의 정일품 김종서는 자신이 정사로 인선될까 봐 신경을 곤두세웠다. 적어도 넉 달, 늦으면 반년 이상 걸리는 사행使行에 나섰다가 반대파가 무슨 짓을 할지 알 수 없기 때문이다.

> 우의정 김종서가 상서上書하여 사직하기를 "신이 이제 나이가 70이니 쇠약함이 날로 더하여 시위施爲하는 데 우둔하고 조섭이 효과가 없어서, 가을 장마의 재앙을 이루었으니 허물이 실로 신에게 있습니다. 또 나라에 고명을 이어받는 큰일이 있으면 반드시 우두머리 대신[首臣]을 보내어 사은함이 조종의 예인데, 사명을 받들 차례가 마침 신의 몸에 당하였습니다. 그러나 신의 쇠약한 몸으로 어찌 능히 먼 길을 달려가 사명을 마칠 수 있겠습니까. 엎드려 바라건대 성자聖慈께서는 신을 산지散地:한가한 곳에 두고 어질고 능한 이로서 대신하게 하면 국가에 심히 다행이겠습니다" 하니, 그대로 따르지 아니하고 집현전 부수찬副修撰 한계희韓繼禧에게 명하여 돌려주도록 하였다.
> ─《단종실록》즉위년(1452) 9월 3일

김종서가 늙고 병든 것과 함께 가을장마의 피해가 큰 것을 자책하여 사의를 표했다. 그가 매우 건강한데다 장마의 피해를 책임질 필요가 없는데도 사의를 표명한 것은 자신이 갈 차례가 되었기 때문이다. 영의정 황보인과 좌의정 남지南智는 다녀온 경력이 있어 이번에는 김종서의 차례였다. 그러나 때가 때인 만큼 자리를 비울 수는 없다. 김종서가 이런 저런 핑계를 대어 사의를 표하자 단종이 펄쩍 뛰었다. 조정을 이끌면서 단종의 방패가 되어주는 김종서가 그만두는 일은 있을 수 없다. 단종은 사표를 반려했는데, 이는 고명사은사로 갈 필요가 없다는 것을 의미한다. 겸해서 단종의 신임까지 받았으니 김종서의 입지가 더욱 굳어진 셈이다.

　이때 한명회가 수양대군에게 정사로 갈 것을 권했다. 이번에는 수양대군이 펄쩍 뛰었다. 자리를 굳건히 지키고 있어도 시원치 않은 판에 정사로 나가라니 말이 되는가. 대체 누구를 위한 계책인지 의심스러울 지경이었다. 그러나 한명회는 보통의 책사가 아니다. 수양대군이 있어 봐야 별로 도움 될 일이 없는데다, 누구도 가려 하지 않을 때 정사를 자청하면 수양대군의 존재가 크게 부각될 수 있다. 게다가 종주국에 정사로 다녀오면 그 자체가 큰 정치적 자산이 될 수 있으니 일석삼조 이상을 노리는 한명회의 계책은 실로 탁월했다. 수양대군이 고명사은사를 자청한 것은 9월 10일이다. 김종서는 뜨악했겠지만 안평대군은 크게 놀랐다. 한명회의 의중을 간파한 이현로가 주청해 안평대군도 고명사은사를 욕심냈기 때문이다. 김종서도 뒤늦게 안평대군을 밀었으나 대세는 수양대군으로 기운 다음이었다.

수양대군 자질의 진실

실록에는 수양대군이 정사로 가려고 하자 한명회와 권람 등 측근이 크게 놀라 만류하는 것으로 나타난다. 수양대군이 만류를 뿌리치고 정사가 된 다음 큰 성과를 이룬 것으로 기록되었지만 실상은 전혀 다를 것이다. 그 정도의 책략을 꾸미고 실행할 수 있는 사람은 한명회가 유일한데, 모든 공을 주군에게 돌렸을 뿐이다. 실록에는 고명사은사는 물론 모든 일을 수양대군이 주도적으로 꾸미고 성사한 것으로 나오지만, 그런 능력이 있다면 그때까지 비루하게 살 이유도, 굳이 한명회 같은 책사를 들일 필요도 없었을 것이다.

얼마 지나지 않아 한명회가 두 번째 전과를 올렸다. 윤9월 6일, 이번에는 안평대군과 이현로를 직접 조준했다. 문종의 묘를 조성하기 위해 산릉山陵의 역사를 했는데, 태조의 묘역이 조성된 경기도 양주의 건원릉健元陵:지금은 경기도 구리시 동구릉에 능을 썼다. 능역의 조성을 책임지는 산릉도감장무山陵都監掌務는 이현로였다. 풍수에 통달한 이현로가 책임자가 된 것은 당연한 인선이다. 그러던 중에 능역의 진행 상황을 살피기 위해 수양대군과 안평대군, 김종서 등이 방문했다. 이때 놀랍게도 수양대군이 이현로를 죽도록 매질한 사건이 벌어졌다. 형제를 이간질한다는 평계를 대어 채찍으로 수십 대를 치게 했는데, 당사자 이현로는 물론 주인 안평대군의 체통까지 여지없이 짓밟은 폭거다. 또 김종서가 보는 앞에서 친분이 적지 않은 이현로를 매질했으니 그의 체면은 어찌 되었겠는가. 조정이 발칵 뒤집히고 수양대군에게 따졌지만 혐의를 벗기에 충분한 답변이 준비되어 있었다.

또 신에게 말하기를 '백악산白嶽山:북악 뒤에 궁을 짓지 아니하면 정룡正龍이 쇠하고 방룡傍龍이 발發한다. 태종과 세종은 모두 방룡으로서 임금이 되었고, 문종은 정룡이라서 일찍 세상을 떠났다'고 하기에, 신이 이르기를 '내가 풍수학을 관계하지 아니하니 어떻게 이런 일을 알겠는가. 네가 어찌 정부에 아뢰든지 상서하지 아니하는가? 참으로 그러하면 작은 일이 아니다'.

이현로가 말한 정룡은 적통의 왕을 이르며, 방룡은 장남이 아닌 왕자로서 즉위한 왕을 뜻한다. 태종과 세종이 장남이 아닌 상태에서 왕이 되어 나름대로 천수를 누린 것에 비해 문종은 장남으로 왕이 되어 요절했는데, 그 이유가 북악의 뒤에 경복궁을 세웠기 때문이라고 말했다는 것이다. 그것은 듣기에 따라 앞으로 적통의 씨가 마른다는 얘기가 될 수도 있다. 이현로가 정확히 어떻게 발언했는지 알 수 없지만 그런 내용을 비친 것은 사실인 모양이다. '풍수를 약간 안다고 감히 왕실의 안위까지 함부로 운운하는 요망한 놈'을 징치했다는데 어떻게 논박할 수 있겠는가. 그것 말고도 손봐야 할 이유를 줄줄이 말하는데, 귀신이 탄복할 언변이다. '이현로 구타 사건'은 수양대군의 열세를 일거에 뒤집는 동시에, 왕실의 수호자라는 이미지를 구축할 수 있게 해주었다. 누가 수양대군에게 원고를 써주고 연기를 지도했는지 굳이 말할 필요가 없다.

우여곡절 끝에 수양대군이 명나라로 떠난 것은 단종 즉위년 10월 12일이다. 수양대군이 없는 동안 한명회는 바쁘게 움직였다. 쓸 만한 자들을 발굴하고 포섭하는 것은 권람에게 맡기고, 한명회는 반역에 필수 불가결한 지지 세력을 늘리는 데 역량을 집중했다. 수양대군에게 이현로를 매질하도록 한 것은 안평대군과 격차를 줄이고 이미지를 쇄신하는 데 적잖은 도움이 되었다. 김종서에게 향하는 반감도 적절히 이용했다. 김종서가 사심 없는 사람임은 분명하지만 시기하는 자들도 적지 않았다. 소장파少壯派들이 김종서가 단종을 보위한다는 명분으로 독주하는 것을 마뜩찮아 하는 것도 큰 도움이 되었다. 또 종친들의 협조도 반드시 필요한 요소다. 팔이 안으로 굽을 수밖에 없기 때문에 종친을 설득하는 일은 비교적 용이했다. '김종서가 앞으로 방해가 되는 종친을 제거할 우려가 크지 않으냐, 같은 종친이니까 믿을 수 있는 수양대군을 지지해달라'는 한명회의 호소는 곧 효력을 발했다. 특히 종친 가운데 가장 어른으로 반드시 설득해야 할 양녕대군讓寧大君도 선선히 협조를 약속했으니, 한명회의 공작은 다대多大한 성과를 거뒀다.

수양대군이 돌아온 것은 이듬해(1453) 2월 26일이다. 대략 넉 달 만인데, 여하튼 무사히 돌아왔으니 다행이라 하겠다. 그러나 이때의 실록은 언어도단의 왜곡과 숭배로 덧칠되어 소개하기 민망할 지경이다. 다음은 수양대군이 북경北京에 입성하던 날의 기록 가운데 몇 부분을 발췌한 내용이다.

> 중국인漢人들이 몰려와 담처럼 둘러서서 구경하며 말하기를 "하나하나의 동작이 모두 예도에 맞고 풍모가 아름답고 영특하니, 진실로 장군이다" 하고, 야인野人:여진족들도 옆에서 보고 말하기를 "부처님이다" 하였다…….
> 세조가 연회가 파하여 돌아오니, 중국인들이 좌우에서 따라오며 탄미歎美하기를 그치지 않았다. 송산성松山城에 이르니 지휘指揮 관명管銘이 금琴 하나와 헌시獻詩를 봉증하였다. 요동부터 제도帝都:북경에 이를 때까지 시를 지어 올려 칭미稱美하는 것이 끊이지 않았다…….

출입할 때는 반드시 인솔하는 자가 있도록 하니, 야인들이 찾아뵙지 않으려는 자가 없었다. 통사通事:통역관 장인기張仁己에게 말하기를 "우리는 반드시 조선에 가서 태자를 뵐 것이다" 하고, 늙은이는 말하기를 "내가 늙은 것을 마음 아프게 여긴다. 아마도 조선에 가서 태자를 한 번도 뵙지 못할까 두렵다. 태자의 거동이 비범하니 진실로 이는 부처님이다" 하였다…….

중국의 지경에 들어가자, 세조를 보는 사람들이 모두 말하기를 "대장군이다" 하며, 국왕이라 일컬어 공경하였다. 경사京師에 이르니 조관朝官들이 모두 '왕'이라 칭하기도 하고, 혹은 '전하'라 칭하기도 하며, 혹은 '권왕權王'이라 칭하기도 하였다.

……세조가 (자금성의) 궐문闕門에 들어가니, 코끼리 여덟 마리가 (수양대군을) 보고 일시 놀라 머뭇거리며 두어 걸음이나 뒤로 물러났다.

……술이 두어 순배에 미치자, 구심이 이흥덕李興德을 불러 탁상에 있는 꽃병에 꽂은 꽃을 가리키며 말하기를 "수양은 군자시오. 송松과 죽竹, 매梅는 세한지조歲寒之操가 있어 군자에 비길 만하므로, 이 세 가지 꽃을 준비한 것이오. 지난날에 수양대군께서는 글을 읽으신 군자라고 들었소. 지금 친히 만나뵈니 애경愛敬의 마음이 더욱 깊어지오" 하였다.

……연회가 파하고 공자전孔子殿을 지나는데, 교관敎官들이 말하기를 "이분 또한 성인聖人이다" 하였다.

조선 사람을 한참 발 아래로 여기던 명나라 사람들이 수양대군을 언제 봤다고 장군으로 칭하며, 심지어 여진족 오랑캐들은 부처님에 비유하는가. 또 태자, 국왕, 전하 등으로 불렸으며, 공자와 대등한 성인으로 추앙되었다니 어이가 없을 뿐이다. 태종 이방원이 명나라로 갔을 때 세자로 불렸다는 기록은 명함도 내밀지 못할 지경이다. 특히

'코끼리 여덟 마리가 (수양대군을) 보고 일시 놀라 머뭇거리며 두어 걸음이나 뒤로 물러났다'는 부분에서는 수양대군의 초자연적 능력이 다시 한 번 입증되었다.

지명도가 그리 높지 않은 우리나라 정치인이 미국을 방문했는데 저런 일이 벌어졌다고 가정해보자. 미국인들이 그 정치인을 대통령으로 대하고, 종교적인 경외심마저 가졌다고 보도하면 과연 몇 사람이나 믿겠는가. 또 백악관에 들어가니 미국 대통령이 기르던 개들이 벌떡 일어나 거수경례를 붙이는데다, 할렘가의 흑인들까지 눈물을 흘리며 우러러 섬겼다고 보도하면 정신이 온전치 못한 사람으로 취급받기 십상이다. 그러나 이는 실록에 엄연히 기록된 사건이다. 실록 중에서 가장 믿을 수 없는 것이 바로 《세조실록》이다. 가장 공정하고 준엄하게 기록되어야 할 실록이 진실을 왜곡하고 개인을 신격화하는 도구로 전락했으니 기가 막혀 말이 나오지 않는다. 도대체 사관史官들은 무엇을 기록했으며, 실록청實錄廳과 편수관編修官들은 무슨 짓을 했는가.

◈ 김종서는 그렇게 죽지 않았다

중간 과정은 생략하고 반역 당일로 가보자. 그날의 기록 또한 믿을 수 없는 내용으로 도배되었다. 운명의 단종 1년(1453) 10월 10일, 놀랍게도 수양대군이 김종서를 죽였으며 그것이 반역의 성패를 좌우했다고 해도 과언이 아니다. 그런데 살해 방법이 상상을 초월한다. 수양대군이 김종서를 직접 찾아가 죽인 것은 실록에 나타나고 사극과 소설에도 무수히 반복되었기 때문에 누구도 의심하지 않지만, 가만히 살펴보면 수양대군이 등장하는 실록처럼 의혹투성이다.

  김종서의 자택은 서대문 밖에 있다. 수양대군은 날이 저물 무렵, 먼저 권람을 보내 김종서가 있는지 확인했다. 수양대군이 돌아올 때 성문이 닫혔으면 곤란하지 않겠냐는 의견이 제시되었는데, 마침 같은 편 홍달손洪達孫이 도성을 순찰하는 순군의 장교로 서대문의 경비를 맡았기 때문에 큰 도움이 되었다. 마침내 수양대군이 서대문을 나서 장도(?)에 올랐다. 이때 갑옷을 입었는데, 그것부터 이상하기 짝이 없다. 하여튼 단기單騎로 출발했는데, 대동한 무사가 임어을운林於乙芸 한 명이다. 자신을 포함하여 단 두 명이 백두산 호랑이를 때려잡을 수 있단 말인가. 너무하다는 생각이 들었는지 '양정楊汀과 홍순손洪順孫, 유서에게 경계하여 따라가게 하였다'고 했으나 세 명이 늘었어도 거기서 거기다.

  드디어 김종서의 자택에 닿았다. 이때 실록에 확인된 무사만 해도 33명에 달했다. 김종서의 무사들은 실전 경험이 풍부한 최고 수준이어서 급히 모은 무뢰배가 당해낼 상대가 아니다. 자택 내부에 역사力士를 대기시켰다는 기록으로 보아 압도적이었을 것이 분명한데, 밖에 있는 33명만 해도 감히 당해낼 엄두가 나지 않았을 것이다. 잠시 후 김종서의 아들 김승규金承珪가 수양대군을 맞이했다. 수양대군이 명나라로 사행할 때 김승규가 수행원으로 따라간 적이 있어 두 사람은 구면이다. 김승규가 들어가 김종서를 대동하고 나왔다. 김종서가 들어가기를 청하자 수양대군이 굳이 사양했다. 수양대군이 찾아올 줄은 미처 예상하지 못한데다, 일단 들어가자는 것까지 사양하자 분위기가 매우 어색해졌을 것이다. 수양대군이 한참 만에 "해가 저물었으니 문에는 들어가지 못하겠고, 한 가지 일을 청하려고 왔습니다"라고 했으나 여전히 정확한 용건은 밝히지 않았다. 잠시 후 수양대군이 용건을 말했다.

> 종부시에서 영응대군 부인의 일을 탄핵하고자 하는데, 정승이 지휘하십니까? 정승은 여러 대에 이르도록 조정에 공이 많고 원로시니, 정승이 편을 들지 않으면 어느 곳에 부탁하겠습니까.

여기서 잠깐 영응대군 부인의 사건에 대해 짚고 넘어가자. 세종의 막내아들로 매우 사랑을 받은 영응대군의 부인은 송복원宋復元의 딸인데, 병이 있어 세종이 폐하고 다시 참판 정충경鄭忠敬의 딸을 간택했다. 영응대군이 송씨를 잊지 못하여 잠통潛通:몰래 사통하여 두 딸을 낳자, 세종은 정씨를 폐출하고 송씨를 다시 봉하여 며느리로 삼았다. 그런데 송씨는 이미지가 아주 좋지 못했다. 입에 담기조차 민망할 정도로 추잡한 짓을 예사로 저질렀다는 기록이 있는 바, 그것을 그대로 말하기 곤란했기 때문에 종실을 감독하고 관리하는 종부시에서 '함부로 온천을 다니고 민폐를 끼쳤다'는 사유로 탄핵했다. 그런데 수양대군과 영응대군의 부인 송씨의 오라비가 절친한 사이다. 그들이 수양대군에게 로비를 시도한 것은 충분히 있을 수 있는 일이다.

그날 수양대군이 김종서를 찾은 것은 '조정의 실권자인 당신에게 잘 봐달라고 부탁하기 위한 목적'으로 해석할 수도 있지만, 늦은 시각에 김종서를 찾아온 이유로는 그리 합당하지 못하다. 종친의 일을 김종서가 관여하기 곤란하기도 했지만, 두 사람은 그런 부탁을 주고받을 정도로 친밀하지 않았다. 죽고 죽여야 할 정적의 수괴가 그런 이유로 자신을 찾았으니 어찌 이상하지 않겠는가. 게다가 들어가서 얘기하자는 것을 재차 사양하니 더욱 의심스러웠을 것이다. 대동한 자들도 무뢰배가 분명한 것이 아무래도 심상치 않았으리라. 이때는 경호원 두 명이 김종서를 근접하여 경호하는 상태였다.

갑자기 수양대군 측의 임어을운이 앞으로 나오자 긴장이 고조되었다. 수양대군이 짐짓 꾸짖어 물리친 다음 긴히 드릴 말이 있으니 경호원을 물러나게 해달라고 요청했다. 그러나 경호원들은 멀리 가지 않고 약간 거리를 벌렸을 뿐이다. 이때 수양대군이 편지를 꺼내 건네자 김종서의 관심이 그쪽으로 쏠렸다. 어두워서 달빛에 비춰 읽으려는 순간, 임어을운이 철퇴로 김종서를 쳐서 쓰러뜨렸다. 아들 김승규가 놀라 부친을 보호하려고 위에 엎드린 것을 양정이 칼을 뽑아 베었다. 김종서를 처치한 수양대군이 양정 등에게 말고삐를 흔들게 하여 여유 있게 도성으로 돌아왔다는 것이 실록의 내용이다.

그런데 그것이 과연 가능한 일일까? 불과 네 명을 이끌고 최강의 무사들이 득시글대는 김종서의 홈그라운드에 찾아가 그를 쳐 죽였다는 것은 너무나 비상식적이다. 수양대군의 눈으로 확인한 것만 해도 30명이 넘는 무사들은 대체 뭘 하고 있었단 말인가. 게다가 마지막 순간에 경호원 두 명이 근접해 있었는데 전혀 손을 쓰지 못했다는 것은 말도 되지 않는다. 실록에는 그날 김종서가 역사들을 대기시켰다고 되어 있다. 먼저 목격한 무사들과 경호원에 역사들까지 합치면 100명에 달할 것이다. 그들 앞에서 김종서를 죽인다는 자체가 말이 되지 않는데, 그러고도 무사히 빠져나왔다는 것을 어떻게 믿을 수 있단 말인가. 수양대군의 초자연적 능력은 과연 대단한 모양이다.

진실은 다르다. 그날 수양대군은 김종서의 자택을 방문하지 않았다. 김종서가 무사와 역사를 대기시켰다는 것도 허구다. 김종서가 역사를 대기시켰다면 무력을 쓰겠다는 것인데, 제 발로 찾아든 수양대군을 가만두겠는가. 수양대군이 무사한 것은 김종서를 만나지 않았기 때문이다. 수양대군이 김종서를 찾아가지 않았다면 대체 무슨 일이 있었을까? 한명회가 수양대군에게 직접 김종서를 찾아가 죽이라는 계책을 냈을 리 만무하다. 그랬다가는 김종서 대신 한명회의 머리에 철퇴가 떨어지고도 남았을 터다. 한명회가 내놓은 일생일대의 계책은 김종서가 퇴궐하여 귀가한 틈을 타서 일거에 뒤엎자는 것이다. 그러기 위해서는 대궐을 장악하고 단종의 신병을 확보해야 할 텐데, 수십 명에 지나지 않는 병력으로는 꿈도 꾸기 어렵다는 반론이 제기될 수 있다.

단종대왕신과 세조대왕신 ■ 보덕사 산신각에 모셔진 단종대왕신과 서울시 마포구 신수동 복개당에 모셔진 세조대왕신. 왕신이 되는 경우는, 원한을 사서 신으로 모시는 경우와 억울하게 한을 품고 죽어 신으로 모시는 경우가 있다. 전자는 세조, 후자는 단종이 대표적이다.

그때 단종은 양덕방(陽德坊: 지금의 종로구 계동)에 나가 있었다. 유일한 혈육인 누님 경혜공주(敬惠公主)가 그곳에 살았는데, 부마는 영양위(寧陽尉) 정종(鄭悰)이다. 시름에 지친 단종이 영양위를 찾아가 경혜공주와 혈육의 정을 나누려 한다는 초특급 정보를 입수한 한명회는 목숨을 건 도박판에 뛰어들었다. 위사들이 적지 않겠지만 아무렴 대궐만 하겠는가. 게다가 위사를 일부 포섭해둔 상태였기에 승산이 있었다. 상식적으로 생각해보라. 인근에 있는 영양위의 사저를 강습하여 바로 승부를 결정짓는 게 쉬운가, 도성을 나가 김종서를 치는 게 쉬운가. 후자의 경우 요행히 김종서를 죽일 수 있다 해도 수양대군 측 역시 큰 피해를 당할 것은 불문가지다. 그리고 그것은 오히려 김종서가 바라는 일이다. 김종서가 수양대군을 건드리지 않는 것은 힘이 모자라서가 아니다. 문종의 친동생이며 단종의 숙부라 직접 제거하기 껄끄러워 합법적으로 제거할 명분을 노리는 판에, 먼저 칼을 뽑아준다면 얼마나 기쁘겠는가. 굳이 한명회가 아니라도 김종서를 건드렸다가 어떤 결과가 날지 뻔한데, 미치지 않고야 그런 작전을 선택할 리 없다.

한명회는 양덕방의 시좌소(時座所: 임금이 임시로 거처하는 곳)를 급습하려 했으며, 거기에 모든 역량을 투입했다. 앞서 말한 것처럼 홍달손이 순군의 장교로 서대문의 경비를 맡은 것도 큰 이득이다. 그때 홍달손이 받은 명령은 수양대군이 돌아올 때까지 성문을 닫지 말라는 것이 아니라, 김종서가 나타나 미쳐 날뛰어도 절대 문을 열지 말라는 것이었으리라. 그런 판국에 수양대군이 무엇 때문에 김종서의 자택 앞에서 발견되었다는 것인가.

실록에 나타난 그날 거사의 진행 과정은 필자가 추정한 것과 완벽히 맞아떨어진다. 시좌소를 급습하여 단종의 신병을 확보한 수양대

한명회 신도비 ■ 반역을 도모한 것은 같지만 한명회는 정도전과 전혀 다른 천재성이 있었다. 계유정난을 위시한 일련의 과정을 보면 실로 '악마적 천재'라고 해야 타당할 것이다. 왕실을 압도하는 권력을 손에 쥐었으면서도 천수를 누린 사례 역시 한명회가 유일하다. 충남 천안시 수신면 속창리 소재.

군이 비상사태라는 것을 알리고 김종서를 위시한 역도를 죽였다고 하자, 공포에 질린 단종은 수양대군에게 전권을 넘겼다. 하지만 그것은 시작에 불과하다. 반격당하지 않으려면 반대파를 몰살해야 하는데, 그러기 위해서는 대신들을 소집해야 한다. 정삼품 이상 대신들을 호출하려면 그들의 이름이 적힌 명패가 필요하지만, 시좌소에 명패가 있을 리 만무하지 않은가. 촌각을 다투는 상황에 명패를 입수할 수 없으니 수양대군의 속이 바짝바짝 타들었다.

이때 내관들이 협조했다.한명회에게 단종의 행적을 알린 자도 내관이었을 것이다. 명패가 있는 곳과 그것을 돌릴 곳을 환하게 파악하고 있는 환관 전균이 앞장서서 달려갔다. 그동안 한명회는 시좌소를 빈틈없이 감싸고 죽음의 함정을 견고하게 파두었다. 명패를 받고 급히 들어온 대신들의 앞에 놓인 것은 삶과 죽음의 갈림길이다. 한명회는 조극관과 황보인, 이양, 윤처공, 이명민, 조번, 원구, 김연, 민신 등 고관들을 처참하게 죽이고 안평대군까지 제압한 뒤에야 한숨을 돌렸다. 정말 기나긴 밤이었다.

    이때 왜 전혀 반격이 없었느냐는 의문이 생긴다. 총사령부 격인 삼군도총부三軍都總府는 양덕방에서 그리 멀지 않은 광화문과 종로 사이에 있으니 반역의 기미를 눈치 챘다면 즉시 반격할 수 있었다. 그러나 반격을 하기는커녕 병력과 지휘관을 보내 협조하는 형편이었다. 그런 일이 벌어진 데는 대신들을 소집한 명패와 관련이 있을 것이다. 한명회는 명패뿐만 아니라 총사령부에 명령을 내릴 수 있는 병부兵符도 확보했을 것이 분명하다. 한명회는 최대한 신속하게 총사령부를 장악하고, 그 병력을 이용하여 승리를 굳혔을 것이다. 처음에는 멋모르고 따랐다가 자신들이 반역에 동참했다는 것을 안 지휘관들은 크게 놀랐겠지만 엎질러진 물이다. 이렇게 된 이상 공을 세워 출세를 해야 마땅하다. 게다가 (루머지만) 김종서가 죽었다는 사실을 안 다음에는 별로 거리낄 것도 없었다. 역신逆臣이지만 상대도 되지 않는 열세를 딛고 엄청난 성과를 얻은 한명회의 능력에는 찬탄을 금치 못할 따름이다.

◈ 허무한 진실

    그렇다면 김종서는 어떻게 되었을까? 실록에는 철퇴에 머리를 맞은 김종서가 깨어나 입궐을 시도했다고 되어 있다. 상처를 싸매고 서대문으로 들어가려 했으나 지키는 자가 듣지 않아 다른 곳으로 갔다고 한다. 김종서가 아직 죽지 않았다는 것을 안 반역자들이 크게 놀랐다. 그가 도성에 들어와 다시 병권을 장악하는 날에는 얼마든지 역전이 가능하지 않은가. 급히 추격대를 보냈지만 잡히지 않았다. 김종서는 여복女服으로 변장하고 가마를 이용하여 다른 성문들을 차례로 거쳤지만 뜻을 이루지 못해 아들 김승벽金承壁의 처가에 숨었다.

김종서는 이튿날 아침 수양대군이 파견한 양정과 이흥상李興商 등에게 발견되었다. 그때 김종서가 "내가 어떻게 걸어가겠느냐. 초헌軺軒: 무관들이 타는 바퀴 달린 가마을 가져오라" 한 것이 마지막 명령이다. 백두산 호랑이는 역도의 칼에 처참한 최후를 마쳤다. 그의 수난은 죽는 것으로 그치지 않았다. 죽은 대신들과 함께 저잣거리에 효수되었는데, 백성들이 기왓장으로 때리거나 천한 비복婢僕들까지 김종서의 머리를 향해 욕했다고 한다. 심지어 아이들도 김종서 등의 머리를 만들어 희롱하며 놀았다는데, 그것이 사실일까?

결론부터 말하면 그것 역시 거짓이다. 장정들도 철퇴에 머리를 맞으면 살아남기 어려운데, 어찌 회생하여 돌아다닐 수 있었겠느냐는 것은 다음 문제다. 정말 어이가 없는 것은 다음날 김종서가 서대문에 나타나 정체를 밝혔는데도 아무런 반응이 없었다는 점이다. 기록대로라면 김종서의 자택이 있는 서대문 쪽은 엄중하게 통제했을 것이다. 거기에 김종서가 나타났다면 발칵 뒤집혀야 마땅하다. 그런데 문을 열어주지 않은 것 이상의 조치가 없었다는 것은 말도 안 된다. 이후에도 세 차례나 도성에 들어가려고 시도했을 때 역시 전혀 감을 못 잡지 않는가. 그것이 의미하는 바는 하나다. 김종서는 도성으로 들어가려는 시도를 할 수 없었다.

한명회는 상황을 장악한 다음 제일 먼저 김종서의 자택으로 최소한 대대 이상의 병력을 보냈을 것이다. 그러나 김종서가 이틀 뒤에 죽은 것을 보면 그도 뭔가 낌새를 채고 자택을 벗어났다는 말이 된다. 그 경우 김종서가 갈 곳은 너무나 뻔하다. 자신이 거의 모든 것을 이룬 북방으로 간다면 반격을 노릴 수 있지 않은가. 그 사실을 너무나 잘 아는 한명회는 필사적으로 김종서를 추적했을 테고, 그 과정에서 김종서는 결국 뜻을 이루지 못하고 죽었을 것이다.

김종서, 생각할수록 안타까운 사람이다. 전쟁과 작전 지휘에서 따를 자가 없던 그

김종서의 글씨 ■ 필체가 거칠 것 없이 웅혼하고 힘이 넘치는 것이 과연 천하의 백두산 호랑이답다. 그가 단종을 잘 지켰다면 역사가 바뀌었을 텐데, 한명회와 같은 시대를 살았다는 것이 크나큰 불행이었다.

가 한 주먹 거리도 되지 않은 역도에게 참패한 요인은 무엇일까. 흉악한 여진족 오랑캐를 셀 수 없이 죽이고 오늘날의 국경선을 확보한 김종서가 참패한 요인은 적이 오랑캐가 아닌 데 있다. 수양대군쯤이

야 마음만 먹으면 얼마든지 제거할 수 있지만, 문종의 동생 수양대군을 오랑캐 때려잡듯 함부로 죽일 수는 없다. 게다가 힘에서 너무 차이가 났기 때문에 손을 쓰기도 뭐 할 지경이다. 수양대군이 반역을 일으키지 않는 이상 굳이 먼저 건드릴 필요는 없다고 생각했을 텐데, 이현로는 혐의는 죽인 다음 걸어도 늦지 않으니 먼저 손을 써야 한다고 주장했다. 하지만 명분을 중요시하는 김종서는 받아들이지 않았다.

술수로는 천하에 적수가 없는 한명회에게 기회를 주지 않으려면 선공해야 했는데, 명분에 익숙하고 과정을 중요시하던 김종서는 명예를 더럽히는 것을 원치 않았다. 한명회가 어떤 자인지 알았을 때 김종서에게는 후회만 남았으리라. 그 결과 가장 딱하게 된 사람은 이현로. 명분과 명예를 중요시하는 김종서야 그렇다 쳐도, 같은 책사로서 한명회의 의중을 꿰뚫어보고도 당했으니 어찌 분통이 터지지 않겠는가. 천문과 풍수를 통달했다는 기재奇才의 최후치고는 너무나 어이가 없다.

플라이급에도 미치지 않아 보이던 한명회가 슈퍼헤비급의 김종서를 한 방에 때려누인 것은 룰에 구애받지 않았기 때문이다. 룰과 스포츠맨십에 따라 정당하게 싸우는 파이터가 고환이든 눈이든 가리지 않고 가격하는 비열한 싸움꾼을 이길 수 없는 법이다. 어차피 그 바닥은 이기는 자에게 면죄부가 발급되는 곳이 아닌가. 생존의 법칙을 투철하게 준수한 것이 한명회의 승인勝因이다.

수양대군이 김종서를 죽였다?

너무나 잘못 알려진 계유정난의 통설에서 가장 문제가 되는 것은 김종서가 무사를 보유할 수 없었다는 점이다. 태종 이방원이 왕권을 위협하는 사병을 혁파하기 위해 강도 높은 정책을 폈으며, 그 결과 세종 이후에는 사병을 가진 자가 없다는 것은 상식에 가깝다. 고등학교 국사 과목에 '태종이 주도한 사병 혁파 과정'이 적시된 만큼 별도의 자료를 제시할 필요조차 없을 것이다. 사병을 가지려고 시도하는 자체로 역모 혐의를 받을 수 있다는 것을 누구보다 잘 아는 김종서가 무엇 때문에 수십 명에 달하는 무사와 역사를 기르겠는가. 김종서의 우세는 사병이 아니라 조정과 병권을 장악한 합법에 따른 것이다.

일단 김종서에게 사병이 없는 것이 확인되었으니 수양대군이 찾아갈 가능성이 있지 않겠느냐는 주장도 나올 수 있겠다. 그렇다면 수양대군이 몇 명을 이끌고 가서 김종서를 죽일 수 있는 확률이 약간 높아진다. 그러나 그 경우에도 역습의 빌미를 줄 우려가 적지 않은데, 도성을 장악할 때까지는 절대 김종서를 건드리면 안 된다는 작전 원칙에 정면으로 위배되기는 마찬가지. 찾아갔을 때 김종서가 출타하고 없다면 그 또한 낭패. 어떤 경우라도 작전을 개시하기 전에 수양대군이 김종서를 찾아가는 자체가 절대 성립할 수 없다는 결론이 나온다. 한명회가 설계와 운전을 담당한 승용차의 조수석에 동승한 수양대군이 모든 것을 자신의 공으로 만들었지만, 날조와 조작이 너무나 빤하게 드러난다.

양녕대군, 은혜를 원수로 갚다

계유정난이 끝나고 일련의 과정을 거쳐 수양대군이 등극하는 과정에서 양녕대군이 크게 부각한다. 양녕은 종친을 대표하여 반역을 정당화했으며, 패배한 안평대군을 죽이라고 주청했다. 그뿐 아니라 단종을 내치라고 주장하여 단종의 비참한 죽음에 앞장섰다. 양녕은 공부와 수양은 뒷전이고 남의 첩을 빼앗는 등 물의를 일으키는 바람에 결국 부친 태종에게 버림받고 세자에서 물러났다. 유배된 이후에도 전혀 뉘우치지 않다가 아들의 첩을 빼앗는 바람에 아들이 자살하게 만들었으니, 그의 파행은 끝 간 데를 몰랐다. 양녕이 살아남은 것은 오직 세종이 성심으로 감싸준 덕분이다. 그러나 양녕은 세종을 끝까지 배신했다. 안평대군과 단종은 세종의 아들과 손자가 아닌가. 양녕은 자신에게도 조카와 손자가 되는 그들을 죽이는 데 앞장섰으니 세종에게 세자를 양보하기 위해 일부러 미친 짓을 했다는 것은 일고의 가치도 없는 낭설이다.

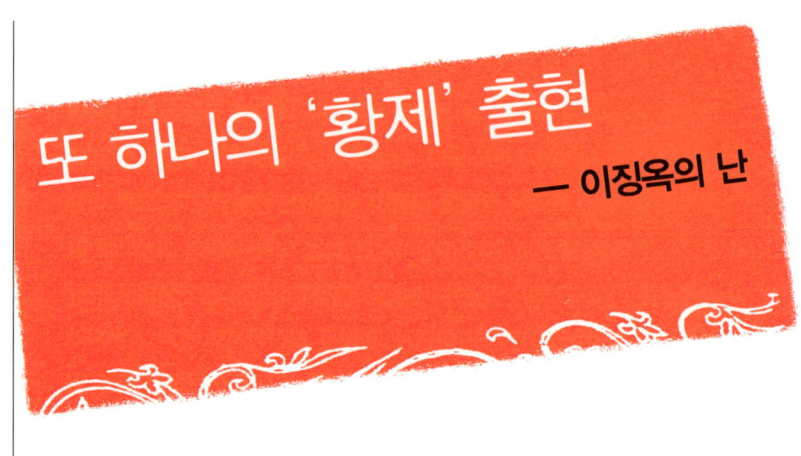

또 하나의 '황제' 출현
— 이징옥의 난

◈ 황제가 일어서다?

신라 시대부터 중국을 부모 이상으로 극진히 섬기던 한반도에서 느닷없이 황제가 출현했다.

> 이징옥李澄玉이 곧 여러 진병鎭兵을 징발하여 이행검李行儉을 데리고 곧장 종성鍾城에 이르러, 남문南門에 앉아서 내상內廂:이징옥의 총사령부과 종성 두 진의 군사를 좌우에 늘어세우고 영을 내리기를 "나를 따르는 자는 사품은 첨지僉知로 승진시키고, 오륙품은 사품으로 승진시키고, 나머지는 각각 차례로 승진시키겠다" 하고, 종성교도鍾城敎導 이선문李善門을 불러 말하기를 "이 땅은 대금황제大金皇帝가 일어난 땅이다. 때에는 고금古今이 있으니 영웅도 다름이 없다. 내가 지금 큰 계책을 정하고자 하니, 너는 조서詔書를 초안하라".
> —《단종실록》 1년 10월 25일

> 최성달崔成達과 이홍배李興培는 이징옥의 변방 경보警報가 없을 때 군사를 징발하여 모았으니 모반한 혐의가 현저하였고, 이징옥의 명령서를 가지고 회령부會寧府와 보화保和, 무산茂山, 부령富寧 등지에서 군사를 징발하였습니다. 황유黃儒는 이징옥이 '대금황제'라 자칭하고, 교도 이선문을 불러서 칙서를 쓰게 하니…….
>
> —《단종실록》2년(1454) 1월 24일

감히 황제를 자칭한 사람은 함경도 지역의 총사령관에 해당하는 함길도도절제사咸吉道都節制使 이징옥이다. 그가 황제를 자칭한 것은 계유정난과 밀접한 관계가 있다. 이징옥은 왕실에 대한 충성심이 강하고 김종서와 지극히 가까운 사이였기 때문에 반역자들을 치려고 군사를 동원한 것은 충분히 있을 수 있는 일이다. 그런데 어이없게도 자신을 황제라 칭한 것은 무슨 연유인가? 실록에는 '이징옥이 대금황제를 자칭했다'고 분명히 적시되었으며, 사건 후 진술에서도 황제의 존호를 받았다는 것이 나타난다. 조선의 반역은 100퍼센트 국가의 틀은 그대로 유지하면서 왕을 교체하기 위한 시도라고 봐도 과언이 아니다. 그런데 조선을 뿌리 뽑는 것도 모자라 황제를 자칭했으니 당시에 통용되던 상식을 한참이나 초월한 사건이다. 왕을 사칭해도 대역죄로 삼족이 멸문당할 판에 감히 황제를 자칭했다면 목이 100개라도 무사하지 못할 것이다. 아무리 봐도 제정신이 아니라고 할 수밖에 없는데, 문제는 이징옥이 수양대군 일파를 도륙하고도 남을 능력이 있다는 점이다.

이징옥이 전통적으로 최강을 자부하는 동북방 함길도의 도절제사라는 것부터가 심상치 않다. 특히 강력한 영토 확장 정책을 펼쳐 사

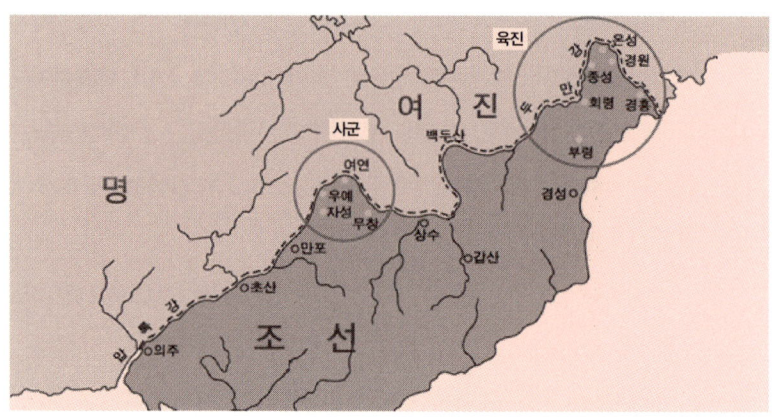

사군육진 ■ 세종대왕이 건설하여 오늘날 국경이 된 북방의 사군육진四郡六鎭.

군육진을 구축한 세종대왕의 시대에는 가장 유능하고 신임받는 사람이 아니면 함길도의 총사령관이 될 수 없었다. 김종서가 함길도도절제사를 역임했고, 그의 후임이 이징옥이다. 지금의 국경이 된 종성과 온성穩城, 회령, 경원慶源, 경흥慶興, 부령에 이르는 동북육진은 세종대왕이 주창하고 김종서가 기획했으며, 이징옥이 쟁취한 전과다.

◈ 이징옥은 누구인가

　　　경원병마사 이징옥에게 어약御藥을 내렸으니, 이는 풍질風疾이 있기 때문이다.

　　　　　　　　　　　　　　　　　　　—《세종실록》 10년(1428) 7월 4일

세종대왕이 이징옥에게 질병이 있는 것을 근심하여 어약을 하사한 기록이다. 나이 든 신료들에게 예우 차원에서 어약을 하사하는 일은 이따금 있었지만, 서른 살(당시 29세)도 먹지 않은 무관이 저런 대우를 받는 것은 전무후무하다. 세종대왕이 이징옥을 얼마나 아꼈는지 잘 나타나는 대목이다.

> 이징옥이 회령을 지키고 있는데, 성질이 굳세고 용감하여 정령政令이 매우 엄격하였으며, 적변賊變이 있음을 들으면 즉시 무장을 갖추어 성 밖으로 나가서 적을 기다리니, 싸움에 크게 이기지 않은 적이 없었다. 여러 부의 야인들이 그를 매우 두려워하고 꺼려서 감히 침범하지 못하고, 그를 '어금니가 있는 큰 멧돼지[有牙大豬]'라고 불렀다. 야인 중에 원망을 품고 있는 사람이 모의하기를 "그가 술 취한 틈을 타서 쏘아 죽이자" 하니, 그 측근의 사람이 말하기를 "비록 술에 취하더라도 범할 수가 없을 것이라" 하였다. 임금이 본래부터 그를 사랑하고 소중히 여겼는데…….
> ―《세종실록》 18년(1436) 11월 27일

오죽했으면 그 흉악한 여진족 오랑캐가 이징옥이 술에 취했어도 감히 덤빌 엄두를 내지 못했을까. 여진족이 이징옥을 '유아대저'라고 칭한 것 역시 대단한 의미가 있다. 뒷날 중원을 제패하고 청淸나라의 시조가 된 누르하치奴爾哈赤의 의미가 '멧돼지 가죽'이라는 것을 감안하면 최상급 존칭이다. 세종이 이징옥을 매우 아꼈다거나 이징옥의 공을 입증하는 기록이 무수하니, 그의 위력과 존재감에 대해서는 더 말할 필요가 없다. 이징옥은 실질적으로 북방육진을 개척한 용장이며, 그가 거둔 승리의 가치와 순도는 이순신에게 비해도 절대 떨어지지 않는다. 그런데도 이징옥의 존재가 부각되지 않은 것은 반역, 그것도 감히 황제를 참칭했기 때문이다.

이징옥은 인천 이씨에서 분파된 양산 이씨로, 정종 1년(1399)에 경상도 양산의 초산草山: 지금의 경남 양산군 하북면 삼수리에서 출생했다. 부친은 고려에서 고관을 역임한 이전생李全生으로, 징석澄石과 징옥, 징규澄珪 삼 형제를 두었다. 삼형제가 모두 기골이 장대하고 용력이 비범하여 무관으로 입신했다. 특히 이징옥은 17세에 무과에 장원급제했는데, 문무과를 통틀어 17세에 장원급제한 예가 드물다. 무과에서는 이징옥을 제외하면 남이南怡가 유일하지만, 태종의 외증손이라는 메리트가 적잖이 작용했을 것이다. 그에 비해 이징옥은 오직 실력으로 입신했으니 어찌 대단하다 하지 않겠는가.

그런 사람들이 대부분 그렇듯 이징옥도 무수한 일화를 남겼다. 어렸을 때 황소만 한 멧돼지를 산 채로 잡고, 무섭게 날뛰는 호랑이를 강아지 다루듯 가볍게 제압했다는데, 그것보다 황당한 일화가 있다.

> 임금세종이 말하기를 "지나간 해에 경卿과 유은지가 해청매. 해동청이라고도 한다 한 마리를 감추었으므로, 내 매우 놀라 곧 가져다가 진헌한 일이 있으니, 경이 내 뜻을 알 것이거늘 어찌하여 교사巧詐를 부려 의심의 실마리를 일으키게 하려는가. 더구나 유은지가 떠나던 날에 내가 말하기를 '지난해에 해청을 많이 잡았으니 올해에도 많지 아니하면 이것이 염려된다. 그러니 비록 연連: 쌍으로을 잡더라도 해로울 것이 없다'고 하였으니, 나의 본심이 이와 같거든 어찌하여 아뢰지 아니하고 거짓을 써서 제멋대로 놓아 보냈느냐" 하였다. 이징옥이 아뢰기를 "소신이 어리석고 미혹하여, 매우 수효가 많은 것을 싫어한 까닭으로 놓아 보냈습니다".
>
> ―《세종실록》 14년(1432) 11월 18일

그날 조정이 발칵 뒤집혔다. 사건의 발단은 이징옥이 명나라 사신들에게 줄 매를 놓아준 것이다. 그게 나라가 발칵 뒤집힐 정도로 큰 사건이냐고 의아해하는 사람들도 있겠지만, 내용을 들여다보면 그렇지 않다. 날쌔고 용맹하여 사냥을 잘하는 조선의 매는 명나라에서도 상종가였다. 황제가 해동청이나 보라매로 불리는 조선의 매를 길렀을 정도다. 매는 권력층과 부자들이 반드시 갖춰야 할 '사치품'이어서 대대로 중국에서 조선에 요구하는 품목 가운데 가장 값진 것이기도 했다. 그에 따라 명나라 사신들이 올 때마다 매를 잡아다 바쳐야 했는데, 그것이 백성들을 몹시 괴롭게 했다. 이징옥은 당시 병조참판으로 명나라 사신들을 안내하고 접대하는 접반사接伴使를 겸했다. 명나라 사신이 매를 잡는다는 핑계로 수백 명을 대동하여 백성들을 괴롭히는데다, 바친 물품의 수량이 모자란다고 관리들을 죽도록 폭행했다. 그때 이징옥이 잡은 매를 날려버렸다. 그것을 안 세종은 크게 놀랐다. 하늘같은 명나라 사신을 면전에서 모욕했으니 어찌 후환이 없겠는가. 지금 우리나라를 방문한 미국의 주요 인사가 외교부 관리에게 느닷없이 폭행을 당한 것보다 훨씬 충격적이었을 것이다.

세종이 당장 이징옥을 체포하여 추궁했는데 "소신이 어리석고 미혹하여, 매우 수효가 많은 것을 싫어한 까닭으로 놓아 보냈습니다"라는 대답만 돌아왔을 뿐이다. 그때 세종은 너무나 기막혀 할 말을 잃었다. 사신이 돌아가서 사실대로 보고하는 날에는 어찌 되겠는가. 이징옥 하나가 죽는 것으로 끝나지 않을 것이며, 경우에 따라서는 심각한 사태로 발전할 수도 있다. 황희黃喜와 맹사성孟思誠을 필두로 한 대신들을 모두 소집하여 대책 마련에 부심했지만 뾰족한 수가 없었다. 상상도 하지 못할 엄청난 짓을 저지른 이징옥은 사형을 면할 방도가 없어 보였는데, 망신을 당한 사신이 오히려 선처를 부탁하는 바람에 무사히 방면되었다. 명나라에 알려져 그동안 몰래 받아먹은 것이 들통 나는 것을 원치 않던 사신이 세종에게 "이징옥은 잘못이 없으니 제발 풀어달라"며 애걸한 결과다. 조선의 왕까지도 우습게 알던 종주국의 사신을 거침없이 모욕한 사례는 이징옥이 유일무이할 것이다. 기본적인 신상과 일화를 봐도 황제로 칭하고도 남을 사람이다.

◈ 실패한 모략

이징옥이 거병하여 단종을 겁박하는 역도를 처단하고 김종서의 원수를 갚겠다고 쳐들어오면 어쩌겠는가. 최강의 함길도 부대를 이끌고 남하하는 이징옥은 상상만 해도 몸이 떨린다. 도성과 인근의 병력을 모두 소집해도 승산이 없다. 이징옥과 격돌하는 날이 제삿날이다. 이징옥을 죽여야 계유정난으로 포장한 반역이 완성되는데, 천하의 책사 한명회도 함길도에 있는 이징옥을 어쩔 수 없었다. 머리를 짜낸 결과 기만하여 죽이는 것으로 낙착되었다. 이징옥이 도성에서 벌어진 변란을 아직 모르는 것을 최대한 이용해야 한다. 중앙의 직책으로 내정하는 것으로 속이고 후임자를 보내 소환한 다음 손을 쓰기로 했다. 강력한 북방의 부대와 분리된 이징옥은 그리 두렵지 않다. 도성으로 오는 길목에 궁수와 기병을 매복시켜 기습하면 어렵지 않게 죽일 수 있을 것 같았다.

이징옥의 후임자로 발령받아 그를 속여 보낼 적임자로는 평안우도 도절제사平安右道都節制使 박호문朴好問이 선정되었다. 박호문은 인지도가 높지 않지만 의외로 대단한 인물이다. 세종 1년(1419)에 무과에 장원급제해 무관 최고 직책인 도절제사까지 올랐는데, 그가 출세한 때가 세종 시대라는 것을 감안하면 능력은 충분히 검증되었다고 봐야 한다. 박호문이 출세한 계기는 세종 15년(1433) 4월에 실시된 '파저강婆猪江 정벌 작전'이다. 당시 여진족이 수시로 쳐들어와 약탈하는 바람에 큰 골칫거리였는데, 북방의 안전을 보장하기 어려운 지경에 이르렀다. 압록강 방면에서 활동하는 여진족은 명나라와 조선의 연결통로를 위협했으며, 두만강 방면에서 날뛰는 여진족에게 왕실의 발상지인 동북면이 잠식되었을 정도다. 땅 한 뼘이라도 오랑캐에게 넘겨줄 수 없다고 단언한 세종은 강력한 전략을 구상했다. 방어전과 추격전에서 벗어나 국경 너머에 산재한 오랑캐 부락을 강습, 일시에 기세를 꺾자는 것이다. 쓰시마를 쳐서 왜구를 근절한 것과 마찬가지로 '본거지를 뿌리 뽑는 전략'이라고 할 수 있다. 그에 따라 최윤덕崔閏德을 총사령관으로 쟁쟁한 장수들이 모인 대규모 원정군이 편성된다.

조선 육군의 첫 해외 원정이라고 할 수 있는데, 문제는 적에 대한 정보다. 생소한 지역에서 작전을 성공하려면 도로와 하천 등 지리적 정보와 적의 동태를 면밀히 살펴 분석한 보고가 반드시 필요하다. 그에 따라 그들의 언어에 정통하면서 대담하고 임기응변에 능한 자가 절실한데, 박호문이 모든 조건을 충족시켰다.

> 박호문은 비장裨將으로서 야인여진족과 교결交結하여 형제로 호칭하였고, 야인은 일찍이 절제사박호문가 있으면 나도 있을 것이고, 절제사가 가면 나도 갈 것이다.
> ―《세종실록》 22년(1440) 7월 18일

이 기록에서 박호문이 여진족에게 얼마나 신임 받는지 잘 나타난다. 여진족에 대한 정찰과 정보 수집에서는 박호문만 한 적임자가 없다. 그는 적지로 들어가 평소 친분이 깊은 추장들과 교류하는 척하며 더욱 환심을 샀다. 곳곳을 누비면서 상세한 정보를 취득함은 물론, 조선이 쳐들어오지 않을 것이라고 기만했다. 박호문이 가져온 정보는 작전에 결정적인 도움을 주었으니, 그가 출세하는 것은 당연한 대가다. 인사권을 가진 한명회로서도 이징옥을 기만할 수 있는 사람은 박호문밖에 없다고 판단했으리라.

박호문이 이징옥의 후임으로 결정된 것이 단종 1년 10월 11일인데, 그날은 이징옥이 거병한 바로 다음날이다. 중대한 명령을 받은 박호문이 함길도로 떠난 다음 좋지 않은 소식이 닿았다.

> 함길도관찰사 성봉조成奉祖가 보고하기를 "전 도절제사 이징옥이 새 도절제사 박호문을 죽이고, 그 아들 박평손朴平孫과 종 두 명을 가두었습니다. 신이 곧 경성鏡城 이남 여러 고을과 육진에 명령하여 군마를 정제하여 절도節度:명령를 기다리게 하고, 회령부사 남우량南祐良으로 하여금 정병精兵 300명을 거느리고 이징옥을 쫓아가 잡게 하고, 고산도찰방高山道察訪 여종경呂宗敬으로 하여금 길주목사吉州牧使 조완벽趙完璧과 더불어 종성의 군사를 거느리고 용성평에 주둔하여 반란에 대비하게 하였습니다".
>
> ―《단종실록》1년 10월 25일

이징옥이 박호문을 죽이면서 어긋장이 나는 조짐을 보인다. 그날의 실록을 점검해보자.

처음에 이징옥이 오래 북쪽 변방에 있어 위엄스런 이름이 매우 높았는데, 용瑢: 안평대군이 바깥의 원조로 삼고자 하여 이득으로 꾀었다. 이징옥이 또한 임금이 어리고 나라가 의심스러워 조정에 있는 대신이 모두 안평에게 따르지 않는 것을 알고 마음으로 허락하고 가만히 서로 교통하였다. 안평이 글을 보내 약속하기를 "일을 이루지 못하면 마땅히 네 진영에 가서 함께 거사하겠으니, 지경地境에까지 와서 변을 관망하라" 하였다. 이징옥은 경성부사 이경유를 시켜 가만히 무기를 서울로 실어 날랐다. 세조수양대군가 난을 평정하고 나서 이징옥이 들으면 반드시 스스로 편안하지 못할 것이라 하여, 박호문을 보내어 대신하였다. 박호문이 이에 이르니, 이징옥이 단서를 알 수 없어 박호문에게 경중의 일을 물었다. 박호문이 다 누설하니, 이징옥이 죄를 면치 못할 것을 알고 이에 박호문과 작별하고 진영을 떠나 60리쯤 가서 말을 멈추고, 한참 있다가 휘하의 장사를 불러 말하기를 "다시 새 장수와 면대하여 의논할 일이 있다" 하고, 곧 말을 돌려 영에 돌아오니 밤이 늦었고 박호문은 잠자리에 들었다. 이징옥이 도진무都鎭撫 이행검을 급히 불러 문을 열고 이징옥이 들어가서 이행검을 앞으로 나오게 하여 말하기를 "박호문이 평안도도절제사가 되었는데, 지금 홀연히 여기에 왔으니, 어찌 그 까닭이 없겠는가. 내가 다시 물어보겠다" 하고, 휘하의 장사로 하여금 문을 밀치고 곧 들어가니, 박호문이 당황하여 큰 돌로 문을 누르고 문틈으로 활을 쏘았다. 이징옥의 휘하 장사가 옥상에 뛰어올라 박호문을 쏘아 죽이니, 군졸이 밀치고 들어가서 박호문의 아들 박평손을 잡아 꾸짖어 묻기를 "네 아비는 과연 조정에서 제수한 것이냐?" 하니, 박평손이 두려워서 말하기를 "조정에서 제수한 것이 아닙니다" 하였다. 이징옥이 군중에게 드러내어 말하기를 "내 말이 과연 옳다" 하고, 인하여 베게 하니, 박평손이 소리쳐 말하기를 "어찌 조정에서 제수한 것이 아니고 대신 도절제사가 되는 자가 있겠습니까? 당신들이 절제사이징옥의 꾐을 받으면 뒤에 반드시 후회할 것입니다. 당신들이 나를 살려주면 내가 당신들이 협조한 것을 변명하겠지만, 나를 죽이면 누가 당신들을 변명하여주겠습니까?" 하니, 군졸이 서로 돌아보고 놓아주었다.

수양대군에 관련한 기록은 대부분 전혀 신빙성이 없다. 이번에도 갑자기 안평대군이 나오더니 대뜸 이징옥과 연결된다. 그리고 이징옥이 함길도의 무기를 도성으로 날랐다고 되어 있는데, 과연 함길도에서 가져간 무기를 남의 눈에 띄지 않고 도성으로 반입할 수 있을까. 또 안평대군은 "마땅히 네 진영에 가서 함께 거사하겠으니, 지경에까지 와서 변을 관망하라"고 했는데, 무기는 서울로 반입하고 몸만 빠져나와 싸우겠다는 사람이 제정신인가. 외부에서 무기를 반입할 필요 없이 그냥 서울에 있는 무기를 사용하면 그만인데, 왜 복잡하게 일을 벌이려는지 이해할 수 없다. 안평대군과 이징옥을 함께 반역자로 몰기 위해 억지로 조작한 것이다.

더욱 기막힌 것은 이징옥과 박호문이 만난 다음이다. '이징옥이 단서를 알 수 없어 박호문에게 경중의 일을 물었다'는 것은 너무나 급작스럽게 교체된 것에 대해 물어보았다는 뜻이다. 이번 인사는 전혀 예고가 없었다. 시골의 사또도 교체하기 전에 통보하고 인수인계에 필요한 여가를 주는데, 가장 중요한 함길도의 총사령관을 사전 통보 없이 교체한다는 것은 말도 되지 않는다. 어명과 이조吏曹, 병조兵曹, 승정원承政院의 관련 서류는 준비했겠지만, 당사자에게 통보하지 않고 교체하는 것은 아무래도 이상하다. 더구나 함길도관찰사 성봉조 역시 아무 말이 없다.

김종서가 실권을 잡고 있다면 결코 이징옥과 박호문을 교체하지 않을 것이다. 김종서가 여진족과 화평을 추구하여 노선이 전혀 다른 박호문을 함길도로 보낼 리 만무하다. 김종서와 이징옥이 여진족을 강경하게 밀어붙여 공을 세운 인물인 데 비해 박호문은 정반대다. 앞서 소개한 기록에서 알 수 있듯 박호문은 회유하여 인심을 사고, 가급적이면 좋은 쪽으로 가려는 타입이다. 여진족과 너무 가깝다 보니 탄핵까지 당했을 지경인데, 김종서가 미치지 않은 다음에야 모든 것을 바쳐 이룩한 함길도를 박호문에게 맡길 리 있는가.

박호문이 정상적인 과정을 거쳐 함길도로 발령받았다면 북방 정책에 중대한 변화가 있다는 것을 의미한다. 그러나 어린 단종이 그런 사안을 어떻게 결정하겠는가. 김종서가 실각하거나 어떤 이유로 발언권을 잃기 전에는 있을 수 없는 일이다. 또 어떤 경우라 해도 김종서가 미리 귀띔해주는 것이 너무나 당연하지 않은가. 박호문과 이징옥을 교체하는 중대한 사안에 김종서가 아무 말도 없다는 것은 한 가지 가능성 외에 생각하기 어렵다.

박호문은 몹시 탐욕스럽고 뇌물을 좋아하는데다, 김종서를 모함한 전력까지 있으니 김종서가 이징옥의 후임으로 박호문을 보내는 것은 도무지 납득할 수 없는 인사다. 아무래도 도성에서 심상치 않은 사건이 벌어진 것 같다. 그런데 어이없게도 박호문이 이징옥의 의문을 풀어준다. '박호문이 다 누설하니, 이징옥이 죄를 면치 못할 것을 알고 이에 박호문과 작별하고 진영을 떠나'라는 기록이 옳다고 보는가. 수양대군이 반역하여 단종을 겁박하고 김종서를 위시한 중신들을 참살했다는 사실을 이징옥이 아는 날에는 역전패 당할 가능성이 급격히 높아질 것이다. 이징옥을 어떻게든 유인해 죽여야 했지만 이징옥은 바보가 아니다.

계략이 뛰어나고 담대한 박호문을 보낸 것은 현재로서는 이징옥을 유인할 만한 사람이 그밖에 없다는 판단에 따른 것일 텐데, 그 박호문이 반역의 전말을 이징옥에게 '누설'하는 것이 말이 되는가. 게다가 비무장으로 도성으로 가면 어떻게 될지 뻔한데, 이징옥이 60리나 내려가다가 돌아왔다는 것도 생각하기 어렵다. 이징옥은 즉시 박호문을 체포하여 고문하지 않았을까. 어명을 받은 관리를 고문한다는 것은 반역에 버금가는 행위지만, 이징옥은 확신이 있었을 것이다.

다른 방법을 썼을 개연성도 있다. 발령 날짜가 10월 11일인데, 박호문이 죽은 날이 10월 25일로 거의 보름 차이가 난다. 그렇다면 박호문이 일주일쯤 뒤인 10월 18일에 닿았다고 가정하고, 이징옥이 즉시 박호문을 억류한 다음 도성으로 빠른 기병을 보냈다고 하자. 그때는 함길도를 제외한 다른 지역에 반역의 소문이 퍼졌을 것이기 때문에 일주일이면 충분히 상황을 파악할 수 있다는 추정이 가능하다. 필자는 후자에 비중을 두는 편인데, 어느 경우나 이징옥이 적극적으로 행동하여 정보를 취득한 것이 된다.

박호문의 아들 박평손은 부산물에 지나지 않는다. 굳이 베지 않아도 그만이지만 그냥 두면 귀찮을 것이다. 그때 박평손이 "어찌 조정에서 정식으로 임명한 관리를 죽이고 반역자를 따를 수 있는가. 나를 살려주면 나중에 당신들을 변명하여주겠다"고 외치자 군졸이 서로 돌아보고 놓아주었다는 대목에서는 웃음조차 나지 않는다. 당나라 군대만도 못한 오합지졸을 데리고 그 흉악한 여진족을 어떻게 물리쳤단 말인가.

❖ 드디어 칼을 뽑다

단종 1년 10월 25일은 결단의 날이다. 실록에는 최초의 황제가 스스로 등극한 역사적인 날로 기록되었다. 그런데 황제라는 사람이 함길도관찰사 성봉조가 보낸 몇 되지도 않는 병력에게 쫓기니 체면이 말씀이 아니다. 수양대군도 대수롭지 않은 것처럼 말한다. 이때 이징옥의 모습은 소굴을 잃고 쫓기는 산적 두목에 지나지 않는다. 황제를 자칭하던 사람이 어쩌다 그렇게 전락했단 말인가. 물론 그것 역시 허위다. 그 정도밖에 안 되는 위인이 뭐 그리 대수롭겠는가. 잡아 죽이면 간단할 텐데 박호문을 보낸 것 자체가 그들의 주장을 반박하는 결정적 증거다. 실제로 이징옥이 거병하자 반역자들은 일대 소동이 벌어졌다. 수양대군을 총사령관으로 하는 등 총력 대응 체제로 들어갔을 정도지만 승리를 확신하지 못하는 분위기였다.

이때 이징옥은 함길도의 총사령부인 경성에 있었으며, 관찰사 성봉조는 함주함흥에서 절제사를 겸하고 있었다. 이징옥은 자신의 근거지 경성에서 아직 이동하지 않았다. 그런 만큼 성봉조가 감히 도발할 수 없으며, 두만강에 있는 회령에 명령을 내릴 수도 없는 상황이다. 동북육진으로 가려면 총사령부 경성을 통할 수밖에 없는데, 경성의 이징옥에게 들키지 않고 육진에 명령한다는 것은 생각하기 어렵기 때문이다. 앞에서 성봉조가 보고한 '회령부사 남우량으로 하여금 정병 300명을 거느리고 이징옥을 쫓아가 잡게 하고'라는 대목은 허위와 날조일 수밖에 없다. 그런 조치나마 취하려고 했다는 자체에 의미가 있는 것이다.

실록에 기록된 '이징옥 황제 등극론'이 과연 사실일까? 왕을 칭하든, 황제로 등극하든 조선을 배반하기는 마찬가지다. 그렇다면 그 거병은 성공하기 어렵다. 이징옥이 아니라 김종서가 함길도에서 왕을 칭하고 거병한다고 해도 성공하기 어려운 것이, 조선의 시스템은 배반이 지극히 어려운 구조다. 부대를 실질적으로 지휘하는 각 지역의 병마사와 첨사들은 이징옥과 상하 관계일 뿐이다. 여진족과 전투한다거나 기타 정당한 상황에서는 아무리 위험한 곳에 뛰어들라고 해도 명령에 따라야 할 것이다. 두려워서 주저하거나 반대했다가는 즉결 처분까지 당할 수 있겠지만, 그것은 어디까지나 이징옥이 총사령관으로서 권리를 행사하는 범주에 있을 뿐이다. 국가에서 임명한 도절제사의 명령은 당연히 따라야겠지만, 국가를 배반하자는 명령에는 따를 의무가 없다. 그 경우 부하들이 오히려 즉결 처분하겠다고 덤벼드는 것이 마땅하며, 조선은 그렇게 프로그램 된 국가다. 조사의의 반란이 가능했던 것은 당시 함길도가 태종 이방원보다 이성계를 따랐기 때문이다. 모든 점을 감안하면 이징옥이 기른 부대의 전투력은 반역에 그대로 적용되기 어렵다는 결론이 도출될 수 있다.

상식적으로 생각해도 이징옥이 이성계가 아닌 다음에야 반역을 명령하기 어렵지 않겠는가. 그러나 실록에는 분명히 황제로 등극했다고 되어 있기 때문에 그 가능성을 추출해야겠다. 실록에 나타난 대로 이징옥이 황제로 등극한 다음 만주로 건너가 대금제국을 세우려 했다는 것이 지금까지 통설이다. 식민사관에 반발하는 민족사관이 활발히 태동하던 1980년대에 이징옥은 대단한 영웅으로 칭송받았다. 자랑스러운 한민족의 후예로서 고구려가 웅비한 만주를 탈환하고 대제국을 건설하려던 이징옥이 어찌 대단하다 하지 않겠는가. 이징옥이 이끄는 군단이 호호탕탕한 기세로 중원을 향해 진격하는 광경은 생각만 해도 가슴 벅차다.

그러나 이는 어디까지나 상상일 뿐이다. 그러기 위해서는 일단 여진족을 통합하여 휘하에 둘 수 있어야 한다는 전제가 필요하지만, 이징옥의 영향이 직접 미치는 여진족은 그리 많지 않았다. 이징옥의 명령이 통하는 범위는 조선의 영역에 있는 여진족과 두만강 건너 인근에 사는 여진족으로 제한되었다. 그들이 무릎 꿇은 것은 이징옥이 강력한 군사력과 교역권을 장악했기 때문이다. 그것이 이징옥의 기반인데, 모든 기반을 버리고 만주로 들어가면 어느 여진족이 명령에 따르겠는가. 조선과 교역하기 위해 협조한 것과 직접 명령을 듣는 것은 차원이 다르다. 그동안 우호적이던 추장들로서도 선택의 여지가 없을 것이다.

특히 여진족은 기회주의적인 경향이 강한데다, 동족을 무수히 죽인 이징옥에게 좋은 감정이 있을 리 없다. 지금까지는 어쩔 수 없이 따랐지만 기반을 버리고 자신들의 안마당에 들어온 이징옥을 가만두겠는가. 어렵게 사는 여진족에게 이징옥이 대동한 병력과 백성은 입맛 당기는 먹이가 아닐 수 없다. 자연스럽게 연합체가 형성되어 이징옥을 공격할 텐데, 천하의 이징옥이라 해도 지형과 습속을 비롯한 모든 것이 생소한 지역에서 유격전을 펼치는 여진족을 당하기는 어렵다. 대동한 군사력과 백성은 금방 소모될 것이며, 황제의 이름은 만주의 광야에 스러질 따름이다. 게다가 혹한기로 접어들었을 음력 10월 말이라는 점 등을 고려하면 제국이 무사히 파종될 가능성은 1퍼센트 미만이다.

설령 이징옥이 만주에서 자립에 성공했다고 해도 문제는 여전히 남는다. 그렇게 되면 남쪽의 조선에 이어 서쪽의 명나라까지 적으로 돌려야 하기 때문이다. 자신들이 세계의 중심이며 오직 천자天子를 숭배해야 한다는 명나라가 다른 황제를 용납할 리 만무하지 않은가. 조선의 추격과 여진족의 공세만 해도 상대하기 버거운 판에, 명나라가 본격적으로 개입하는 날에는 앞날을 장담할 수 없다.

그런데 당시 명나라의 형편이 아주 좋지 못했다. 3대 영락제永樂帝가 북방을 평정하고 정화鄭和를 보내 아프리카까지 원정하는 등 국위를 떨친 이후 급격히 위축되었다. 심지어 6대 정통제正統帝는 1449년, 몽골의 일파인 오이라트족의 에센을 정벌하기 위해 50만 대군을 이끌고 친정親征했다가 대패하고 포로가 된다. 경태제景泰帝가 즉위하여 수습하기는 했지만, 이징옥이 거병한 1453년 당시에는 오이라트와 전쟁에서 잃은 병력과 물자를 회복하지 못했다. 사기도 바닥을 칠 때라 만주에서 반란이 일어나도 대응하기 어려웠을 것이다. 그렇다고 해도 이징옥에게 결정적인 기회가 될 수는 없다. 명나라가 극히 위축된 것은 사실이지만, 만주 지역에 구축한 방어력은 그대로 있었다. 명나라는 북원과 완충지대로 기능하는 만주를 대단히 중요시했다. 비록 만주가 명목상의 영토라고는 해도 요양遼陽과 심양瀋陽, 광령廣寧, 동령東寧, 개원開元 등 주요한 지역에 강력한 거점을 구축하고 5만이 넘는 병력을 상주시켰다. 만주 지역의 총사령부인 요동도지휘사의 예하에는 정료위定遼衛와 건주위 등 25위를 두었다. 그들 가운데 상당수가 여진족이기는 하지만 대부분 보병 편제로, 1만이 넘는 보기步騎를 거느리기 어려웠을 이징옥에게는 버거운 적수다. '설령'이라는 전제마저도 전혀 가능성이 되지 못하는 것이다.

❖ 추락한 황제

　　　　　　　　황제는커녕 왕으로 칭하기도 어렵다는 점, 만주에서 가능성을 찾는 것은 불가능에 가깝다는 점은 충분히 설명했다. 그러나 이징옥은 꿈에서조차 반역이나 자립을 생각하지 않았다. 그는 처음부터 끝까지 조선의 장군이고 충신이었을 따름이다. 박호문을 경유하여 모든 것을 안 이징옥이 선언한 것은 황제의 등극이 아니다. 그가 '함길도의 영웅 김종서를 죽이고 감히 임금을 겁박하는 반역의 무리를 응징하기 위해 분연히 거병하자!'는 격문을 돌렸으리라는 것은 의심할 여지가 없다. 그것은 반역이 아니라 충성이다. 피 끓는 이징옥의 격문을 받은 예하 지휘관들은 거병의 당위성을 의심하지 않았을 것이다. 이징옥은 거병에 가장 중요한 명분을 충족시켰지만 역사에는 정반대로 기록되었다. 그의 최후는 너무나 허무하다.

　　　함길도관찰사 성봉조가 보고하기를 "회령절제사 남우량이 올린 정문呈文에, '갑사甲士:직업군인 최득저崔得渚를 경원부로 보내고 최분을 온성부로 보내어, 날을 약속하여 군사를 일으켜 종성에 모이게 하고, 당직當職:본인은 10월 20일에 군사를 거느리고 먼저 종성에 나아가니 종성의 군사들이 19일 밤에 계교로 이징옥과 그 아들 셋을 사로잡아 죽였다' 하였습니다" 하였다. 이징옥이 밤낮으로 정종鄭種과 이행검을 곁에 있게 하고, 조금만 움직이는 기미가 있으면 반드시 심복으로 하여금 엿보게 하니, 두 사람이 죽이기를 꾀하였으나 틈을 얻지 못하였다. 정종이 읍졸邑卒과 약속하기를 "너희는 내가 돌아보는 것을 보고 일시에 공격하라" 하니, 모두 말하기를 "명령대로 하겠습니다" 하였다.

이징옥이 일이 틀렸음을 알고, 사람이 자기를 모해할 것을 두려워하여 활과 칼이 몸에서 떠나지 않고, 등불을 켜서 밤을 새우며 조금도 자지 않고, 뜰에는 작도斫刀를 벌려놓아 군사들 중에 명령을 따르지 않는 자를 두렵게 하였다. 정종이 나와서 말하기를 "오늘은 몹시 추우니, 군사에게 술을 먹이기를 청합니다" 하니, 이징옥이 말하기를 "좋다" 하였다.

이에 작은 소반을 하나 차려 가지고 정종이 잔을 들어 올리니, 이징옥이 마시려고 하였다. 정종이 곧 돌아보니 읍졸이 일시에 북을 치고 떠들면서 어지럽게 활을 쏘았다. 이징옥이 화살을 맞고 주사廚舍로 달려 들어가니, 읍졸이 쫓아가 죽였다.

— 《단종실록》 1년 10월 27일

이징옥을 배반한 자는 심복인 종성부사 정종이다. 경성에 있던 이징옥이 종성으로 간 것은 예하의 장병에게 자신의 존재를 각인하기 위함이다. 거병의 격문을 띄우고 충성을 약속받았지만, 실제로 병력을 집결하고 진격하는 데 최소한 열흘 이상 필요했을 것이다. 그때까지 경성에서 기다리는 것은 이징옥의 체질과 맞지 않았다. 집결하는 사이에라도 직접 나가 장병들과 함께 참전할 여진족을 위무하고 사기를 올려야 했다. 주력이 남진한 틈을 타 호전적인 여진족이 두만강을 건너올 것에 대비하여 곳곳의 방비 상태를 점검할 필요도 있었다. 그런 목적으로 총사령부를 떠나 예하의 부대를 방문하던 이징옥이 배반당해 죽었다는 것이 과연 사실일까.

거의 모든 반란은 내분으로 자멸하는 수순을 밟으며, 내분의 원인은 패전이다. 처음에는 누구나 승리를 확신하여 용감하게 싸우지만, 일단 정부군에 패하면 사기가 급격히 떨어진다. 반역자로 판결 받아

극형 당하는 것을 면하기 위해서는 수괴의 목을 잘라 투항하기 십상인데, 그때 함길도는 전혀 그렇지 않았다. 함길도의 부대는 명분을 빼고 나면 아무것도 없는 오합지졸이 아니다. 전국 최강으로 자타가 공인하는 그들은 자신들이야말로 진정한 정부군이라고 확신했다. 앞으로 전투에서 승승장구하여 반역자들을 처단하고 역사를 바로 세울 것을 누구도 의심하지 않았다.

전투가 끝나면 승진은 물론, 금은과 비단 등 푸짐한 포상이 따를 것은 불문가지인데, 서전을 치르기도 전에 배반하여 총사령관을 죽인다는 것은 말도 안 된다. 게다가 이행검과 함께 심복 가운데 심복이던 정종이 배반하여 이징옥을 죽였다는 것도 이해하기 어렵다. 상식적으로 생각해도 이징옥은 별도의 친위 부대를 대동했을 것이다. 고르고 골라 뽑은 친위병과 '읍졸'의 수준 차이는 상당했을 텐데, 읍졸들이 친위 부대와 전혀 교전하지 않고 이징옥을 죽이는 것이 가능한가. 이징옥의 죽음은 그야말로 미스터리다.

◈ 영원한 미스터리

한 가지 마음에 걸리는 것은 이징옥이 앓았다는 풍질이다. 풍질 때문에 세종이 어약을 하사했다는 기록이 분명히 남아 있지 않은가. 사전을 보면 풍질은 '중추신경 계통에서 일어나는 현기증, 졸도, 경련 따위의 병증을 통틀어 이르거나 바람이 원인이 되어 생기는 병을 통틀어 이르는 말'이다. 이징옥은 29세에 풍질을 앓았고, 그 때문에 세종이 어약을 하사했다는 것을 대입하면 증상이 그리 가볍지 않았다는 것을 짐작할 수 있다. 이징옥이 거병할 당시 54세인데, 그때까지 풍질을 앓았다고 가정하면 미스터리가 풀릴 것 같다. 아무리 용맹하고 담대한 이징옥이라고 해도 휘하의 병력을 동원하여 조정을 치는 데 부담을 느끼지 않을 수 없다. 그것만 해도 엄청난 스트레스일 텐데, 작전을 세우고 보급을 유지하는 등 실무를 검토하다 보니 거의 수면을 취하지 못했을 개연성이 크다. 휴식을 취하지 못한데다 혹한을 뚫고 예하 부대를 순시하다가 육체적 한계에 도달했는데, 풍질이 뇌관으로 작용하자 마침내 쓰러지고 말았을 것이다.

명령을 내려야 할 이징옥이 죽었거나, 죽지는 않았어도 깨어나지 못한다면 사태가 심각해질 수밖에 없다. 갑론을박이 벌어졌겠지만 어차피 이징옥 없이는 성공하기 어렵다. 이러다가 모두 반역자로 몰려 죽을 수는 없지 않냐고 결단을 내린 사람이 정종이었을 것이다. 너무 공교롭지 않느냐는 반론이 제기될 수 있지만, 역사에는 그런 것이 원인이 되어 처음의 의도와 전혀 다르게 일이 전개되는 사례가 드물지 않다.

황제를 칭하고 반역한 이징옥을 죽였다면 엄청난 공이다. 그러나 실제로 그를 죽인 자가 정확히 나타나지 않고, 반역에 관련되어 처벌당한 자가 얼마 안 된다는 것도 필자의 추정에 무게를 더한다. 도성에 있던 이징옥의 형제가 극형을 당하지 않은 것도 이상하기 짝이 없다. 이징옥의 형 이징석도 대단한 무관이다. 이징석은 파저강 정벌 작전에 원수로 참전했으며, 이후에도 많은 공을 세웠다. 기록을 보면 계유정난에 참여한 공이 있는 것 같지만, 감히 황제를 칭하고 반역한 자의 형제가 무사했다는 것은 도무지 이해할 수 없는 노릇이다. 이는 '황제 이징옥의 난'의 실체를 의심하게 만드는 증거다.

이징옥이 거병하고 의문사를 당한 것은 분명한 사실이다. 그러나 그는 황제를 칭하거나 반역을 도모하지 않았다. 진정한 반역자가 누군지 굳이 지적할 필요도 없겠으나, 문제는 그들의 손에는 붓이 들려 있다는 점이다. 이징옥을 황제로 만든 것은 그들이다. 자신들의 반역을 정당화하기 위해서는 희생양이 필요한데, 이징옥이 안성맞춤이었다. 황제를 칭하고 반역한 이징옥을 제압했다고 하면 자신들의 반역이 희석되는 동시에, 엄청난 공을 세운 것이 된다. 실제로 당시에 일대 소동을 일으킨 것을 감안하면 이징옥이 황제를 칭했다고 해야 자신들이 소동을 벌인 이유가 되었을 것이다. 반역을 뒤엎으려고 거병한 이징옥이 오히려 반역을 정당화하는 도구로 전락하고 '황제병 환자'로 기록되었으니 어찌 기막히지 않겠는가.

　　처음에 이징옥이 반역하였다는 소문이 이르니, 나라가 흉흉하여 말하기를 "이징옥이 북방의 정병을 거느리고 야인과 연결하니, 그 형세가 제어하기 어려울 것이다" 하였다. 세조수양대군가 웃으며 말하기를 "늙은 놈이 감히 미쳐서 반역을 하니, 그 휘하가 사로잡아 죽였을 것이다. 아니라면 내가 마땅히 군사 수십 명을 끌고 가서 그 머리를 베어 대궐 아래에 바칠 것이다" 하였는데, 얼마 아니 되어 관찰사가 이징옥이 복주하였다고 보고하였다. 이에 신료들과 도성 사람들이 모두 말하기를 "참으로 밝기가 만리萬里를 본다" 하였다. 이징옥이 죽으니, 야인들이 그 머리에 활을 쏘며 말하기를 "우리는 장차 수양대장군에게 힘을 다하겠다" 하고, 또 말하기를 "수양대군은 태조의 후신後身이라" 하였다.
　　세조가 정치를 잡은 이후로 어질고 능한 사람을 등용하고, 아첨하고 간사한 자를 물리쳐 모든 것을 바로잡고 백성의 고통을 제거하니, 사방이 화합하여 생업을 편안히 하였다. 여러 사람들이 모두 간당의 족속을 물리치기를 청하니, 세조가 말하기를 "수괴가 제거되었으니 나머지는 물을 것이 없다" 하였다. 이것으로 말미암아 모든 것이 저절로 편안하여져서 나라가 조용하였다.

수양대군이 "늙은 놈이 감히 미쳐서 반역을 하니, 그 휘하가 사로잡아 죽였을 것이다"라고 예언하자 그대로 이루어졌다. 학이 내려와 춤추게 하고 귀신을 꿰뚫어 보는데다, 종주국의 코끼리들까지 놀라 예의를 표하게 만드는 수양대군의 신통력은 과연 대단하기 짝이 없다. 그러나 수양대군의 예언이 나온 때는 이징옥이 죽었다는 보고가 닿은 뒤다. 거기에는 이징옥이 어떻게 죽었는지 정확하게 나타났을 것이다. 정말 내부의 배반자가 이징옥을 죽였다면 굳이 공개하지 않을 이유가 있겠는가. 붓을 잡은 자들이 예언의 형태로 두루뭉수리하게 처리한 것은 공개해선 안 될 이유가 있기 때문이다. 그것이 무엇인지는 정확하게 밝혀지지 않았으나, 애초부터 반역할 의사가 없던 이징옥을 반역하게 만든 것이 누군지 생각해보면 어렵지 않게 답이 나온다.

이징옥이나 사육신의 역 쿠데타가 성공했다면 이후의 역사는 전혀 다른 방향으로 전개되었을 것이며, 실록 또한 제대로 기록되지 않았을까. 역사에 가정은 없다지만 이징옥의 실패는 두고두고 아쉬운 부분이다.

이징옥 반역의 역설

이징옥은 오직 충성심으로 거병했지만, 그의 실패는 반역자들에게 엄청난 이득을 주었다. 당시 정국은 매우 어수선했다. 반역을 일으켜 정권을 잡았지만 수양대군의 정치력이 형편없는데다, 내부에서 반목이 발생했기 때문이다. 반역을 기획·성공한 한명회 일파와 정인지, 신숙주 등 정통 관료가 대립했는데, 수양대군에게는 그들을 조정할 능력이 없었다. 마침 그때 이징옥이 거병하자 반목하던 자들이 일단 협조했으며, 자연스레 수양대군이 집권할 수 있는 계기가 된 것이다. 이징옥의 거병을 '황제를 칭한 반역'으로 침소봉대한 것은 자신들의 정통성을 주장하는 한편, 어수선한 정국을 돌파할 재료로 사용하려 했기 때문이다.

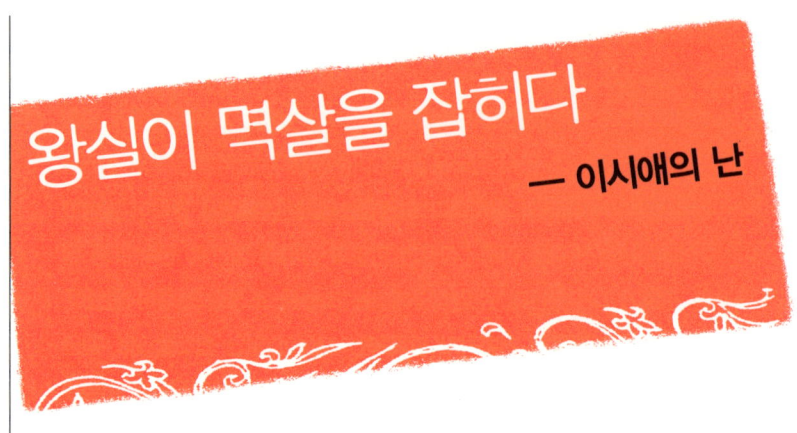

왕실이 멱살을 잡히다 — 이시애의 난

◈ 함길도에서 다시 반역이 불붙다

세조 13년(1467) 5월, 함길도에서 반역이 일어났다. 수양대군이 권력을 잡은 뒤 벌써 세 번째 반역이다. 이시애李施愛가 주도한 이번 반역은 이징옥과 사육신처럼 초기에 실패하거나 미수에 그치지 않았다. 함길도 전체가 석 달이나 반역에 휩싸였고, 동원 가능한 정부군을 모두 투입해 겨우 진압했다. '이시애의 난'이 그때까지 발생한 반역과 다른 점은 규모와 기간 외에도 반역의 원인이 왕실과는 별로 관련이 없다는 것이다. 이전의 반란이 왕좌를 놓고 직접 다투거나 배후 조종에 따른 것에 비해, 이시애의 난은 자생적이며 차별 철폐를 요구했다는 점이 본질적으로 다르다. 이징옥의 난의 연장선상에 있다는 분석도 적지 않으나, 그동안 북방이 부당한 차별을 받은 데 분노가 폭발한 것이다.

북방의 피해 의식은 고려 시대부터 뿌리 깊었다. 중원의 정세가 변하거나 새로운 세력이 발흥할 때마다 보통 10만이 넘는 적이 침범하기 일쑤였으며, 이웃한 손가락처럼 붙어 있는 여진족은 언제나 생존을 위협했다. 북방의 위협을 방어하기 위해서는 그쪽에 부담이 가중될 수밖에 없었다. 그렇지 않아도 척박한 환경에 병력을 차출하고 요새를 구축하며 군수물자를 조달하려니 북방의 백성들은 허리가 휘었다. 북방이 조선의 안전을 지켜준다 해도 과언이 아니지만 조선은 그들을 등용하지 않았다.

북방에 차별을 둔 것은 접적接敵 지역이라는 특수성과 함께, 태생적으로 강한 그들의 잠재력을 경계하기 위한 조치다. 이성계가 그쪽에서 발흥하여 고려를 멸망시킨 것이나 비록 어이없이 실패하기는 했어도 이징옥의 난이 발생한 것은 북방을 경계할 이유로 충분하지 않겠는가. 차별의 대명사 서북인西北人은 함길도 지역에도 적용되었다. 세조는 북방을 더욱 경계하여 그쪽에서 일정 부분 선발하게 되어 있는 군사 지휘관을 자신의 심복으로 임명하여 보냈는데, 그런 조치가 북방의 불만을 부추겼다. 게다가 세조가 그들의 '지방의회' 격인 유향소留鄕所를 감독하고 억누르려 하자, 마침내 폭발 직전에 이르렀다.

이시애는 함길도 길주 출신으로, 대대로 그 지역에 살던 호족의 후예다. 회령부사까지 역임했으니 경력이 만만치 않은데, 모친상을 당해 관직을 사퇴했다가 중앙에서 관리를 파견하는 바람에 복귀가 어려워지자 딴마음을 먹었다. 반역을 일으키는 자들이 대부분 그렇듯 이시애도 두뇌 회전이 빠르고, 이간질과 루머를 퍼뜨리는 데 뛰어난 소질이 있다. 이시애가 "남쪽의 군대가 쳐들어와 함길도의 백성을 몰살하려 한다"고 충동질하자, 그렇지 않아도 폭발 직전이던 함길도는

적개공신장말손상훈교서 ■ 1467년 세조가 이시애의 난을 평정한 공로로 이등 공신 장말손에게 내린 교서. 반란이 잦은 세조 시대에서도 이시애의 난은 유난히 튀어 보인다. 실제로 반란이 구현되었을 뿐만 아니라 반란의 원인이 차별에 따른 반발에 있기 때문인데, 이후의 구도에도 적지 않은 영향을 끼쳤다.

즉각 봉기했다. 유향소를 중심으로 봉기한 백성들이 다른 지역 출신 관리와 지휘관들을 죽였다. 절도사節度使 강효문康孝文과 길주목사 설징신薛澄新 등 고관들은 물론, 함길도관찰사 신면申㴐까지 죽음을 당하기에 이른다. 신면은 세조가 총애하는 신숙주申叔舟의 아들이니 그 충격은 미루어 짐작할 수 있겠다. 게다가 여진족이 개입하자 북방의 풍운은 날로 거세어졌다.

이시애는 조정에까지 루머를 퍼뜨렸다. 한명회와 신숙주가 반역에 동조한다는 루머가 퍼지자, 세조가 크게 놀라 그들을 투옥했다. 그러나 조정이 대군을 파견하여 공략하니 반란은 곧 사그라졌다.

❖ 신임과 포상이 죽음을 부르다

세조는 진압에 공이 큰 자들을 적개공신敵愾功臣으로 포상했는데, 계유정난 당시 정난공신靖難功臣에 이은 두 번째 공신 책봉이다. 적개공신 가운데 특히 주목되는 사람은 이준李浚과 남이다. 두 사람은 젊은데다 열 명뿐인 일등 공신이며, 왕족이라는 공통점이 있다. 또 최연소 영의정과 병조판서를 역임했으며, 비참한 최후를 맞는다는 것도 같다. 이준은 세종의 넷째 아들 임영대군의 차남으로 세조에게는 친조카가 되며, 구성군龜城君의 군호君號를 받았다. 그는 인물이 뛰어나고 체격이 걸출했으며, 세조 12년(1466) 26세로 무과에 장원급제한 인재다. 세조의 신임도 두터워 왕실의 방패로 손색이 없는 인물인데, 이시애의 난을 진압하여 세조의 신임에 확고히 보답했다. 세조도 이준을 영의정으로 삼아 신임을 더욱 공고히 했으며, 이때 이준의 나이가 28세에 불과했다.

태종 이방원의 외증손 남이는 무재武才가 대단하여 세조 3년(1457) 17세로 무과에 장원급제했다. 세조는 남이가 이준과 함께 왕실의 방패가 될 것으로 기대했으며, 이시애의 난은 세조가 두 사람을 중용하는 계기가 되었다. 남이가 반란 진압에 이어 여진족 토벌에 큰 공을 세우자, 세조는 그를 병조판서에 제수했다. 이때 나이가 27세였으니 이준과 남이의 앞날은 창창하다는 것 외에 달리 표현할 길이 없다.

세자와 구성군 이준에게 술을 올리고 일어나 춤을 추게 하며, 기생 아홉 명으로 노래하게 하기를 "누가 대장군인가? 구성군이로다. 누가 천하를 평정하였는가? 구성군이로다. 누가 천하의 인물인가? 구성군이로다. 누가 소자少子인가? 구성군이로다. 누가 대훈大勳: 가장 큰 공인가? 구성군이로다"

하고, 한명회로 술을 올리게 하고, 기생으로 노래하게 하기를 "누가 원훈元勳인가? 한명회로다. 누가 구훈舊勳인가? 한명회로다. 누가 신훈新勳인가? 구성군이로다".

—《세조실록》 14년(1468) 5월 1일

이날 연회를 베풀면서 기생들을 불러 가무를 시켰는데, 세조가 이준을 높이 띄웠다. 심지어 이준을 소자, 즉 작은아들이라 불렀으니 기대가 얼마나 큰지 잘 나타난다. 문제는 한명회에 대한 처우(?)다. 한명회 역시 원훈이라는 존칭을 받기는 했지만 곧 구훈으로 폄훼되는데다, 이준이 신훈으로 불리니 얼마나 불쾌했겠는가. 그렇지 않아도 적개공신에 포함되기는커녕 이시애와 내통했다는 혐의를 받아 투옥까지 당한 한명회로서는 이 일을 그냥 넘기기 어려웠을 것이다. 기생 아홉 명이 똑같은 노래를 불렀다는 것은 세조가 작곡까지는 몰라도 작사를 해줬기 때문에 가능했으리라. 그렇다면 세조가 기생들의 입을 통해 '앞으로 이준 등 신인들을 중심으로 운영하겠다'는 뜻을 밝혔다고 해석해도 과언이 아니다.

한명회뿐 아니라 함께 거사한 정난공신들이 크게 분노했을 것이다. 계유정난의 주역 한명회를 구훈으로 배

남이 장군 비 ■ 남이의 능력은 출중했으며, 세조가 몇 년만 더 살았다면 대단한 업적을 남겼을 것이다. 세조가 죽은 뒤 남이와 구성군 이준이 서로 화합하지 못한 것도 참화를 당한 원인이다. 함남 북청군 소재.

제하겠다는 것은 정난공신들을 배제하겠다는 것과 무엇이 다르겠는가. 세조가 건강이 좋지 않아 후계 구도에 들어가지 않을 수 없는 상황인데다, 이준과 남이를 각각 실세 중의 실세인 영의정과 병조판서에 제수했으니 한명회 일파의 위기감은 더욱 고조되었을 것이다.

세조는 열여덟 살에 불과한 세자가 공신들에게 휘둘릴 것을 우려하여 나름대로 머리를 굴렸지만, 오히려 공신들을 자극하여 남이를 죽이고 이준까지 거세당하는 최악의 결과를 도출했다. 넉 달 뒤 세조가 죽고 예종이 즉위하니, 먼저 남이가 역모에 연루되었다. 예종이 어린 나이로 즉위한 것을 기화로 반역을 일으키려 했다는 누명을 뒤집어쓴 남이는 처참한 고문 끝에 사지가 찢겨 죽은 원귀가 되고 말았다. 한명회 일파는 남이의 모친까지 기막힌 혐의를 걸어 사지를 찢어 죽였다.

> "남이의 어미는 국상 성복成服 전에 고기를 먹었고 그 아들이 대역을 범하였으며, 또 천지간에 용납할 수 없는 죄가 있으니, 청컨대 극형에 처하소서" 하니, 명하여 저자에서 환열轘裂:사지를 찢어 죽임하고, 사흘 동안 효수하게 하였으니, 남이가 증烝:근친상간한 때문이다.
>
> —《예종실록》즉위년(1468) 10월 28일

반역자라 해도 집안의 여자는 죽이지 않는 법이다. 남자는 죽음을 피할 수 없지만 여자는 공신들에게 배분되거나 먼 곳의 노비로 보내 목숨은 살려주는데, 남이의 모친이 무슨 죄가 있다고 참혹하게 죽인단 말인가. 게다가 그 혐의가 아들과 근친상간했다는 것이니, 기막혀 말이 나오지 않는다.

다음 사냥감은 당연히 구성군 이준이다. 예종이 즉위한 지 1년 2개월 만에 세상을 떠나고, 성종이 즉위하자마자 이준이 도마에 올랐다. 이준은 이시애의 반역을 진압하여 적개공신의 일등에 오르고, 남이의 역모를 진압한 공으로 익대공신翊戴功臣의 이등에 올랐는데도 사냥감으로 전락하고 말았다. 이준은 특별한 혐의가 입증되지 않아 목숨은 건졌지만, 모든 권력과 왕족의 권리를 빼앗기고 유배지에서 죽음을 맞아야 했다.

남이와 이준의 사건으로 조선의 지배자가 누구인지 명확해졌다. 조선은 공신들의 나라다. 특히 한명회는 딸을 세자에게 시집보내 세조와 사돈이 되었으며, 공신과 조정의 직제를 초월하여 군림하는 원상院相을 더하여 무소불위의 권력을 누렸다. 한명회 일파는 세조가 어찌할 수 있는 자들이 아니다. 세조가 죽은 다음 예종이 그들의 손아귀에 들어가는 것은 시간문제였다.

❧ 이방원의 손자가 어찌 그리 한심한가

세조는 늘 태종과 비견되지만, 이방원이 알았다면 펄쩍 뛰었을 것이다. 세조는 이방원의 발끝에도 미치기 어렵다. 이방원 같았으면 아이들 학예회처럼 노래를 불러 의사를 표현하는 낯간지러운 방법을 사용하지 않았을 것이다. 처가든 공신이든 사돈이든 왕실에 위협이 된다면 씨를 말리는 것이 이방원의 방식이다. 세조 이후 왕권에 가장 위협이 되는 자는 당연히 한명회일 텐데, 이방원이라면 무슨 핑계를 대서라도 한명회를 제거했을 것이다. 게다가 한명회는 이시애와 내통했다는 혐의가 있지 않은가. 허위와 모함이 분명하다고 해도 왕이 그렇다면 그런 세상이니 제거할 명분으로 충분했으리라. 그러나 세조는 그러지 못했다. 왕권을 보호할 수 있는 좋은 기회를 놓치고 어이없는 행동으로 반격을 자초했으니 개탄할 노릇이다.

이방원과 세조가 결정적으로 다른 것은 능력이다. 왕재를 타고난 이방원은 어떤 위기에서도 상황을 장악하고 이끌어나갔으며, 끝까지 책임을 졌다. 1, 2차 왕자의 난부터 쓰시마 정벌 같은 국제 전쟁까지 주도적으로 시행하지 않았는가. 그런 역량이 있기에 방해가 되는 자들을 거침없이 제거할 수 있었다. 반면 세조는 혼자서 아무것도 할 수 없는 사람이다. 김종서를 죽이고 정권을 찬탈한 것부터 단종을 내쫓아 즉위하고, 사육신의 역 쿠데타를 막아준 것이 모두 한명회 일파의 공이다. 세조는 그들이 아니면 아무것도 할 수 없었다. 귀신을 제압하고 백두산 호랑이를 쳐 죽였으며 명나라에서 극존칭을 받은데다, 이징옥의 죽음을 예언했다는 수양대군이 무엇 때문에 "누가 원훈인가? 한명회로다. 누가 구훈인가? 한명회로다. 누가 신훈인가? 구성군이로다"라는 낯간지러운 노래를 지어 부르게 했을까.

실록에 나타난 세조의 치적도 이방원에 버금갔다는 평가와는 반비례한다. 대부분 민생과는 별로 관련이 없는데다, 불교에 심취했다. 불교는 성리학이 국시가 되고 숭유억불 정책을 추구하는 조선의 노선과 정반대다. 그가 불교에 심취한 것도 세종처럼 철학과 학문적인 측면에서 접근한 것이 아니라, 조카를 몰아내고 무수한 사람을 죽이다 보니 후환이 두려웠기 때문이다. 왕권을 강화하기 위해 거사했고, 실제로 왕권을 강화했다는 것은 자평에 지나지 않는다. 세조는 한명회 일파에게 둘러싸여 자리를 지켰을 뿐, 공신들은 갖은 부정을 저지르고 이권을 챙겼다. 그들이 함부로 남의 재산을 강탈하고 사람을 죽여도 뭐라고 하지 않았으니 나라가 얼마나 어지러웠겠는가. 세조는 그들을 제어하기는커녕 한명회와 사돈을 맺어 날개끼지 달아주었다. 또 말년에 몸을 움직이기 어려워지자 세자에게 국정을 맡기면서 세자를 보좌하라는 명분으로 권신들을 원상으로 삼아 조정을 농단하게 했으니, 단종을 보좌하던 김종서 등 충신을 죽이고 보좌에 오른 명분 자체가 무색해지고 말았다.

또 세조는 제왕으로서 절대 해선 안 될 행동을 했다. 그는 놀랍게도 집현전과 성균관을 폐지하고 대간을 탄압했다. 집현전이 세조의 즉위를 반대했기 때문에 폐지했다고 변명하지만, 세종이 그토록 고심하여 길러낸 최정예 인재들이 정진하는 학문의 산실을 없앤 것은 있을 수 없는 폭거다. 게다가 유생들이 저항할 것이 두려워 성균관을 폐지했으며, 왕의 행동이 적절치 않다고 판단되었을 때 직접 아뢰어 고치도록 하거나 잘못이 있는 대신을 탄핵하는 대간을 탄압했다. 자고로 군자는 학문의 연성에 힘쓰고 아래의 말에 귀 기울이라 했거늘, 학문의 산실을 없애고 쓴 소리를 아뢰는 신료들을 탄압한 것이 소인배를 자인하는 것과 무엇이 다른가. 제 입맛대로 뜯어고친 조정이 제대로 돌아갈 리 만무하다. 분서갱유를 방불케 하는 파행의 결실은 세조를 앞세운 공신들이 넘치도록 거둬들였다.

한명회가 조정을 초월하는 권력을 누리고 예종과 성종을 사위로 맞는 전대미문의 특혜를 넘치도록 수확했지만, 세조는 불교에 귀의하여 자신의 죄를 빌어야 했다. 왕을 바꾼 자들이 무슨 짓을 못 하겠는가. 강한 신하들이 후대에 대물림되어 끼친 해악은 형언하기 어렵다. 세조가 자주적인 군왕이라며 이방원에게 비견되는 것은 아주 잘못된 평가다. 온갖 부정을 저지르는 공신들을 전혀 제어하지 못하고 대물림까지 했어도 그리 나쁘지 않은 평을 받은 것은 세종에게 물려받은 태평성대 덕분이다.

세조가 왕권을 확립하기 위해 자신에게 반대하는 신하들을 가혹하게 탄압하고 대간들을 억압했다지만, 이인삼각으로 묶인 공신들의 이득을 대변한 것에 지나지 않는다. 태종이 터를 닦고 세종이 꽃피운 찬란한 성과를 까먹고 갖은 방식으로 실록을 왜곡한데다, 자신을 신격화하기까지 한 세조가 측은하다.

세조가 왕권을 강화했다?

세조가 거병한 명분은 강한 자가 왕이 되어야 왕실을 보호하고 나라를 바로 세울 수 있다는 것이다. 그러나 세조는 왕실을 보호하지도, 나라를 바로 세우지도 못했다. 단종이 어리지만 김종서 등의 보필을 받으면 몇 년 뒤에는 제 몫을 해낼 수 있을 것이며, 그것을 도와주는 것이 수양대군의 의무였다. 수양의 반역은 치졸한 이기심의 발로에 지나지 않으며, 즉위한 이후의 치적도 형편없다.

가장 문제가 되는 것은 반역의 과정에서 양산된 공신들을 전혀 제어하지 못했다는 점이다. 수양대군의 반역은 태종과 세종의 눈부신 노력을 까먹고 퇴보시킨 사건이다. 태종은 외척의 발호를 경계하여 처가를 몰살하다시피 했으며, 세종의 처가에도 철퇴를 내리쳤다. 이숙번 등 강한 측근까지 서슴없이 제거하여 왕권을 강화했지만, 세조는 전혀 그러지 못했다. 개국공신들의 뒤를 이어 새롭게 파워를 형성한 '반역공신'들은 무소불위의 권력을 휘둘러 왕실을 능멸했으니, 그나마 명분조차 무색해지고 말았다.

재발한 왕 사냥 ─ 중종반정

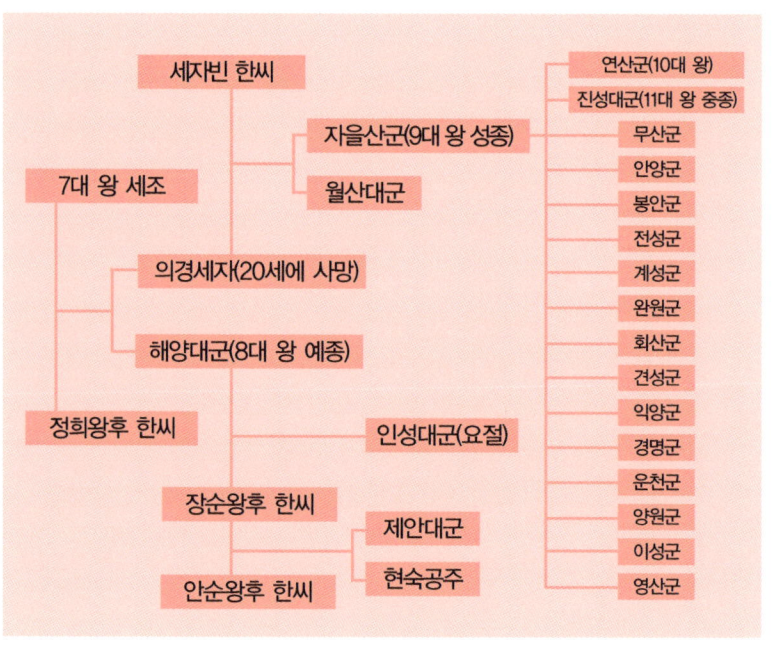

*본래 9대 왕은 예종의 아들 제안대군齊安大君이 되어야 했는데, 어리다는 이유로 의경세자懿敬世子의 아들 자을산군者乙山君이 보위를 잇는다. 월산대군月山大君은 자을산군의 형이지만 정치적인 이유로 밀려났다.

◈ 성종의 실책

연산군燕山君 12년(1506) 9월 1일 늦은 밤, 반란군이 창덕궁 앞에 포진했다. 죽음으로 궁을 지켜야 할 금군禁軍과 위사들은 물론, 왕과 가장 가까이 있어야 할 내관들마저 연산군을 버리고 달아났다. 반역자들은 거침없이 창덕궁으로 진입하여 연산군을 끌어냈다. 반란군에게 이끌려 몽유병이라도 걸린 것처럼 흐느적거리는 걸음으로 침전을 나선 연산군에게서는 필설로 형언하기 어려운 악행을 일삼던 폭군의 모습은 보이지 않았다. 절정의 권력에서 한갓 포획물로 전락한 연산군을 기다리는 것은 폭군이라는 칭호와 서른 살 짧은 생애의 종지부였다. 강화도에 유배된 연산군은 그 해를 넘기지 못하고 숨이 끊겼다. 조선의 왕 가운데 가장 강한 권력을 휘두르던 연산군의 말로는 믿을 수 없을 정도로 무기력하고 비참했다. 신하들 때문에 강제로 폐위된 연산군은 묘호도 받지 못하고 군君으로 추락했으며, 치적을 기록한 실록도 일기로 격하되는 등 수모를 감내해야 했지만, 자업자득의 원금과 이자가 청구된 결과일 뿐이다.

반역의 원인을 제공한 연산군을 이해하기 위해서는 성종부터 알고 넘어가야 한다. 연산군의 부친 성종은 최악의 군왕으로 평가받는 아들과는 전혀 달랐다. 성종은 세종보다 나으면 나았지 전혀 모자람이

연산군 묘 ■ 서울시 도봉구 방학동 산 77번지에 있는 연산군과 부인 거창 신씨의 묘다. 다른 왕들의 묘인 능에 비하면 너무나 초라하다. 절대 왕권을 휘두르다 중종반정中宗反正을 당해 쫓겨난 후 왕으로서 모든 예우를 박탈당했기 때문이다.

없는 불세출의 제왕이다. 세종은 상왕으로 물러난 태종이 든든하게 지원해주었으며, 조선 역사를 통틀어 보기 드문 충신과 유능한 신료들의 보좌를 받았지만, 성종은 정반대의 환경이었다. 요절한 예종의 뒤를 이어 9대 왕으로 즉위했을 때 성종은 불과 열두 살이었다. 당시는 훈구파로 통칭되는 공신 세력이 조정을 완전히 장악한 뒤로, 성종도 그 대표 주자인 한명회의 딸을 아내로 맞아야 했으니 더 나쁠 수 없는 환경이었다.

본래대로 한다면 성종은 왕이 되기 어려웠다. 비록 어리지만 예종의 외아들 제안대군에게 보위가 돌아가는 것이 당연했다. 정치적인 이유로 자을산군의 부친 의경세자뒷날 덕종으로 추존 계열로 후사가 이어진다고 해도 친형 월산대군이 있었기 때문에 후계 경쟁에서 승리할 가능성은 거의 없었다. 그러나 정난공신과 좌익공신, 익대공신, 좌리공신의 일등에 책봉되어 전무후무한 '일등 공신 4관왕'에 오르고, 조정을 초월하는 원상이 되어 국정을 좌지우지하던 한명회의 욕심은 끝이 없었다. 사위 자을산군이 왕이 되기를 원하는 한명회와 왕권의 약화를 우려한 정희왕후의 이해가 맞아떨어졌다. 한명회가 예종을 사위로 삼아 세조와 사돈이 된 것은 후계까지 장악하기 위함이다. 큰딸 장순왕후가 죽고 인성대군까지 요절했지만, 한명회의 야망은 꺾이지 않았다. 한명회는 작은사위 자을산군을 왕으로 만들어 후계를 장악하려는 야심을 기필코 이루려 했다. 한명회와 겨뤄 이길 자신이 없던 정희왕후는 수렴청정을 기본으로, 제안대군과 월산대군의 안전 보장을 옵션으로 하는 조건을 제시하여 한명회와 타협했다.

타의에 따라 왕이 되었지만 성종의 왕재는 눈부셨다. 정희왕후는 사심 없고 유능한 수렴청정을 통해 힘을 실어주었으며, 성종은 부단히 노력하여 왕재를 이뤄갔다. 즉위 7년, 스무 살이 되어 수렴청정이 끝나고 친정親政이 시작되자 상황이 일변했다. 성종은 한명회를 위시한 훈구파를 제거하지 못했지만, 그들에게 휘둘리지도 않았다. 성종은 원상이라는 직함으로 왕권을 좌지우지하려 드는 훈구파를 본래 위치로 돌려보냈다. 훈구파의 간섭을 배제하고 자신의 능력을 발휘한 성종은 놀라운 성과를 거뒀다. 법제의 기틀이 되는《경국대전經國大典》을 편찬했으며, 세종 이래 숙원이던 북방육진을 완성했다. 그 외에도 일일이 거론하기 어려울 정도로 뛰어난 업적이 많은데, 왕이 될 때의 환경을 감안하면 참으로 경탄스럽다.

성종이 '이룰 성成'의 묘호를 받은 것이 조금도 이상하지 않다. 태조와 태종은 왕조를 개창한 의미고, 세종과 세조는 각각 종과 조를

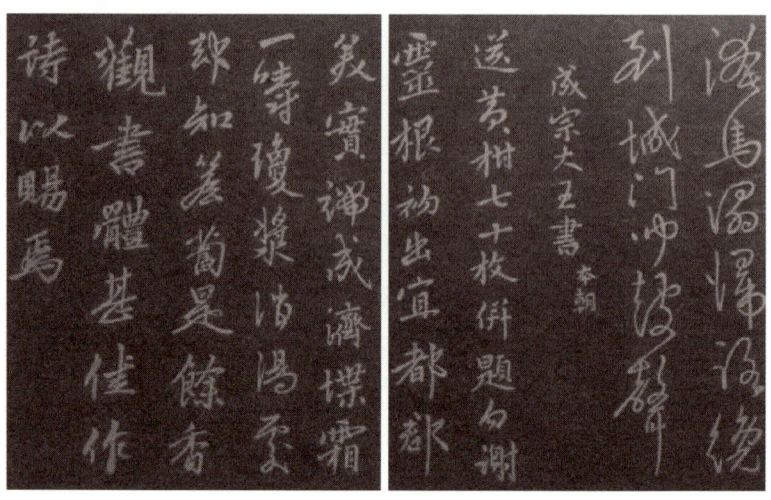

성종의 글씨 ■ 단아하고 수려하며 물 흐르듯 자연스러운 필체에서 성종의 성품이 그대로 느껴지는 것 같다. 성종이 올바로 치세한 데는 할머니 정희왕후의 도움이 컸다. 옥산서원 소장 《해동명적海東名蹟》에서.

세습했다는 뜻이니, 성의 묘호를 받은 것은 그만큼 업적이 대단하며 조선을 국가답게 만든 것에 대한 보답이다. 물론 세조가 망친 나라를 다시 세종 시대의 태평성대로 만든 성종도 실책이 없지 않다. 성종의 치명적인 실책은 연산군을 세자로 책봉한 것과, 능력에 비해 지나치게 빨리 죽었다는 것이다.

> 왕연산군이 오랫동안 스승 곁에 있었고 나이 또한 장성했는데도 문리文理를 통하지 못했다. 하루는 성종이 시험 삼아 서무庶務를 재결裁決시켰으나 혼암하여 분간하지 못하므로 성종이 꾸짖기를 '생각해보라, 네가 어떤 몸인가. 어찌 다른 왕자들과 같이 노는 데만 힘을 쓰고 학문에는 뜻이 없어 이같이 어리석고 어두우냐' 하였는데, 왕이 이 때문에 부왕父王 뵙기를 꺼려 불러도 아프다고 핑계하고 가지 않은 적이 많다.

하루는 성종이 소혜왕후덕종으로 추존된 의경세자의 세자빈 한씨에게 술을 올리면서 세자를 불렀으나 또한 병을 칭탁하고, 누차 재촉해도 끝내 오지 않으므로, 성종이 나인內人:궁녀을 보내어 살피게 하였더니, 병이 없으면서 이르기를 '병이 없다고 아뢰면 뒷날 너를 마땅히 죽이겠다' 하매, 나인은 두려워서 돌아와 병이 있다고 아뢰었다. 성종은 속으로 알고 마음에 언짢게 여기며 그만두었다. 이때부터 (세자를) 폐하고 싶은 마음이 많았으나 금상今上이 아직 어리고, 다른 적자가 없으며, 왕이 어리고 약하여 의지할 곳이 없음을 불쌍히 여겨 차마 못하였다.

―《연산군일기》 12년(1506) 9월 2일

중종반정이 일어난 직후의 실록은 성종이 연산군을 세자에서 폐하려는 뜻이 있었다고 기록되었다. 반정으로 연산군을 몰아냈으니 반란의 대의명분을 갖추기 위함이며 결과론적인 기록이라 할 텐데, 이렇게 될 것을 짐작했다면 성종은 분명 연산군을 폐했을 터였다.

연산군이 10대 왕으로 즉위하자 대신들은 찬바람을 삼켰다. 그들이 공포를 느낀 것은 연산군의 모친 윤씨 때문이다. 윤씨는 본래 후궁이지만, 한명회의 딸 공혜왕후가 일찍 죽은 다음 성종의 총애를 얻는 바람에 일약 왕비가 되는 행운을 잡았다. 공혜왕후의 죽음은 성종이 한명회의 영향에서 완전히 벗어나는 계기가 되었지만, 연산군을 탄생시키는 아주 부정적인 결과를 낳기도 했다. 조선 최초로 후궁 출신의 왕비가 된 윤씨는 연산군을 낳아 기대에 부응했으나 투기와 시샘이 지나쳤다. 윤씨와 후궁들이 다투다가 심지어 서로 죽이려고 하자 성종의 모친 인수대비仁粹大妃:의경세자의 세자빈 소혜왕후의 눈 밖에 났다. 처음에는 성종이 감싸주었지만 총애가 다른 후궁들에게 옮겨가자 윤씨의 질투가 극에 달했다. 윤씨의 투기가 참을 수 없을 지경에 이르자, 성종은 윤씨를 평민 이하로 강등하여 궁궐에서 쫓아냈다.

> (늦은 밤에 느닷없이 대신들을 소집한 성종이) 좌우를 돌아보고 일러 말하기를 "중전의 일을 여러 경들에게 말하는 것은 진실로 부끄러운 일이라 하겠다. 그러나 일이 매우 중대하므로 말하지 않을 수가 없다. ……예전에 중전의 잘못이 심히 커서 일찍이 이를 폐하고자 하였으나, 경들이 모두 불가하다고 말하였고, 나도 뉘우쳐 깨닫기를 바랐는데, 지금까지도 오히려 고치지 아니하고, 혹은 나를 능멸하는 데까지 이르렀다. 이것은 비록 내가 집안을 다스리지 못한 소치지마는, 국가의 대계大計를 위해서 어찌 중전에게 종묘를 받드는 중임重任을 맡길 수 있겠는가. ……중전의 잘못이 한두 가지가 아니니, 일찍 도모하지 않았다가 뒷날 큰일이 있다고 하면 후회해도 미치지 못할 것이다. 예법에 칠거지악이 있으나, 중전의 경우는 '자식이 없으면 버린다無子去'는 것은 아니다" 하고, 드디어 '말이 많으면 버린다多言去, 순종하지 아니하면 버린다不順去, 질투를 하면 버린다妬去'는 말을 외우고, 이어 이르기를 "이제 마땅히 폐하여 서인庶人을 만들겠는데, 경들은 어떻게 여기는가".

―《성종실록》10년(1479) 6월 2일

성종이 윤씨를 폐하는 직접적 원인은 세간에 알려진 것처럼 윤씨가 성종의 얼굴을 할퀴어 상처를 냈기 때문이 아니다. 실제로 그랬다면 실록에 반드시 나타나야 할 텐데 전혀 그런 내용이 없으며, 대신들 가운데 누구도 그런 내용을 언급하지 않았다. 그때 성종이 칠거지악을 운운했지만 원인은 다른 데 있다.

지금 중전의 행위는 길게 말하기 어려울 지경이다. 대궐에 시첩侍妾:후궁의 방이 있는 것은 굳이 말하지 않아도 알 것이다. 일전에 내가 마침 어떤 후궁의 방에 갔는데 중전이 아무 연고도 없이 들어왔으니, 중전의 행위가 어찌 마땅하다고 할 수 있겠는가.

놀랍게도 성종이 다른 후궁을 찾아 사랑을 나누는데 윤씨가 들이닥쳤다. 그때의 상식으로는 상상하기조차 어려운 일인데, 윤씨가 성종의 행방을 알아내는 과정에서 온갖 패악을 부렸을 테니 성종의 체면이 어찌 되었겠는가. 성종의 얼굴을 할퀸 것은 아니지만, 결코 그에 못지않은 실책을 저질렀으니 무사하기를 바라는 게 어불성설이다. 폐출의 원인은 윤씨가 자초한 것이다. 오죽했으면 실록에 성종이 윤씨의 뺨을 때렸다는 내용이 나올 지경이다.

한명회를 위시한 대신들은 윤씨의 폐출에 반대했다. 그들도 윤씨가 마땅치 않았겠지만, 윤씨의 소생 연산군이 원자元子로 봉해진 다음이었기에 후환이 걱정이다. 대신들이 연산군을 봐서라도 폐출은 부당하다고 반대했으나 성종의 뜻은 확고했다. 윤씨는 그날로 보따리를 싸야 했지만, 그것으로 끝이 아니었다. 윤씨가 폐출당한 지 3년째 되는 성종 13년(1482) 8월에 성종이 윤씨의 행실을 알아보기 위해 궁인宮人들을 보냈다. 연산군의 생모인 만큼 최소한의 품위는 유지하게 해줘야 하지 않겠느냐는 여론이 형성되었기 때문이다. 그러나 윤씨가 아들이 즉위할 날만 손꼽아 기다리며 날마다 화장을 짙게 하고 여흥을 즐긴다는 궁인들의 보고에 성종의 분노가 폭발했다. 성종은 좋은 집과 두둑한 생활비 대신 사약을 보내는 것으로 자신의 뜻을 밝혔다.

❖ 연산군, 등장하다

1494년, 성종이 서른일곱 젊은 나이에 죽음을 맞았다. 성종의 죽음은 필연적으로 연산군의 즉위를 대동했다. 연산군은 열아홉 살이었기 때문에 수렴청정이 필요치 않았다. 실록은 연산군은 머리가 모자라고 게으르며 음흉하고 간악하며 비열하다는 등 나쁜 것은 모두 갖췄다고 기록하지만, 반역자들이 있는 그대로 기록할 리 만무하다. 그때 연산군은 성종처럼 특출하지는 않았어도 정상 범주에 있는 것은 분명했다. 그러나 언제 윤씨의 복수를 하겠다고 나설지 알 수 없었기에 신하들로서는 불안했을 것이다. 윤씨가 폐출되고 사약을 받을 때 성종이 비밀로 하라고 엄명했지만, 세상에 비밀은 없는 법. 마침내 비밀이 드러난 것은 연산군이 즉위한 지 넉 달이 채 되지 않을 무렵이다.

> 왕이 성종의 묘지문墓誌文을 보고 승정원에 전교하기를 "판봉상시사判奉常寺事 윤기무尹起畝란 이는 어떤 사람이냐? 혹시 영돈녕領敦寧 윤호尹壕를 잘못 쓴 것이 아니냐?" 하매, 승지들이 아뢰기를 "윤기무는 폐비 윤씨의 아버지인데, 윤씨가 왕비로 책봉되기 전에 죽었습니다" 하였다. 왕이 비로소 윤씨가 죄로 폐위되어 죽은 줄 알고, 수라를 들지 않았다.
> ―《연산군일기》 1년(1495) 3월 16일

연산군이 자신의 생모가 폐비되어 사약을 받았다는 사실을 안 것은 경악할 만한 일인데, 실록은 너무 짧게 기록하고 있다. 더 이상한 것은 아무런 조치가 없었다는 점이다. 성종의 삼년상이 시작된 지 얼마 지나지 않은 시점이라 보복을 하기에 부적당했다는 점과, 아직 왕으로서 파워가 형성되기 전이라 뒷날을 기약했으리라는 점 등을 생각할 수 있다. 그러나 연산군이 잔혹하고 무도하기 이를 데 없다는 실록의 평가가 무색해지는 대목이다.

당대의 대표적 간신으로 지목된 임사홍任士洪이 고자질했다거나, 윤씨의 모친이 외손자 연산군이 방문했을 때 윤씨가 피를 토한 금삼錦衫을 보여주며 충동질했다는 것은 믿기 어렵다. 임사홍이 연산군을 이용하여 권세를 누린 것은 사실이나, 임사홍만 그런 것은 아니다. 윤씨 모친의 경우 개연성이 상당하지만, 연산군이 사실을 인지하고 확인하는 과정에서 자신이 목격한 것을 밝혔을 확률이 높다. 중요한 것은 연산군이 언젠가는 비밀을 알리라는 것과 함께, 그 경우 발생할 파괴력이 상상하기 어려울 것이라는 점이다. 그런데 연산군은 예상 외로 즉위 3년에 이르도록 보복을 입에 담지 않았다. 폐비 윤씨의 무덤을 보수하고 사당을 세워준 정도다. 예법에 어긋난다며 반대하는 자들이 있었지만, 자식으로서 의무를 하는 것이기에 반대를 누를 명분이 되었다. 이때의 연산군은 '잔인무도한 폭군'과 거리가 멀다.

> 승정원에 전교하기를 "옛말에 '나를 사랑하면 임금이요, 나를 학대하면 원수다' 하고, '원망은 큰 데 있지 않다. 무서워할 것은 백성이 아닌가' 하고, '백성은 나라의 근본이니, 근본이 굳건해야 나라가 편안하다' 하였다. 우리나라 제도는 백성을 부역시키는 것이 1년에 6일에 지나지 않지만 지방의 수령들이 너무 중하게 백성을 부역시켜서 원망을 일으키게 하는 것이 아닌가. 근일 재변이 있기 때문에 구언하고 형벌을 삼가는 전지傳旨를 내렸으나, 또 민원이 있을까 염려되니 이 뜻으로 팔도에 효유하라".
> ─《연산군일기》 1년(1495) 11월 24일

팔도의 관찰사에게 유시諭示하기를 "백성은 나라의 근본이니, 근본이 굳건해야 나라가 안정되는 것인데, 근본을 굳건히 하는 도는 그 요결이 후하게 하고 곤고하지 않게 함에 있다. 지금 내가 새로 대업을 계승하며 매양 백성들의 고난을 생각하니, 언제나 나 때문인가 하는 마음 간절하다. 다만 염려되는 것은 허다한 군읍의 수령을 다 사람다운 사람으로 얻지 못한 것이니, 백성을 일 시킬 때 어찌 징발이 고르지 못하거나 일 시키는 기간이 오래여서, 우리 백성으로 하여금 뜻밖의 춥고 더운 고통을 당하게 하는 일이 없을 것인가. 한 사람이 제자리를 잃어도 화기和氣를 상하고 재앙을 불러일으킬 수 있으니, 경은 나의 지극한 마음을 잘 체득하여 백성을 기르는 관리로 하여금 모두 자식을 사랑하여 어루만지는 것 같은 생각을 가지게 해서, 민간에 근심하고 탄식하는 소리가 없게 하라".

―《연산군일기》1년 11월 25일

승정원에 글을 내려 이르기를 "내가 박덕한 몸으로 대업을 이어받았으니, 마음이 항상 송구하여 마치 범의 꼬리를 밟는 듯하고, 봄 얼음을 건너는 듯하다. 그러나 수년 이래로 자연의 혜택이 고르지 못하고 재변이 자주 나타나니, 이는 다 형정刑政의 실수로 원망과 격분을 산 소치이므로, 밤이나 낮이나 염려에 싸여 편안히 있을 수가 없다. 무릇 모든 관리들은 형옥刑獄을 살펴서, 원통함과 억울함이 없게 하여 내가 하늘의 견책에 보답하는 데 부응되게 하라. 이 뜻으로 의정부에 전지를 내리도록 하라".

―《연산군일기》2년(1496) 윤3월 30일

연산군의 뜻은 간단명료하다. 그의 뜻은 백성이 어렵거나 굶주리지 않도록 잘 보살피고, 억울하게 형벌을 당하는 일이 없게 하려는

데 있다. 일일이 소개할 수 없지만 종전에 실시된 법령의 허점을 명쾌하게 해석하거나, 불교의 지나친 탄압을 경계하는 등 조치를 취한 것을 보면 연산군은 분명 범상치 않은 자질을 갖췄다. 초기의 연산군은 실록에 기록된 폭군의 모습과 전혀 다르다. 오히려 평균 이상의 자질을 보이며, 명군明君의 편린마저 비친다.

연산군 초기에 주목할 것은 대간과 충돌한 부분이다. 어느 집단이나 지도자가 바뀌면 '주도권 다툼'이 벌어지게 마련인데, 성종이 길러놓은 대간이 연산군과 맞섰다. 정치권을 주도하는 세력으로 성장한 대간들의 입장에서는 연산군을 길들일 필요를 느꼈을 것이다. 게다가 연산군은 폐비 윤씨의 아들이 아닌가. 앞으로 행보가 수월하려면 처음부터 기선을 제압하고 들어가야 한다는 공감대가 형성되었으리라는 것은 어렵지 않게 짐작할 수 있다.

머지않아 포문이 열렸다. 연산군이 성종을 위해 유서 깊은 사찰에서 수륙재水陸齋:불교 의식 가운데 음식을 수중과 육상에 뿌려 외로운 혼령이나 아귀들에게 베풂으로써 고뇌를 제거하게 한다는 법회를 지내겠다는 의견을 표명하자, 대간을 구성하는 사헌부와 사간원, 홍문관이 한목소리로 반대했다. 선왕과 대비들이 불교를 숭상한 사례가 있기는 해도 조선의 기본 정책이 숭유억불인데, 어찌 성종의 삼년상 기간에 불교 의식을 행할 수 있겠는가. 연산군의 주장에 따라 수륙재를 지내고 앞으로도 계속 거행하게 한다면 불교를 탄압할 명분이 희석되는데다, 기선을 제압당하는 모양새가 되기 때문에 대간들이 반대한 것은 지극히 당연하다. 사헌부와 사간원이 직접 반대했으며, 수륙재 거행에 따른 공문서를 작성하라는 영을 받은 홍문관은 놀랍게도 어명을 거부한다. 연산군의 친할머니로 왕실의 가장 어른인 인수대비가 수륙재에 그리 반대하지 않았으며, 대간을 탐탁지 않게 여기던 원로대신들이 연산군을 옹호했지만 대간은 물러설 태세가 아니었다.

그러나 수륙재는 충돌의 결정적 이슈가 아니다. 조선이 건국되었다고 해서 500년 가까이 고려의 국교로 자리매김한 불교가 일시에 사라지지 않았다. 조선의 기본 정책이 숭유억불이지만 왕실에서는 대대로 불교를 숭상해왔다. 무학대사가 조선의 건국을 도운 것은 잘 알려진 사실이며, 이방원이 반역하여 신덕왕후 소생의 세자 방석을 죽이고 권력을 찬탈했을 때 이성계는 경순공주를 구하기 위해 비구니로 만들지 않았는가. 정종과 태종도 불심이 깊었다. 세종이 편찬한 《월인천강지곡月印千江之曲》은 찬불가고, 왕비 소헌왕후가 돌아갔을 때 불경의 정수를 한글로 작성한 《석보상절釋譜詳節》로 명복을 빌었을 정도다. 왕과 왕비들은 내전에 불당을 모셨고, 잔혹한 세조도 불심이 깊었으며, 바로 앞의 성종 시대에도 정희왕후를 위시한 대비들 역시 그랬으니 수륙재를 행하는 것 자체는 그리 큰 이슈라고 하기 어려웠다. 수륙재는 연산군과 대간들이 격돌하는 '파워 게임'의 효시였을 따름이다.

대간은 성종의 묘호를 정할 때도 반대했다. 연산군이 성成을 사용할 것을 주장한 데 비해 대간은 인仁으로 해야 한다고 맞섰다. 언뜻 보기에도 성과 인은 많이 다르다. 연산군이 성의 묘호를 주장한 것은 부왕의 권위를 높임으로써 자신에게 이어진 후계 구도가 아무런 하자가 없다는 것을 강조하려는 의도가 있었을 것이다. 그리고 대간들의 반대를 확대해석 하면 연산군의 모친이 폐비 윤씨라는 것을 은연중에 상기하여 정통성에 문제를 제기하려는 의도가 포함되었을 수도 있다. 여하튼 주도권 싸움이 벌어진 이상 양보나 후퇴는 있을 수 없다. 연산군이 자신의 뜻을 관철시키려고 하자 대간은 사직서를 제출하는 것으로 맞섰다. '묘호 사건'은 계속 확대되어 성균관의 유생들까지 연산군의 뜻을 반대하는 상소를 올리기에 이르렀다. 이때 연산군은 사건에 연루된 유생들을 모두 하옥한 다음 주모자는 유배하고, 가담한 강도가 심한 자들은 과거 응시 자격을 박탈하는 등 중한 처벌을 내렸다.

연산군과 대간은 이후에도 사사건건 충돌했다. 대간이 계속 사직서를 제출하는 승부수를 띄우자 연산군도 파직으로 응수했으며, 심지어 사헌부의 대간들을 의금부에 하옥하고 전원 교체함으로써 자신의 뜻을 명확히 밝혔다. 그러자 신료들 사이에서 연산군과 성종은 전혀 다르다는 여론이 형성되기 시작했다. 연산군은 확실히 대간의 의견을 존중하고 가급적 그들의 뜻에 따른 성종과 달랐다. 대간을 탄압하면서까지 자신의 뜻을 관철시키는 연산군의 모습은 충분히 우려할 만했다.

그러나 대간이 반드시 잘했다고 할 수는 없다. 대간에게 탄핵과 직간直諫의 권한이 부여되고, 대신이라 해도 함부로 건드릴 수 없도록 한 것은 어디까지나 왕을 잘 보좌하기 위한 장치다. 군주국 조선에서는 균형을 잡기 위해 반드시 필요한 추가 대간인데, 문제는 대간 자체가 강력한 파워를 가졌다는 점이다. 성종이 대간을 우대하고 힘을 실어준 것은 기본적으로 정통 관료인 그들과 협조해야 했기 때문이지만, 대간을 이용하여 공신들을 제어하려는 의도가 강했다. 성종의 비호를 받은 대간은 대신들을 견제하고 왕에게 직간하는 본래의 용도를 넘어서 왕까지 좌지우지하려 들었다. 자신들의 의도가 관철되지 않으면 전원 사퇴라는 초강수를 남발하던 대간은 성종도 어쩔 수 없을 정도로 파워가 막강했다.

　사헌부와 사간원, 홍문관의 기본 방침은 동일하지만, 각자 입지를 강화하기 위해 치열하게 경쟁했다. 작은 건수만 생겨도 서로 물고 늘어지려 기를 쓰는 판에 애초의 취지가 무색해졌다. 게다가 대간도 임기가 만료되면 '전관예우'를 받으며 중앙에 진입하여 후배를 밀어주게 마련이다. 대간의 압박을 당하던 연산군과 대신들이 대간의 순기능보다는 역기능에 주목한 것은 당연한 결과로 보인다. 연산군은 자신들을 위해 움직이는 대간들에 대한 혐오감을 굳이 감추지 않았다. 특히 강압적으로 통치한 세조 시대에는 끽소리 못하다가 성종 때가 되니 기세등등하여 할 말 못 할 말 가리지 않는 대간들의 행태가 좋아 보였을 리 없다. 연산군이 대간들의 주청과 반대에 정면으로 맞서고, 왕권에 도전한 것으로 간주한 것은 그들에게 휘둘리지 않으려는 의지의 표명이다.

◈ 최초의 충돌

　　　　　　　　　마침내 큰 사건이 터졌다. 무오사화戊午史禍가 일어난 것은 연산군 4년(1498) 7월이다. 실록의 자료를 수집하고 기록하는 실록청의 책임자 이극돈李克墩이 급히 들어와 아뢰었는데, 내용이 심상치 않았다. 이극돈이 급히 아뢴 것은 당시 세조에 대한 실록을 작성하던 김일손金馹孫이 숙부에게 왕위를 빼앗기고 목숨마저 잃은 단종에게 매우 동정적인 시각을 보였기 때문이다. 그런 심정은 대부분 공감하지만 절대 입 밖에 내선 안 될 성격이기 때문에 실록에 기록된다는 것은 보통 일이 아니다. 게다가 김일손은 스승 김종직金宗直이 지은 조의제문弔義帝文을 함께 실었는데, 이는 중국의 고사故事를 들어 단종을 애도하고 세조를 준열하게 비판하는 내용이다.

이극돈의 보고를 받은 연산군이 대노했다. 연산군은 김일손을 위시하여 직접 관련된 신료들을 참형에 처하고, 죽은 김종직을 무덤에서 파내 목을 치는 부관참시剖棺斬屍에 처했다. 또 알리지 않았거나 간접 혐의가 있는 자들을 유배와 곤장으로 다스렸다. 연산군의 처벌이 지나친 감이 있지만, '김일손 사건'은 세조를 포함한 이후의 정통성을 근본적으로 부정하는 중대한 사안이기 때문에 연산군에게만 뭐라 할 일은 아니다. 무오사화를 다른 사화士禍와 달리 사화史禍라고 표현하는 것은 단종을 정통으로 인식하는 신료들과 벌인 공방전이기 때문인데, 내막과 후폭풍은 그리 간단치 않다.

본래 실록의 편찬은 담당관 외에는 누구도 관여하지 못하게 되어 있어서 정상적이라면 세조에게 지극히 부정적인 시각으로 실록이 편찬되어야 했다. 그런데 김일손을 못마땅하게 여기던 이극돈이 유자광柳子光과 상의하자 사단이 벌어진 것이다. 유자광은 서자 출신으로, 문신은커녕 갑사에 지나지 않던 자다. 궁궐의 문을 경비하던 유자광은 이시애의 난이 일어나자 출전을 자원하여 세조의 신임을 얻었으며, 예종이 즉위했을 때는 남이를 고발하여 익대공신 일등을 받고 무령군武靈君에 봉해졌다. 한명회 일파를 1세대 훈구파로 규정하면 유자광은 1.5세대쯤 되는데, 그런 자들이 대부분 그렇듯 아주 음험하고 탐욕스러웠다. 게다가 유자광은 성종 시절에 한명회를 직접 노리고 탄핵한 대담함까지 갖췄다. 그런 유자광이 김일손을 노린 것은 스승 김종직에 대한 개인적인 원한도 있지만, 사림 출신의 정통 관료를 경원하는 연산군의 심중을 읽었기 때문이다. 성종 시절에 훈구파의 대표 한명회를 탄핵한 것과 목적은 같은데, 이번에는 표적이 과거와 정반대 방향에 있다는 점이 다를 뿐이다.

연산군은 유자광의 상소가 있자마자 기다렸다는 듯 칼을 휘둘렀다. 김일손을 위시하여 직접 피해를 당한 신료들은 대부분 대간과 가깝거나 앞으로 대간이 될 인재들이다. 연산군은 무오사화를 통해 대간에게 강력한 카운터펀치를 날렸으며, 계속 도전하면 어떻게 될지 분명히 경고했다. 무오사화는 아직 젊고 미숙한 연산군이 힘을 얻는 계기가 되고 왕권을 강화할 수 있다는 자신감을 심어주었을지 모르지만, 조선에 극히 부정적인 영향을 끼쳤다.

조선을 이끄는 주체는 과거를 통해 선발되고 능력이 검증된 관료 아닌가. 김종직은 고려 때부터 맥을 잇는 정통 사림의 원조라고 할 수 있는 인물이며, 그가 가르친 제자들이 상당수 조정에 포진했다. 당시 유능하고 미래가 있는 관료들은 모두 김종직의 문하라고 해도 과언이 아니다. '김종직 사단'의 시조를 무덤에서 파내 다시 한 번 죽이고 제자들 가운데 선두 주자들을 몰락시키고 말았으니 어찌 후환이 없겠는가. 연산군은 무오사화를 통해 루비콘 강을 건넜다고 해도 틀린 표현이 아니다.

조선의 미래를 책임질 관료들이 무오사화를 통해 철퇴를 맞은 데 비해, 이득을 본 것은 유자광을 위시한 몇몇 훈구파밖에 없으니 개탄할 노릇이다. 실록이 연산군에게 극히 비판적인 필치를 보인 것은 무오사화와 관련이 깊다.

◈ 폭군이 되다

이후 연산군은 정도正道에서 이탈하는 조짐을 보였다. 유자광을 계속 감싸고돌았으며 사치를 일삼았는데, 특히 사냥을 좋아하여 대궐에서 사냥개를 길렀을 정도다. 개를 대궐에서 기르다 보니 황당한 일이 많았다. 하루를 시작하려면 임금에게 문안을 드려야 할 텐데, 도열한 대신들 사이로 개가 컹컹 짖으며 돌아다녔으니 어찌 말세가 아니겠는가. 더욱 놀라운 것은 대간이 별로 간여하지 않았다는 점이다. 성종 시절에는 사냥을 다니는 것도 제왕의 도리에 어긋나니 절대 안 된다고 핏대를 세우던 대간들이 아예 입을 다물었다. 전혀 반대가 없는 것은 아니지만 면피에도 못 미치는 수준이었으며, 나중에는 의정부의 대신들이 보다 못해 건의했을 지경이다. 연산군의 파워가 마침내 대간을 누른 것으로 파악할 수 있겠다.

> 왕이 성준成俊과 이세좌李世佐에게 묻기를 "의정부와 육조의 진연進宴과 양로연養老宴을 일시에 거행하고 사냥 역시 거행하려 하는데, 대간이 지진이 있었다고 정지하려 하나 지진은 없던 해가 없으니, 어찌 이 때문에 정지하겠느냐. 대간의 말은 사체를 알지 못한 것이다" 하니, 성준 등이 아뢰기를 "정부의 진연과 양로연을 일시에 행하는 것은 무방하오며, 사냥하는 일도 대간이 일을 모르고 말한 것이니 따를 수 없습니다" 하였다.
>
> 이때 왕이 혼암昏暗 패려悖戾하지는 않았는데, 성준 등이 나랏일을 맡은 대신으로서 아첨하고 기쁘게 하며 뜻을 맞추어 임금의 악을 길렀으니, 어디다 쓰겠느냐.
>
> —《연산군일기》 9년(1503) 8월 29일

위의 실록 가운데 '연산군이 이때까지는 혼암 패려하지는 않았는데'라는 사관의 분석이 눈길을 끈다. 혼암 패려하지 않았다는 것은 곧 정상적이었다는 말이며, 연산군에게 지극히 비판적이던 실록의 필치를 감안하면 오히려 평균 이상의 점수를 줄 수도 있다는 뜻이다. 주목할 만한 기록인데, 결코 돌이킬 수 없는 폭군의 일방통행로로 들어설 날이 빠르게 다가오고 있었다.

연산군이 진정한 의미에서 폭군으로 전향한 날은 재위 10년(1504) 3월 20일이다. 그날 늦은 밤, 생모의 처참한 최후를 안 연산군이 발광했다. 폐비 윤씨가 죽음을 당한 것은 본인이 자초한 일인데도 연산군은 다른 곳에서 원인을 찾으려 했다. 연산군은 성종의 후궁 가운데 생모 윤씨와 치열한 대립 관계에 있던 엄씨와 정씨를 때려죽였다. 정씨의 아들 이항과 이봉도 곤장을 80대나 때려 초죽음을 만든 다음 몽둥이를 쥐여주고 어미를 때리게 했다. 나중에는 엄씨와 정씨의 시체를 갈기갈기 찢어 젓을 담가서 산과 들에 버리라고 명했을 지경이다.

연산군은 그것으로도 분이 풀리지 않는지 장검을 뽑아 들고 대비전으로 달려갔다. 성종의 모후 정희왕후와 제안대군을 낳은 예종의 계비繼妃 안순왕후는 죽었지만, 연산군의 계모 장경왕후와 왕실의 가장 어른인 할머니 인수대비는 생존해 있었다. 먼저 장경왕후에게 달려간 연산군이 장검을 든 채 "어서 나오라!" 소리 지르자, 시녀들이 모두 달아나고 왕후도 겁에 질려 나오지 못했다. 하마터면 큰 사단이 벌어질 뻔했는데 중전 신씨가 극구 만류하여 무사할 수 있었다. 그러나 그것으로 끝이 아니었다. 연산군이 이번에는 다 죽어가는 이항과 이봉의 머리칼을 움켜잡고 인수대비의 처소로 향했다.

> 왕이 이항과 이봉의 머리털을 움켜잡고 인수대비의 침전으로 가 방문을 열고 욕하기를 "이것은 대비의 사랑하는 손자가 드리는 술잔이니 한 번 맛보시오" 하며, 이항을 독촉하여 잔을 드리게 하니, 대비가 부득이하여 허락하였다. 왕이 또 말하기를 "사랑하는 손자에게 하사하는 것이 없습니까?" 하니, 대비가 놀라 창졸간에 베 두 필을 가져다주었다. 왕이 말하기를 "대비는 어찌하여 우리 어머니를 죽였습니까?" 하며, 불손한 말이 많았다.
>
> ―《연산군일기》 10년(1504) 3월 20일

 늙고 병환이 있는데다, 충격을 이기지 못한 인수대비는 머지않아 세상을 떴다. 일반적으로 알려진 것처럼 연산군이 인수대비의 가슴을 들이받아 죽이지는 않았지만 그것과 거의 다를 바 없다. 대비들에게까지 폭거를 저지른 연산군이 거기에서 그만둘 리 만무했다. 갑자사화甲子士禍의 피바람이 조선을 강타했다. 연산군이 처참하게 죽은 생모의 넋을 위로하기 위해 폐비 윤씨를 복위시켜 왕비로 추숭하고 성종의 능에 함께 모시려 하는 것을 반대한 대간 권달수와 이행을 죽이고 유배한 것이 유례없는 참극의 시초다. 윤씨의 폐출과 사사에 찬성했다 하여 죽은 한명회 등 훈구공신들의 무덤을 파 박살 냈으며, 그것도 모자라 해골을 갈아 뿌렸다. 무오사화 때 화를 면한 대신들 상당수와 사림 출신 신료들까지 닥치는 대로 죽였다. 무오사화에 이은 갑자사화로 국정을 운영할 관료의 씨가 말랐으며, 요행히 화를 면한 신료들은 '예스맨'이 될 수밖에 없었다.

 갑자사화 이후 연산군은 원하는 것을 마음대로 할 수 있었으며, 쾌락과 사치가 끝 간 데를 몰랐다. 극단적인 예를 들어보자. 연산군이 거둬들인 사치품 가운데는 진주도 포함되었는데, 실록에 나타난 것만 해도 수만 개가 넘는다. 물론 장녹수張綠水로 상징되는 후궁과 새로 들인 시첩들에게 나눠주기 위한 용도다. 심지어는 사냥에 필요하다 하여 곳곳의 민가를 예사로 철거하고, 한강에 배를 늘어세워 다리를 놓고 수시로 나다녔으니 과연 제왕의 행동인가. 또 신료들의 사모에 충忠 자를 쓰게 하고 입단속을 하라는 신언패愼言牌를 채운 것도 모자라, 대간들에게 가마를 메게 했으니 입이 다물어지지 않을 정도다. 보다 못한 내관 김처선金處善이 충심으로 간했으나 필설로 형용하지 못할 만큼 잔혹하게 죽였으며, 조금만 비위에 거슬려도 사형을 선고했으니 반역이 일어나지 않았다면 그게 오히려 이상할 지경이다.

대표적인 간신으로 지목된 임사홍무려 140여 회나 탄핵을 받았다이 갑자사화에 상당한 영향을 끼친 것은 물론 대신들의 재산을 몰수하여 사치와 향락으로 부족해진 재정을 메우려 한 것도 사실이지만, 그것으로는 모든 정황을 설명하기 어렵다. 문제는 연산군이 윤씨의 죽음을 그때 처음 안 것이 아니라는 점이다. 연산군은 예전부터 모친이 폐비가 된 이후 사약을 받고 죽었다는 것을 알았다. 그런 증거는 실록에 충분히 제시되기 때문에 반론의 여지가 없는데, 왜 즉위한 지 10년이나 되어서야 문제를 제기하고 피바람을 일으켰을까.

이는 대비전과 연관해서 생각할 수밖에 없다. 연산군에게 가장 큰 제어력을 행사한 곳은 선왕의 왕비들이 거처하는 대비전이다. 연산군뿐만 아니라 모든 왕들이 대비전을 함부로 대하지 못했다. 대비는 왕의 어머니나 할머니기 때문에 왕실에서 가장 서열이 높고, 후계의 지명을 행사할 권리가 있다. 왕이 어리면 수렴청정까지 할 수 있는 대비들에게는 왕도 한 수 접고 들어가야 했다. 성종의 모친 정희왕후가 죽은 후 대비전을 호령한 인수대비의 권위와 위엄은 연산군으로서도 감히 대적할 엄두가 나지 않았다. 게다가 연산군은 폐비되어 죽은 윤씨의 소생이 아닌가. 연산군에게 대비전은 대간들과는 비교조차 할 수 없는 난공불락의 철옹성이었으리라.

연산군은 대비전을 함락시키지 않고는 자신의 뜻을 이룰 수 없다고 판단했다. 무오사화를 일으켜 대간을 누른 연산군의 다음 목표는 당연히 대비전일 것이다. 그러나 대비전은 지금까지 상대한 대간과는 체급이 다른 강적이다. 대비전을 공격했다가 불효자로 낙인찍히는 날에는 대간들의 반격을 당할 우려가 컸다. 조선에서 불효자는 최악의 형벌을 받을 수 있는 만큼, 대비전 공략에 실패하는 날에는 어미의 뒤를 이어 폐군廢君으로 전락할 우려마저 적지 않았다. 그러나 자신의 뜻을 펴기 위해서는 대비전을 반드시 제압해야 했다.

연산군은 가장 과격한 방법으로 일거에 제압하려 했으며, 생모 윤씨를 그 명분으로 이용했다. 윤씨의 비극은 본인이 자초한 것이지만 장경왕후가 윤씨의 자리를 차지하여 왕비가 된 것은 사실이며, 인수대비가 윤씨의 죽음에 직접 영향을 끼친 것도 사실 아닌가. 연산군은 그런 약점을 쑤시고 들었다. 성종의 후궁들을 때려죽이고는 칼까지 뽑아 들고 발광하는 연산군에게 두 대비는 어떤 반격도 하지 못했다. 그날 이후 대비전까지 연산군에게 눌렸으니 이제 그를 가로막는 방해물은 전혀 없었다. 연산군은 누구의 눈치도 보지 않고 원하는 것을 마음대로 즐길 수 있게 된 것이다.

❖ 자업자득

　　　　　　　마침내 반역의 뇌관이 점화됐다. 연산군 12년(1506) 8월에 불길한 소식이 닿았다. 갑자사화에 연루되어 거제도로 유배한 이장곤李長坤이라는 자가 탈출했다는 보고에 조정이 흉흉하게 돌아갔다. 이장곤은 문무를 겸비한 인재인데, 그가 반역을 도모하기 위해 탈출하지 않았겠느냐는 추측은 이내 사실이 되어 급격히 퍼졌다. 연산군에 대한 반감이 극에 달했고 언제 죽음을 당할지 알 수 없는 세상이니, 차라리 먼저 일을 도모하려는 자들이 적지 않았다. 그러나 반역이 생각처럼 쉬운가. 밀고가 출세의 주요 수단이 되어 동지들을 규합하는 것조차 쉽지 않았는데, 이장곤의 탈출 소식은 반역의 목소리를 급속히 키웠다.

　사직과 백성을 위해서는 무도한 왕을 끌어내려야 한다는 명분이 제시되었지만, 반란을 일으킨 원동력은 어이없게도 '연산군과 함께 죽고 싶지 않았기 때문'이다. 연산군의 행동으로 보아 어차피 누군가는 반란을 일으키게 되어 있으며, 궁궐의 수비 상황이나 갑사들의 사기 등을 보았을 때 반란이 성공할 확률은 상당히 높았다. 머뭇거리다가 다른 자들에게 선수를 빼앗기는 날에는 '폭군과 끝까지 함께한 간악한 무리'로 지목되어 떼죽음을 당할 것이 분명했다. 실제로 지방에서 반역을 일으키려는 움직임이 감지되자 그들은 더욱 급해졌다. 이제는 '생존권 사수' 차원에서라도 반역을 일으킬 수밖에 없었다. 시간에 쫓겨 일으킨 반란은 너무나 쉽게 성공했다. 절대 왕권을 행사하던 연산군이 무력하게 끌려오는 것을 본 반란군은 자신들의 성공을 의심했을 지경이다.

　최근의 평가는 연산군에게 호의적이지만 필자는 그렇게 생각하지 않는다. 그가 늘 주장한 절대 왕권은 애초부터 실행 불가능한 것이다. 왕권은 신권臣權과 대립하고 그것을 꺾는 것이 아니다. 신권과 상호 보완하고 협조할 때 비로소 왕권이 존립할 수 있다. 제왕의 도리를 아주 쉽게 말하면 '자신에게 부여된 권한을 최소한으로 억제하면서 신하들에게 멍석을 깔아주고 부려먹는 것'이다. 아무렴 성종이 그것을 몰라서 대간들에게 휘둘리는 모습을 보였겠는가. 최악의 수단을 동원하여 신권을 박탈하고 억압한 것이야 왕의 권한을 악용한 것으로 치부한다고 해도 대비전에서 저지른 폭거는 변명할 수 없다. 그것만으로도 폭군의 칭호를 받기에 충분한데, 하물며 민생을 도탄에 빠뜨렸으니 어찌 반역을 당하지 않겠는가. 연산군은 폐군이 되어 죽었다. 왕비는 폐비 윤씨의 뒤를 이어 서인이 되고 애꿎은 왕자들까지 죽음을 당했으니, 남편과 아비를 잘못 만난 횡액은 너무나 비참했다.

연산군이 그토록 집착하던 절대 왕권은 삽시간에 붕괴되었다. 왕을 갈아치운 2세대 훈구공신들은 1세대에 버금가는 특권을 누렸다. 1세대가 걸출한 인물들이 적지 않아 정치를 할 줄 안 것에 비해, 2세대 훈구파는 아무것도 기대할 것이 없었다. 그들은 오래도록 조선의 혈관에 착생하고 피를 빨아 나라와 백성을 피폐하게 만든 것 외에 다른 업적을 남기지 못했다.

연산군의 운영체제가 언제부터 잘못되었는지 알 수 없지만, 대간과 조정을 쑥밭으로 만들고 폐군까지 당한 책임은 전적으로 본인에게 있다. 연산군이 추구한 절대 왕권은 결국 자신을 위한 것에 지나지 않았다. 궤도를 이탈하고 브레이크마저 없애버린 폭주의 끝은 파멸뿐이다.

연산군과 불교

홍문관 부제학 박처륜朴處綸 등이 아뢰기를 "……신들이 전일 상소한 것 중에, 선릉宣陵의 사찰을 헐어버리고 기상期祥의 재齋:수륙재 등 불교 의식를 파해야 한다는 등에 관해서는 바로 선왕을 존숭하고 성교聖敎를 보전하는 큰일이라 빨리 성명成命이 계셔야 마땅할 것인데, 전하께서는 '사찰을 새로 짓는 것이 아니고 재를 내는 것 역시 예부터 내려오는 준례'라 하시고 굳이 거절하시니, 신들의 소망에 결여됨이 너무나 심합니다. 신들이 듣자오니 신도神道는 고요함을 주로 한다는데, 지금 견성사見性寺가 능 곁에 있어 중들이 불경 외는 소리와 새벽 종소리 저녁 북소리가 능침陵寢을 소란하게 하니, 하늘에 계신 성종대왕의 영이 어찌 심한 우뇌憂惱가 없으시겠습니까. 이것이 어찌 고요함을 주로 하는 일입니까. ……지금 굳이 기상의 재를 지내서 고명 정대하신 영으로 하여금 평생에 깊이 미워하시던 호귀胡鬼에게 굽히시게 한다면 더할 수 없는 욕이니, 죽은 이 섬기기를 산 이 섬기듯 하며, 없는 이 섬기기를 있는 이 섬기듯 하라는 뜻이 어디에 있습니까. 굳이 재를 지내서 선왕의 영을 욕되게 하고, 사찰을 철거하지 않아서 선왕의 영을 우뇌하게 한다면, 이는 욕되게 하고 우뇌하게 하여 어버이를 높이는 것이 아니므로 전하의 효성에 어지러짐이 이보다 더한 것은 없으니, 어찌 사찰은 새로 창설하는 것이 아니라 하여 철거하지 않고 재 역시 고례古例라 하여 굳이 지내셔야 되겠습니까. 바라옵건대 다시 깊이 생각하소서" 하였으나, 들어주지 않았다.

— 《연산군일기》 1년 12월 7일

실록에 대간의 대표라고 할 수 있는 박처륜이 "성종의 능인 선릉 옆에 세워진 견성사를 없애라"고 주청하는 장면이 묘사된 부분이다. 왕릉의 곁에 사찰을 둔 것은 반드시 수륙재 등 의식에 필요해서가 아니라, 능묘를 관리하고 정갈한 제수 음식을 만들기 위함이다. 또 잠을 별로 자지 않고 불공에 힘쓰는 승려들의 특성을 이용하여 화재와 도굴 등을 감시하기 위한 용도도 포함되었다. 그런 사찰을 호귀, 즉 오랑캐의 귀신을 섬기는 요사한 곳으로 매도하고 철거하라 했으니 듣는 연산군의 심기가 어땠겠는가.

> 호조戶曹가 아뢰기를 "유점사와 낙산사 두 절에 소금을 공급하는 조문은 《속록續錄》에 실려 있지 않으니, 이제부터는 공급하지 말 것을 청합니다" 하니, (연산군이) 전교하기를 "두 절에 소금을 공급하는 것은 선왕의 성헌成憲이니, 폐기할 수 없다" 하였다.
> ―《연산군일기》 2년 1월 5일

호조에서 유점사와 낙산사에 소금을 공급하는 전례와 법령이 없다는 것을 근거로 하여 절에 소금 보내는 것을 중단하자고 건의하는 내용이다. 그 시대 소금은 생산과 유통이 매우 어려워 값이 비쌌다. 특히 금강산에 있는 유점사와 양양의 낙산사처럼 외진 곳에 있는 사찰은 그만큼 소금이 귀했을 텐데, 호조가 소금을 주지 말아야 한다고 주장한 의도는 수륙재를 지내는 사찰이기 때문이다. 담당 관청 호조가 건의하는 형태지만 누가 봐도 대간이 사주한 것이 분명하다.

> 대사헌 이육 등이 차자를 올리기를 "……신들이 성종대왕의 유교를 보니, 폐비의 일에 대하여 마땅히 행하여야 할 절목을 친필로 쓰기까지 하시어 대신과 더불어 상의하여 일정한 제도를 만드시고는 비록 내 죽은 뒤에라도 영원히 바꾸고 고치지 말아서 아비의 뜻을 준수하라고 하셨습니다. 그때에 노사신이 우의정으로서 헌의獻議하기를 '어서御書를 보매 지극히 지당하니, 모름지기 일찍이 일정한 제도를 만들어서 후세로 하여금 길이 준수하여 바꾸지 말게 하소서' 하매, 성종께서 좇으셔서 드디어 전지를 내리시어 만세의 제도로 삼았습니다. ……신들이 이 몇 가지 일로 계청하였더니 말씀은 들어주시지 않고 위엄을 내리시므로 신들이 어떻게 자처自處할지 모르겠습니다. 또 어제 전교에 '내가 반드시 경에게 이기려고 하였다면 진실로 그르지마는

경들 또한 반드시 나에게 이기려고만 하는 것도 그른 것이다' 하시므로, 신들이 그 전교를 들은 뒤로 더욱 황송하고 두렵습니다".

— 《연산군일기》 2년 7월 2일

연산군이 폐비 윤씨를 성종의 능 옆에 모시고 사당과 신주를 갖추려 하자 대간은 당연히(?) 반대한다. 심지어 전원 사표도 불사하는데, 그럴수록 연산군의 증오를 불러일으켰을 것이다. 그러나 '내가 반드시 경에게 이기려고 하였다면 진실로 그르지마는 경들 또한 반드시 나에게 이기려고만 하는 것도 그른 것이다'라는 대목을 보라. 이때 연산군은 어려운 재판을 쉽게 판결하는 등 평균 이상의 자질을 보였다. 그런 사람이 폭군이 되고 자신과 가족은 물론 나라까지 망치고 말았으니 어찌 개탄하지 않겠는가.

혼자만의 리그
— 조광조의 난

◈ 예정된 배신

중종 14년(1519) 유난히 추운 겨울, 조광조가 유배지에서 사약을 받았다. 그는 사약을 목에 넘길 때까지 자신의 운명을 받아들이지 못했다. 중종이 그를 등용한 것은 개혁과 쇄신에 필요했기 때문이 아닌가. 그토록 밀어주고 아껴주던 중종이 갑자기 돌변하여 자신을 파직하고 유배했을 때 머지않아 다시 부를 줄 알았다. 파직과 유배 이유가 반역 혐의라는 말을 들었을 때 하도 어이가 없어 웃고 말았을 정도다. 조광조가 반역하려 한다는 것이 말이 되는가. 차라리 고려가 부활했다는 얘기를 믿는 것이 나았으리라. 조광조는 끝까지 중종을 믿었지만, 중종은 보약 대신 사약을 보냈다. 조광조는 배신감에 치를 떨며 검은 피 같은 사약을 들이켰다.

실록에는 조광조가 반역하려 했다는 내용이 있으며, 실제로 그것

조광조 절명시 ■ 전남 화순군 능주면 남정리. 적려유허지 애우당에 걸려 있는 절명시. 죽기 직전에 쓴 일종의 유언으로, 내용은 다음과 같다. "임금 사랑하기를 아버지 사랑하듯 하였고 / 나라 걱정하기를 내 집 걱정하듯 하였노라 / 밝은 해가 아래 세상 내려다보고 있나니 / 가없는 이내 충정 길이길이 비추리라."

이 빌미가 되어 죽음을 맞지만 이를 믿는 사람은 없다. 조광조를 모함한 자들은 물론, 사약을 내린 중종까지도 그가 반역하려 했다고는 믿지 않았다. 그런데도 조광조가 결국 죽음에 이른 것은 기획 반역에 걸려들었기 때문이다. 이전에도 남이를 비롯해서 반역의 누명을 쓰고 억울하게 죽은 사례가 없지 않지만, 왕조의 체계가 잡힌 이후 왕권과 맞물려 정교하게 시행된 기획 반역은 전혀 다르다. 이후 조선을 피로 물들였다고 해도 과언이 아닌 기획 반역이 진행된 과정을 간략하게나마 살펴보자.

성종의 차남 중종이 즉위한 것은 반역의 결과다. 중종은 연산군의 계모 정현왕후의 아들로, 연산군이 돌변해 폭군이 되지 않았다면 진성대군晉城大君으로 살다 가야 할 사람이다. 중종은 연산군 유고시에 최우선순위 계승권을 가진 것 때문에 가장 경계 받는 위치에 있었는데, 실제로 연산군의 뒤를 이어 즉위한 것이다. 중종은 정종에 이어 자신의 의사와는 무관하게 왕이 된 사례다. 그는 자신을 왕좌에 앉힌 정국공신靖國功臣들의 눈치를 볼 수밖에 없었으며, 그들의 요구는 가급적 들어줘야 했다.

중종 시대의 모든 문제도 세조 때처럼 공신들이 일으켰다. 중종반정 결과 자신은 물론 자식들까지 엄청난 특혜를 받을 수 있는 공신들이 100명 넘게 배출되었다. 그들에게 전답과 노비를 주고 별도로 포상까지 하려니 가뜩이나 피폐한 재정에 큰 부담이 되었으며, 법의 적용을 받지 않으려는 공신들 때문에 적잖은 사회문제가 야기되었다. 그러나 공신들 가운데 실제로 공이 있는 자들은 많지 않았다. 대부분 어중이떠중이였으며, 척결되어야 할 자들이 공신이 된 경우도 많았다. 무오사화를 일으켜 사림의 공적이 된 유자광이 일등 공신에 올랐으니 뭐라고 할 말이 없다.

종사를 위해 목숨을 걸고 궐기한 것이 아니라 선수를 빼앗기면 연산군과 함께 죽을 것이 두려워 칼을 뽑은 그들이 어련하겠는가. 정통성이 결여되고 명분도 시원치 않은 그들은 새로운 반역을 경계할 수밖에 없었다. 공범 의식을 가지고 적이 될 수 있는 자들을 위협하려면 우선 덩치를 불리고 봐야 했다. 공이 없어도 믿을 수 있는 측근이나 혈연관계라면 공신으로 끌어들였고, 죽어 마땅한 자들도 정치적 이유로 공신의 특혜를 누렸다.

중종은 공신들을 전혀 제어하지 못했다. 오히려 아내 신씨가 연산군의 처남이자 역적으로 참수당한 신수근愼守勤의 딸이라는 것 때문에 강제로 이혼해야 할 지경이었으니 무슨 권력이 있겠는가. 공신들에게 눌려 지내던 중종은 이이제이以夷制夷 방식을 돌파구로 신진 사림을 택했으며, 그 중심에 있는 사람이 조광조라는 것이 대세인데 그리 옳은 분석 같지는 않다. 중종이 조광조를 사간원의 정언正言에 임명한 때는 재위 10년(1515) 11월 20일로, 반정을 주도하고 일등 공신으로 책록된 박원종朴元宗과 유순정柳順汀, 성희안成希顔 등이 죽고 유자광까지 대간의 탄핵을 당해 유배지에서 죽은 다음이다. 공신들의 세력이 한 풀 꺾인데다, 연산군 시절에 철퇴를 맞은 대간의 기능이 회복되었으니 중종이 일하기에 그리 나쁜 환경이라고 할 수는 없다. 또 중종 5년(1510)에 발생한 삼포왜란三浦倭亂을 진압하고 쓰시마 섬의 사죄를 받는 등 부족한 위엄을 크게 신장시켰다. 아직 28세로 그리 원숙하지는 않지만, 당시 그 나이면 모든 것을 책임질 수 있어야 했다. 그리고 재위 10년이니 스스로 헤쳐나갈 힘을 가질 수 있었을 텐데, 무엇 때문에 조광조를 위시한 신진 사림을 영입했을까.

아무래도 반역이 두려웠기 때문이리라. 반역을 통해 왕이 된 중종은 반역을 극도로 경계할 수밖에 없었다. 실제로 여러 차례 반역 모의가 적발되자 중종의 불안은 극에 달했다. 믿을 만한 자들은 연산군을 몰아내고 자신을 즉위시킨 박원종과 유순정, 성희안 등 공신들밖에 없지만, 그들은 이 세상 사람이 아니다. 어중이떠중이 공신들은 부정부패가 전문인데다, 그들이 공신이 된 것에 불만을 품은 반역 모의까지 나타날 지경이었다. 믿을 수 없기는 대간들도 마찬가지다. 대간들에게 정국을 이끌 힘을 실어주기도 곤란하거니와, 그들에게 고초를 당한 성종을 생각하면 썩 내키지 않았을 것이다. 부족한 정통성을 보충하여 반역을 막고 아직도 만만치 않은 세력을 형성하는 공신을 제어하려면 조광조와 같이 참신하고 명망 높은 인재를 영입하는 방법밖에 없다는 계산이 나왔으리라.

중종의 전폭적인 신임을 기반으로 하여 홍문관의 수장 부제학과 사헌부의 수장 대사헌까지 오른 조광조는 거칠 것이 없었다. 조정을 장악하고 중종을 보좌하여 바르게 이끌면서 민감한 사안들을 정면으로 돌파한 조광조가 마침내 개혁의 칼을 뽑아 들었다.

> (대사헌) 조광조가 아뢰기를 "정국공신은 10년이 지난 오래된 일이지만 허위가 많았습니다. 성희안은 그리 용렬한 자는 아니나 그 기량이 원대하지 않으니 큰 공이 있기는 하나 그 인물은 칭찬할 것이 없습니다. 박원종은 순직純直한 사람입니다. 이런 사람들은 그러지 않았으나 공신의 기록을 유자광이 홀로 맡아서 하였으므로 이렇게까지 외람하였습니다" 하고, 정언 김익이 아뢰기를 "유자광이 제 자식을 공신에 올리기 위해 먼저 성희안과 유순정의 자식을 공신으로 올렸습니다" 하고, 조광조가 아뢰기를 "사람은 다 부귀를 꾀하는 마음이 있는데 이체의 근원이 크게 열렸으니, 이때에 이의 근원을 분명히 끊지 않으면 누구인들 부귀를 꾀하려는 마음을 갖지 않겠습니까? 지금 쾌히 쫓지 않으시면 뒤에는 개정할 수 있는 날이 없을 것입니다".
> —《중종실록》 14년(1519) 10월 25일

중종이 대간의 양대 산맥인 사헌부와 사간원의 관리들을 모두 만난 자리에서 조광조가 충격적인 발언을 했다. "반정에 참여하여 공신이 된 자들 가운데 공이 없는 자들이 너무 많으니 그들을 공신에서 제외해야 한다"는 조광조의 발언은 메가톤급 충격으로 정치권을 강타했다. 공신 세력이 크게 분노했지만 감히 속내를 드러내지 못하는 반면, 사림 출신 관료들은 이제야 모든 것이 바로 잡힐 모양이라며 쌍수를 들어 환영했다. 공도 없는 주제에 공신이 되어 큰 피해를 끼치는 자들을 몰아내야 한다는 조광조의 주장은 지극히 옳다. 그러나 그것은 대단히 민감한 사안이다. '공이 없는 공신들이 대부분'이라는 주장을 확대해석 하면 중종 자체가 공이 없다는 말이 될 수도 있지 않은가. 그 때문에 대간들도 섣불리 건드리지 못했는데, 조광조가 칼을 들었으니 닥치는 대로 수술하고야 말 터였다.

 조광조가 공신들을 직접 조준한 것은 개혁과 쇄신을 가로막는 가장 큰 걸림돌이기 때문이다. 조광조는 중종과 공신들이 긴밀히 연결된 부분이 있더라도 그들을 제거해야 조정이 제대로 기능하고, 도탄에 빠진 백성을 구할 수 있다고 확신했다. 누구도 건드리지 못한 성역을 정면으로 파고든 것은 이번에도 중종이 전폭적으로 지지할 것을 믿어 의심치 않았기 때문이다. 과연 중종이 윤허하여 70명이 넘는 공신들의 기록을 개정할 수 있었다. 사림 출신들이 기뻐 날뛸 때 공신 세력은 기가 죽어 코가 쑥 빠졌다.

❖ 사약으로 보은하다

        사림의 환호는 오래가지 못했다. 중종 14년(1519) 11월 15일 늦은 밤, 중종의 명으로 조광조와 주요 대간들이 전격 체포되었다. 바야흐로 기묘사화己卯士禍의 참화가 코앞이다.

 (여러 신료들이 아뢰기를) "조광조 등을 보건대, 서로 붕당朋黨을 맺고서 저희에게 붙는 자는 천거하고 저희와 뜻이 다른 자는 배척하여, 세력을 키워 서로 의지하여 요직을 차지하고, 위를 속이고 사사로이 행사하되 꺼리지 않고, 후진을 유인하여 함부로 행동하게 만들었고 언행이 방자하게 버릇되게 하여, 젊은 사람이 어른을 능멸하고 천한 사람이 귀한 사람을 방해하여 국세國勢가 전도되고 조정이 날로 그릇되게 하므로, 조정에 있는 신하들이

속으로 분개하고 한탄하는 마음을 품었으나 그 세력이 치열한 것을 두려워하여 아무도 입을 열지 못하며, 두려워 떨게 하였습니다. 사세가 이렇게까지 되었으니 한심하다 하겠습니다. 그들을 죄를 분명히 바로잡게 하소서" 하니, 임금이 이르기를 "죄인에게 벌이 없을 수 없고 조정에서도 청하였으니, 빨리 정죄定罪: 처벌하도록 하라."

─《중종실록》 14년 11월 15일

조광조를 비롯한 대간들에게 걸린 혐의가 참으로 기막히다. '자기들끼리 패거리를 지어 갖은 행패를 저질렀으니 벌을 받아야 한다'는 죄목은 공신들에게 해당하는 것이 아닌가. 그런 폐단을 바로잡기 위해 조광조가 나섰는데, 적반하장의 죄목을 뒤집어쓴 셈이다. 더욱 기막힌 것은 중종의 태도다. 중종은 조광조 등에게 걸린 혐의를 기정사실로 인정하여 빨리 처벌할 것을 명하고 있다. 언어도단의 혐의가 걸려 투옥된 조광조 일파는 파멸했다. 수괴로 지목된 조광조는 반역자의 누명을 쓰고 사약을 받았으며, 관료 대부분이 거세당하고 말았다. 개혁을 추구하던 일대의 기재가 뜻을 펼치지도 못한 채 중종이 안배한 기획 반역의 제물이 되고 말았으니 개탄할 노릇이다.

중종이 조광조를 버린 것은 임금에게까지 대의명분을 적용하려 들고 모든 것을 자신의 뜻대로 하려 한 것에 염증을 느낀데다, 왕권을 위협할 정도로 성장했기 때문이라는 분석이 많다. 물론 틀리지 않은 분석이며, 굳이 반대할 생각도 없다. 그러나 본질적인 문제는 중종의 그릇이 아닐까 싶다. 성종의 사례에 대입하면 중종의 변명은 현실적이지 못하다. 조광조는 능력이 충분히 검증되고 사심이 없었기 때문에 몹시 피곤하게 굴더라도 계속 앞세워야 개혁을 추진할 수 있지 않

정릉 ■ 서울 삼성동에 위치한 중종의 묘. 중종은 사관들에게 '(시행한) 일이 과격한 것이 많아 뜻을 능히 성취하지 못하였다. 그 뒤에 비록 여러 차례 간사한 사람들에게 속임을 당하였으나……' 등 혹평을 받았으며, 임진왜란壬辰倭亂 때는 왜적이 무덤을 파헤치는 봉변을 당하기도 했다.

겠는가. 조광조의 세력이 예상외로 커졌다 해도 그것을 적절히 제어할 능력이 있다면 긍정적인 방향으로 이끌어 부려먹을 수 있었으리라. 자신이 등용한 조광조를 위시한 사림 출신을 극한적인 수단으로 탄압한 중종은 애초부터 왕의 자질을 갖추지 못했다고 말할 수밖에 없다.

중종이 기획 반역을 통해 조광조를 죽인 이후 다시 권신들의 세상이 열렸다. 한명회를 능가하는 권신 김안로金安老가 득세하여 백성을 도탄에 빠뜨린 다음에는 외척들이 발호하여 나라를 망쳤다. 인종과 명종 시대를 지나면서 왕의 외척이 날뛰다가 윤원형尹元衡과 정난정鄭蘭貞이라는 희대의 커플이 등장하여 나라가 결딴난 것은 널리 알려진 사실이다. 중종이 제대로 했다면 어찌 그런 일이 발생했겠는가.

조선 최초로 신하들이 왕을 끌어내린 중종반정의 본질도 반역이다. 이전에도 왕을 교체한 '성공한 반역'이 발생했지만, 중종반정은 계승권자가 주도한 과거의 반역과 달리 처음부터 끝까지 신하들이 주도했다는 점에서 차별된다. 자신의 손으로 왕을 교체한 신하들은 거칠 것이 없었다. 연산군의 폭정이 조선을 암울한 터널로 진입시킨 초입이라면, 중종반정은 기획 반역을 통해 민생을 절망의 구렁텅이로 몰아 넣은 폭거의 시발이다.

중종의 전격전

중종이 조광조를 제거할 때 사용한 '전격적 방식'은 그의 트레이드마크가 되었다. 강대해진 김안로를 제거할 때도 느닷없이 체포하여 유배한 다음 사약을 보냈는데, 김안로 역시 그렇게 제거될 줄은 꿈에도 몰랐을 것이다. 자신의 안전을 위해 정치와 백성을 도탄에 빠뜨렸으니, 중종이 사관들에게 지극히 부정적이고 비판적인 평가를 받는 것은 당연한 결과다.

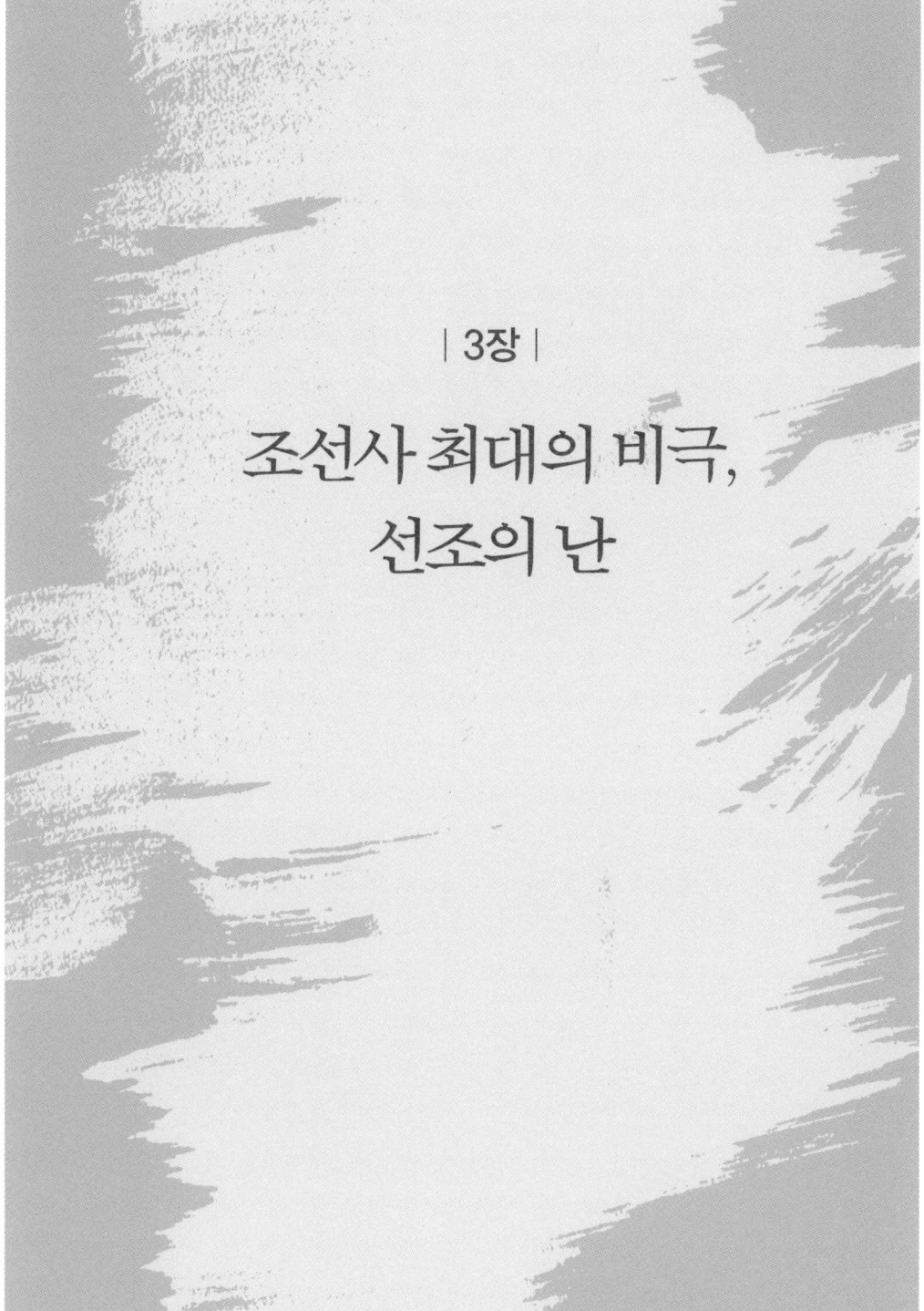

| 3장 |

조선사 최대의 비극,
선조의 난

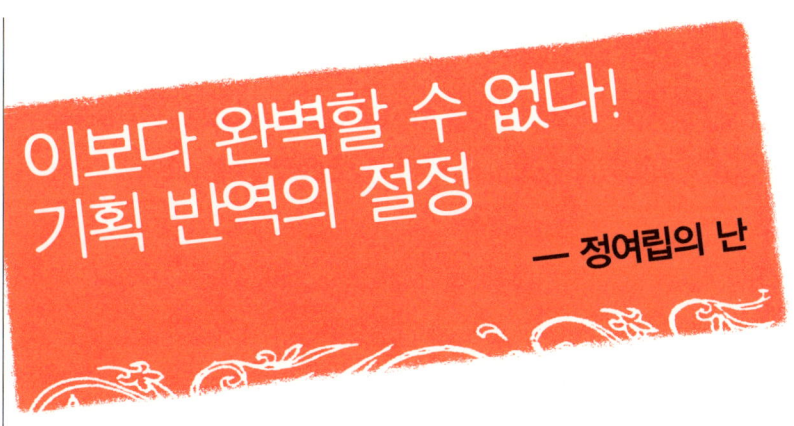

— 정여립의 난

◈ 가장 억울한 자

　　　　　　　　　　조선도 중반기에 접어들었다. 14대 군주 선조 때에 이르러 나라를 좀먹는 훈구파와 외척 세력이 사라졌으며, 사림 출신이 조정을 완전히 장악했다. 선조 시대에는 성리학이 찬란하게 꽃피웠다. 오늘날에도 최고의 성현으로 추앙받는 퇴계 이황李滉과 율곡 이이李珥를 위시하여 남명 조식曺植, 고봉 기대승奇大升 등 대학자가 나왔으며, 송강 정철鄭澈과 서애 유성룡柳成龍 등 초특급 인재가 즐비했다. 한민족의 역사를 통틀어도 그렇게 많은 성현과 인재가 한꺼번에 출현한 사례가 없다.

　그뿐 아니라 명나라와 조선의 관계도 아주 잘 풀렸다. 명나라는 선조에게 엄청난 선물을 주었다. 조선은 개국 이후 정통성 문제가 큰 골칫거리였다. 명나라의 법전《대명회전大明會典》에 조선의 태조 이성계가 고려의 권신 이인임의 아들로 되어 있기 때문이다. 고의성 짙은 오류인데, 종주국의 법전에 이성계가 이인임의 아들로 기록되었으니 정통성에 심각한 문제가 제기될 수밖에 없다. 조선의 역대 왕들은 그 오류를 바로잡는 것이 최대의 현안이었다. 시간 날 때마다 변무사辨誣使를 보내 수정을 요청했지만, 명나라는 제국 운영의 기본이 되는 법전을 함부로 고칠 수 없다며 거절했다.

선조 역시 변무사를 보내며 큰 기대는 하지 않았는데, 명나라가 해당 부분을 수정해주겠다고 허락하는 것이 아닌가. 실로 200년 만의 쾌거이자 조선 최대의 경사다. 그때가 선조 22년(1589)인데, 선조는 그 사건을 '새롭게 빛을 얻어 야만에서 문명으로 나갔다' 하여 광국光國으로 표현했다. 또 광국의 쾌거에 약간의 글이라도 보탠 신료들을 광국공신으로 책봉하여 감격을 자축했다. 무수한 인재를 얻고 크게 권위와 위엄을 세웠으니 태평성대가 구가되어야 마땅했다.

> 황해도관찰사가 비밀히 보낸 서장書狀을 왕에게 드리자 그날 밤 의정부의 정승과 모든 승지를 불러 논의하고, 입직入直한 도총관都摠管과 옥당玉堂: 의정부이 다 입시入侍하였는데, 안악安岳과 재령載寧 등지에서 일어난 역모 사건을 의논하기 위해서다. 선전관과 의금부 도사를 황해도와 전라도 등지에 나눠 보냈는데, 전라도에는 정여립鄭汝立이 수괴였다.
>
> —《선조실록》22년(1589) 10월 2일

광국의 흥분이 가라앉기도 전에 역모가 터졌다. 황해도관찰사 한준韓準이 역모를 적발했다고 보낸 급보에 조정이 발칵 뒤집혔다. 황해도는 예전에 준동한 임꺽정의 잔당이 횡행하는 지역인데다, 정여립은 조정의 고관을 지내다가 탄핵당하는 바람에 낙향한 자다. 정여립이 앙심을 품고 반역을 일으키려 했으며, 전국에 조직망을 갖추고 정규군에게도 버거운 왜구를 물리칠 만한 사병까지 보유했다니 놀라지 않는 자가 없었다. 가장 놀란 사람은 선조다. 반역 모의가 있었다는 자체가 군주의 실정을 의미하며, 지도력을 의심받을 수 있는 중대한 사안이다. 군주가 반역을 이기는 방법은 발본색원뿐이다. 선조가 가장 높은 조치를 취하라고 명령하자, 엄청난 반역이 전모를 드러냈다.

역사에 기축옥사己丑獄事라고 기록된 반역 제압 과정을 보면 입이 다물어지지 않을 지경이다. 최소한 1000명이 넘게 죽어 나갔으니 이전에 발생한 네 차례 사화를 합친 것보다 희생자가 많다. 가장 중요한 점은 연루되어 죽거나 폐인이 된 자들이 대부분 조선을 이끄는 엘리트 관료라는 것이다. 관료 사회가 쑥밭이 되는 바람에 조선의 운영체제가 마비되었는데, 특히 우려되는 것은 국방력까지 뇌사 상태에 빠졌다는 점이다. 반역을 박멸하려는 시도가 해를 넘겨 이듬해까지도 그 여파가 가시지 않았으며, 설상가상으로 2년 뒤인 선조 25년(1592)에는 임진왜란壬辰倭亂과 맞닥뜨린다. 기축옥사로 행정력과 국방력이 마비된 조선은 일방적으로 당할 수밖에 없었다. 그때 하마터면 나라가 망할 뻔했으니 정여립의 반역이 동반한 파괴력은 실로 엄청났다.

더욱 큰 문제는 정여립의 난이 기획 반역이라는 점이다. 중종 때 조광조가 기획 반역의 제물이 되어 억울하게 죽었듯이, 정여립도 반역할 의사가 전혀 없는 상태에서 반역자의 누명을 쓰고 죽어야 했다. 정여립은 선조가 자신의 의도를 관철시키기 위해 기획한 반역에 억지로 주연을 맡아 팔자에도 없는 반역자가 되었는데, 그 어이없는 과정을 살펴보자.

먼저 정여립이 반역자가 아니라는 증거 일부를 제시하겠다. 반역을 선조에게 처음 보고한 자는 기록에 나타난 것처럼 황해도관찰사 한준이다. 그런데 최초로 반역을 탐지한 자는 재령군수 박충간이다. 반역을 적발하여 공신이 되면 자신은 물론 자식들까지 엄청난 특혜를 누리고, 족보에서도 분파分派하는 등 큰 명예가 보장되는데 박충간은 보고하지 못했다. 그것만 해도 의혹이 크지만,

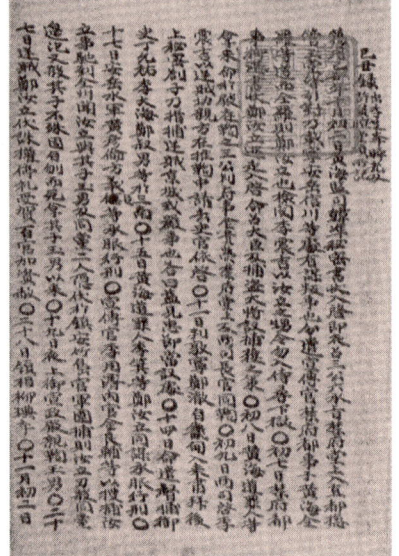

《기축록己丑錄》 ■ 정여립 모반 사건으로 1589년 발생한 기축옥사가 1625년 일단락될 때까지 기록과 문서를 편집한 책. 《대동야승大東野乘》에 수록.

박충간 다음으로 반역을 포착한 안악군수 이축 역시 보고하지 못했다. 박충간 한 사람이면 그럴 수도 있다지만, 이축까지 주저했다는 것은 의혹을 갖기에 충분하다. 반역을 접한 두 군수는 애매한 입장에 처했다. 보고했다가 별것 아닌 일로 판명되면 허위 신고로 도리어 처벌당할 위험이 크지만, 보고하지 않았다가 나중에 사실로 판명되는 날에는 반역에 동조한 것으로 몰려 경을 칠 테니 그야말로 진퇴양난이다.

그때 해결사가 나타났다. 신천군수 한응인이 앞장서서 황해도관찰사에게 고발했는데, 그도 확증을 잡은 것은 아니다. 한응인이 확증도 없는 사건을 고발할 수 있었던 것은 머지않아 공신이 될 확률이 컸기 때문이다. 당시 한응인은 광국공신에 임명될 요식행위만 남겨둔 상

태였다. 공신이 되면 면책특권이 있기 때문에 반역을 보고했다가 사실이 아닌 것으로 판명돼도 그리 걱정할 일이 아니다. 잘하면 공신을 하나 더 받을 수도 있지 않느냐는 얄팍한 계산으로 보고한 것이 뜻밖에 대박을 터뜨린 것이다.

박충간과 이축이 즉시 보고하지 못했다는 것 외에도 정여립이 억울하다는 혐의는 도처에서 발견된다. 그가 보유했다는 강력한 사병은 왜구와 만난 사실이 없을 뿐 아니라, 애당초 존재하지도 않았다. 정여립이 반역자라는 증거들이 대부분 오히려 그가 억울하다는 방증이 되는 형편이다.

◈ 혐의는 없다

반역의 수괴로 날조된 정여립에 대해 하나씩 살펴보자. 정여립은 전라도 전주 출신으로 일찍부터 호남 제일의 수재로 이름이 높았다. 율곡 이이와 우계 성혼成渾에게 사사했고, 율곡이 그를 크게 칭찬했으니 정여립의 두뇌와 재능은 충분히 검증되었다고 봐야 할 것이다. 정여립은 선조 3년(1570)에 급제한 뒤 예조좌랑을 거쳐 이듬해 임금에게 학문을 강의하는 홍문관의 수찬이 되었다. 순조로운 출세 과정을 밟아나가던 정여립에게 마가 낀 것은 스승 율곡이 별세하고 당파를 서인西人에서 동인東人으로 바꾼 이후다.

정여립은 지역과 학맥學脈이 서인이었는데, 놀랍게도 율곡이 별세한 다음 동인으로 전향했다. 지금 정치인들도 반대 성향의 정당으로 당적을 바꾸기 어렵지만, 목숨을 걸고 대립하던 그 시대에 당파를 옮긴다는 것은 보통 사건이 아니다. 정여립은 정치권의 주목을 받았고,

그 사건은 후세의 사가史家들에게까지 큰 영향을 미쳤다. 단재 신채호申采浩 선생은 '정여립은 400년 전에 군주제를 타파하려 한 동양의 위인'이라 평했으며, '올리버 크롬웰에 비견되는 동양의 인민주권人民主權자요, 조선의 혁명가'로 정의했다. 백과사전에도 정여립은 '천하는 일정한 주인이 따로 없다'는 천하공물설天下公物說과 '누구라도 임금으로 섬길 수 있다'는 하사비군론何事非君論을 주창하는 등 왕권 체제에서 용납될 수 없는 혁신적인 사상을 품은 사상가로 적시되었다. 그렇게 혁신적인 사상을 가진 사람이 출세를 위해 당파를 옮기고 스승을 배반했다는 것은 있을 수 없는 일이다. 정여립은 가슴에 혁신이 파종된 진보적 사상가가 아니며, 혁명과는 더더욱 거리가 멀다. 그는 가장 현실적인 사람이며, 세속적인 성취를 원한 사람이다.

　　　의주목사義州牧使 서익徐益이 상소를 올렸다.
　　"도로에서 서로 전하는 말을 번거롭게 위에 아뢰는 것이 마땅치 않기는 합니다만, 그것이 사실과 다르더라도 무슨 해 될 것이 있겠습니까. 신이 삼가 듣건대, 정여립이 경연에서 이이를 공격하고 드디어 박순과 정철에까지 이르렀기 때문에 박순과 정철이 자리에 있기가 미안하여 은총을 피해 물러갔다고 하니, 그 말이 사실입니까?"
　　　　　　　　　　　　　　　　　－《선조실록》 18년(1585) 5월 28일

　　(율곡의 조카) 이경진李景震이 상소를 올렸는데, 그 대략에 "신이 듣건대, 정여립이 경연에서 신의 숙부인 이이를 비방하여 배척했다고 하니 신은 놀랍고 괴이하여……".
　　　　　　　　　　　　　　　　　　　　－《선조실록》 18년 6월 16일

대사간 최황崔滉이 아뢰기를 "정여립이 이이에게 보낸 편지에서는 이렇게 말하고 입대入對:임금을 대함해서는 또 달리 말하였으니 그가 스스로 지금이 옳고 지난날이 잘못이었음을 깨달았다고 하나 그의 행적은 시세에 따라 변천한 것임을 면치 못하였으므로 조야朝野가 비웃고 조롱하여 모르는 사람이 없습니다. ……조정이 안정되지 않는 것은 실로 이와(정여립과) 같은 일들에서 연유된 것이니 동료라 하여 서로 용납할 수 없습니다. 사직시켜 주소서".

— 《선조실록》 18년 6월 22일

정여립이 선조에게 강의하는 자리에서 스승 율곡을 비판하자 사방에서 집중 포화가 쏟아졌다. 기왕에 서인에서 동인으로 당파를 옮겼으니 뭔가 확실히 보여주려고 한 모양인데, 비판이 쏟아지고 대사간까지 나서 탄핵하자 사직할 수밖에 없었다. 이때 그를 아끼던 사람들이 극구 만류하고 사직을 반려할 것을 권했으나 상황이 그렇지 못했다. 결국 전주로 낙향했지만 결정적인 좌절이라고 할 순 없었다. 임금의 노여움을 샀다가 심하면 죽음까지 당하는 세상에 스스로 사직하고 낙향한 것은 큰 하자라고 할 수 없다. 동인들이 주류 세력인 만큼 일단 소나기를 피하고 있으면 다시 기회가 올 것이 분명했다. 본래 호방하고 부유한 정여립은 전국을 유람하기도 하고, 각계의 인물과 교류하면서 시간을 보냈다. 그런 와중에 놀랍게도 정여립이 반역을 도모했다는 고변告變이 닿은 것이다.

◈ 선조의 행운

다음은 반역을 기획하여 정여립을 제물로 삼은 선조에 대해 알아보자. 그는 정상적인 상황에서는 절대 왕이 될 수 없는 인물이다. 13대 명종의 외아들 순회세자順懷世子가 요절함에 따라 종친 가운데 궁 밖에 살던 선조그때는 하성군河城君이었다가 열여섯의 나이로 즉위했다. 그러나 선조의 부친 덕흥군德興君부터 정통과는 거리가 멀다.

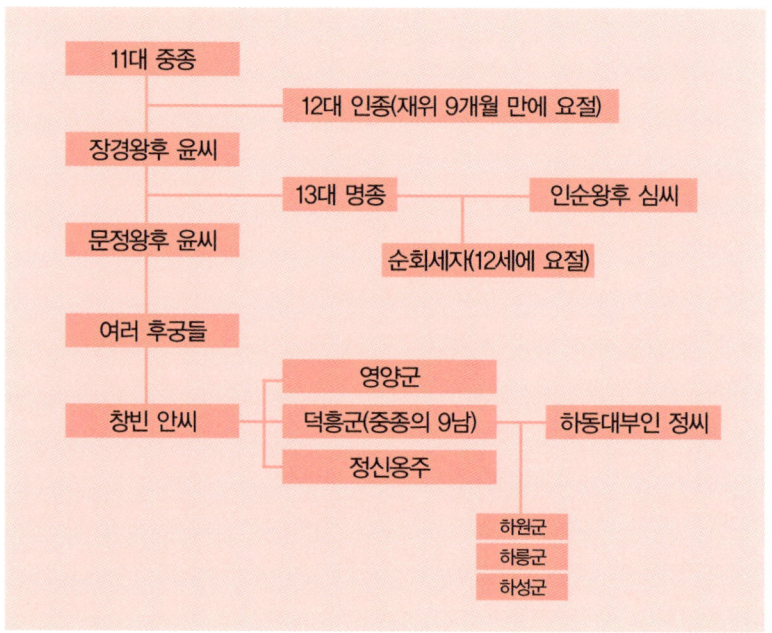

덕흥군의 모친이며 선조의 조모인 창빈 안씨는 궁녀 출신으로, 11대 중종의 일곱 후궁 가운데 하나였다. 스무 살에 승은을 입어 왕자를 낳지 않았다면 아주 잘해 봤자 상궁내명부의 정오품에 그쳤을 신세다. 첫 왕자 영양군永陽君을 낳은 다음 옹주를 낳았어도 서른한 살에야 후궁의 말단인 숙원淑媛:내명부의 종사품의 첩지를 받았으며, 서른두 살에 덕흥군을 낳았다. 창빈은 마흔둘에 숙용淑容:내명부의 종삼품이 된 후 더 승급하지 못했다. 죽은 뒤 손자 선조가 즉위하고 10년(1577)이 지나서 군주의 정식 아내인 빈嬪:내명부의 정일품으로 추봉되어 창빈의 칭호를 받았을 따름이다.

기록에서 보듯 선조의 조모 창빈 안씨와 부친 덕흥군의 존재감은 미미했다. 선조는 정식 대군이나 왕자가 아닌 서손庶孫으로서 처음 승통承統을 받은 왕이다. 선조가 즉위할 수 있었던 것은 명종과 인순왕후가 일찍부터 그에게 마음을 두었기 때문이라지만, 당시는 왕자들이 권신과 외척의 싸움에 휘말려 씨가 말라 덕흥군의 자식에게 보위가 돌아갈 수밖에 없는 상황이었다. 그들 가운데 막내로 결정된 것은 가급적 다루기 쉬운 자를 선호하는 정치권의 습성에 따른 것이다. 하성군이 매우 영특하여 명종 부부의 사랑을 독차지했고, 일찍부터 대궐 출입이 잦았다는 말도 사실이 아니다. 그랬다면 대신들이 하성군의 얼굴을 잘 알아야 할 텐데, 막상 그를 모시러 갔을 때 얼굴을 아는 사람이 없어 외숙부를 대동했다는 기록 등을 보면 철저히 소외된 것이 분명하다. 운 좋게 즉위한 선조에게 운이 계속 따랐다. 본래대로 하면 수렴청정을 받아야 했지만 인순왕후가 정치에 별 뜻이 없어 곧 친정을 한데다, 역대 최고 수준을 자랑하는 신료들의 보필을 받았으니 어찌 행운이 아니겠는가.

선조의 즉위와 사림의 발흥이 맞물린 것은 외척이 사라진 것과 밀접한 관계가 있다. 인종의 뒤를 이어 명종이 즉위하자 외척이 발호하기 시작했다. 인종의 외숙부 윤임尹任 일파가 대윤이 되고, 인종이 죽은 뒤 즉위한 명종의 모친 문정왕후의 동생인 윤원형 일파가 소윤이 되어 치열하게 싸웠다. 중종 말년과 인종의 치세에는 인종의 외척인 대윤이 유리했지만, 명종이 즉위하고 문정왕후가 수렴청정을 하자 전세가 역전되었다. 여왕처럼 행세한 문정왕후의 강력한 지원을 받은 소윤이 승리했는데, 그 과정에서 명종 즉위년(1545) 을사사화乙巳士禍의 피바람이 불었다. 애꿎은 왕자들이 사화에 연루되어 죽어 나갔으며, 왕을 능가하는 권력을 잡은 문정왕후 때문에 사림이 큰 피해를 당했다. 문정왕후가 죽은 뒤 겨우 명종이 친정을 했지만 2년 만에 승하하고 말았다.

 선조가 즉위할 무렵 강한 외척이 사라진 것은 문정왕후가 사망함에 따라 기대고 비빌 언덕이 없었기 때문이다. 왕을 능가하는 권력을 휘두르던 윤원형은 문정왕후가 죽은 직후 실각했으며, 외척이 척결되자 사림이 약진했다. 당대로 끝나는 권신들과 달리 사림의 생명력은 강인하고 끈질겼다. 여러 차례 사화를 당하고 권력의 가혹한 탄압을 받았어도 사림은 죽지 않았다. 고향에서 후배를 양성하고 역량을 기르던 사림은 외척이 사라지자마자 중앙을 장악했다. 퇴계와 율곡을 필두로 한 사림은 영남과 기호畿湖 지역으로 양분되었는데, 권력을 눈앞에 두고 반목한 결과다. 선조의 치세에서 분파한 사림은 대체로 영남 측이 동인이 되고, 기호 측이 서인이 되었다.

✹ 악의 축

 정여립의 반역이 발생하자, 선조가 잔뿌리 하나도 남기지 말고 발본색원할 것을 명했다. 그에 따라 당시 정권을 잡은 동인이 수사 책임을 맡았는데 진척이 없었다. 동인의 리더로서 책임을 맡은 유성룡과 이산해李山海, 정언신鄭彦信 등이 일부러 질질 끈 것이 아니라, 역모라고 하기에는 도무지 이해할 수 없는 요소가 많았기 때문이다. 그러자 선조가 "너희가 정여립과 같은 동인이라서 무성의하게 넘어가려는 것이 아니냐!"며 펄펄 뛰었다. 선조가 동인들을 해임하고 서인의 맹장 정철에게 책임을 맡기자, 전대미문의 역모가 전모를 드러내고 피바람이 몰아치기 시작했다. 칼자루를 잡은 서인은 동인을 철저히 짓밟았다. 정여립과 편지를 주고받은 사실만 있어도 체포되고, 약간의 교분이라도 발견되면 혐의자가 되는 형편이었다. 고문을 이기지 못해 튀어나온 이름은 새로운 반역자가 되었다.

'반역 정국'은 밀고와 보복을 동반했다. 질이 좋지 않은 자들이 남의 재산을 가로채거나 개인적인 원한을 풀기 위해 애꿎은 사람을 고발하면 어김없이 체포되어 집안이 망하기 일쑤였다. 1년을 넘게 끌던 정여립의 옥사는 조선을 쑥밭으로 만들었다. 관료들이 상당수 억울하게 죽고, 살아남은 자들은 목숨을 보전하려고 필사적이었으니 어찌 나라가 온전할 수 있겠는가.

정여립 사건이 기획 반역이라는 증거가 너무 많기 때문에 몇몇 사례만 추출하겠다. 가장 의심스러운 것은 정여립이 시체로 압송되었다는 점이다. 반역의 수사는 주모자를 체포하는 것이 선결 과제다. 사실이든 무고든 일단 주모자를 체포하여 신문을 해야 사건이 진행되는데, 정여립이 자결한 시체로 발견된 것이다. 게다가 반역이 탄로 났는데도 집에서 얼마 떨어지지 않은 별장에 있다가 체포될 위기에 빠지자 자결했다는 등 의심스러운 요소가 많다. 막강한 사병 조직을 거느리고 전라도를 거의 손에 넣었으며, 전국적인 조직망을 보유했다는 정여립이 싸움 한 번 벌이지 못했다는 것은 이해하기 어렵다.

도무지 말도 안 되는 반역의 실상을 파악하기 위해서는 정여립의 자백과 증언이 필수다. 동인들은 정여립이 압송되기를 학수고대했지만, 시체로 끌려왔으니 무슨 말을 하겠는가.

당사자 정여립은 자신이 반역자가 되었다는 사실조차 몰랐을 것이며, 알았다면 어떻게든 올라와서 해명하려 했을 것이다. 실제로 처음에 수사를 맡은 동인은 일단 정여립을 체포하여 신문하면 모든 것이 명확하게 드러날 것으로 기대했지만, 죽은 정여립은 자신에게 씌워진 혐의에 대해 아무런 반박과 해명을 할 수 없었다.

다음으로 제시할 증거는 정여립이 보유했다는 사병에 대한 것이다. 그러나 앞에서 말했다시피 사병은 존재하지 않았다. 정여립이 주동이 되고 무사와 승려 등 일반적이지 않은 사람들이 모이기는 했지만, 이는 대동계大同契라는 친목 단체다. 정여립이 재산이 많고 과시하기 좋아하다 보니 주변에 사람이 끓었고, 대동계를 만들어 정기적으로 모이게 했을 뿐이다. 대동계가 개인에게 충성하는 무력 단체가 아닌데도 실록에는 그렇게 기록되었다.

> 정해년(1587, 선조 20년) 왜구가 침범하여 인근의 읍과 군에 군사를 동원하게 하였는데 전주부윤全州府尹 남언경南彦經이 당황하여 조처할 바를 알지 못하였다. 그래서 정여립을 청하여 군대를 나누게 하였더니, 사양하지 않고 담당하여 한 번 호령하는 사이에 군병이 모였는데, 부서를 나누고 임무를 주는 모든 일을 하루가 안 되어 마무리 지었다. 그 지휘관들은 장령將領들은 모두 정여립이 조직한 대동계에 들어 있는 친밀한 무사를 썼다. 적이 물러가고 군사를 해산하자, 정여립이 지휘관들에게 말하기를 "훗날 혹시 변고가 있으면 너희는 각각 부하들을 거느리고 일시에 와서 기다리라" 하

고, 그 군부軍簿: 기밀 장부는 정여립이 가지고 갔다. 남언경이 감탄하여 말하였다. "이 사람은 학문뿐만이 아니니, 그 재능을 따를 수 없다."

왜구가 쳐들어왔을 때 전주를 책임진 자는 부윤 남언경이다. 그런데 남언경이 모든 군사를 정여립에게 맡겨 전투 제대諸隊를 편성했다고 되어 있다. 그렇다면 남언경은 죽음을 면하기 어렵다. 정여립과 간단한 문안 편지를 주고받기만 해도 역적으로 몰려 죽는 판에, 왜구를 물리칠 정도로 강력한 사병 조직을 갖춘 정여립에게 휘하의 부대를 맡겼다는 것은 변명의 여지가 없기 때문이다. 이는 나중에 정여립이 거병할 때 전주의 병력을 동원할 수 있다는 말이 아닌가. 게다가 그때는 정여립이 위험한 사상을 함부로 퍼뜨리고 남들의 재산을 강탈하여 무뢰배를 길렀다고 되어 있었다. 그런 정여립에게 인근의 병력을 지휘하게 하여 군사 경험을 갖추게 하는데다, 대동계의 인물들에게 지휘관을 맡겼다면 남언경은 최소한 능지처참에 해당한다. 가솔까지 연좌되어 처벌당해야 마땅할 터인데, 놀랍게도 남언경은 처형되지 않았다.

> 전 부윤 남언경을 하옥하였다가 얼마 뒤에 석방하였다. 남언경이 전주에 있을 적에 정여립을 후하게 대우하였는데 이때에 여립에게 분군分軍하기를 청한 일이 발각되어 나국拿鞫하였으나 곧 석방되었다.
> ―《선조수정실록》 22년(1589) 12월 1일

남언경에게 약간 혐의를 두기는 하지만, 사실이라기보다는 해당 지역의 책임자를 형식적으로 문책하는 모습이다. 남언경과 정여립은 별 관계가 아니었다는 것을 입증하는 동시에, 대동계가 사병이나 무력 단체와 거리가 멀다는 중요한 증거라 하겠다. 왜구와 싸웠다는 기록은 아예 존재하지도 않는다. 그리고 기록에 나타난 것처럼 정여립이 낙향한 다음 '누구나 왕이 될 수 있다는 등 위험한 사상을 함부로 퍼뜨리고 남들의 재산을 강탈하여 무뢰배를 기르고 전국적인 조직망을 결성했다'면 예전에 고발당했어야 마땅하다. 그러나 정여립의 존재가 드러난 직후에도 황해도의 군수들이 보고하기를 망설였으며, 전주부윤 남언경도 아무런 관련이 없다는 데서 의혹이 충분히 드러나지 않는가.

이번에는 정여립이 구상했다는 작전을 제시해보자.

> 여립이 기밀이 누설되어 사람들의 말이 점차 널리 퍼진 것을 보고 일이 발각될까 두려워하여 변란을 일으키려는 계책을 결정하였다. 이에 비밀로 부서를 정하여 이 해 겨울 말에 서남 지방에서 일시에 군사를 일으키기로 기약하고, 강진江津에 얼음이 얼어 관아가 원조를 얻기가 어려울 때를 기다려 곧바로 경도京都를 침범한 뒤 무기고를 불태우고 강창江倉을 빼앗아 점거한 다음, 도성 안에 심복을 배치하여 내응하도록 하였다. 그리고 자객을 나누어 보내어 대장 신립申砬과 병조판서를 먼저 죽이고, 왕의 명령을 사칭하여 인근의 병사兵使: 사령관와 방백方伯: 관찰사을 죽이도록 언약하였다. 또 대관臺官에게 청탁하여 전라감사와 전주부윤을 논핵해서 파면하고 그 틈을 타서 거사하기로 하였다.

반역이 누설될 것을 우려한 정여립이 마침내 반란을 일으키려고 했다. 그런데 시기를 겨울로 잡은 것을 어떻게 설명해야 하는가. 지금의 정규군도 동계 작전에 큰 곤란을 겪는데, 무장과 훈련이 시원치 않은 오합지졸을 이끌고 전라도 끝에서 한성까지 진격한다는 것이 말이나 되는가. 강이 얼면 행군에 편리하다고 주장했지만 10리도 못 가 얼어 죽고 말 것이다. 정규군이라면 행군 도중에 마주치는 고을에 들어가 추위를 녹이고 피로를 풀면서 새로 보급 받을 수 있지만, 반란군에게 편의를 제공할 사또는 없다. 혹한을 도보로 돌파하면서 노숙하고, 자신이 먹을 것까지 지고 가는 작전이 말이 되는가. 요행히 도성에 닿았다고 해도 무기고를 불태우고 광흥창廣興倉 등 전략 물류 기지를 점거할 병력이 남아나지 않을 것이 분명하다.

또 자객을 보내 대장 신립과 병조판서를 척살하는 것이 어떻게 가능한지 모르겠다. 게다가 어명을 사칭하여 인근 지방에서 병력을 동원할 수 있는 병마절도사兵馬節度使와 관찰사를 죽이는 것은 또 어떻게 가능하단 말인가. 지금 누군가가 몇 명 되지도 않는 깡패를 동원하여 조달청과 주요 관청을 불태우고 전군 참모총장과 국방부장관을 죽인 다음, 대통령의 명령을 사칭하여 수도를 지키는 사단과 여단의 지휘관을 죽이겠다고 한다면 곧이들을 사람이 없는 것처럼, 당시에도 허무맹랑한 탁상공론으로 취급되었을 것이다. 굳이 제시하지 않은 내용도 대부분 기막히다 못해 웃음마저 날 지경인데, 그때 실제로 그런 일이 벌어졌다.

> 상이 신료들에게 '여립이 어떠한 사람인가?' 물으니, 우의정 정언신은 아뢰기를 "그가 독서하는 사람이라는 것만 알고 다른 것은 모릅니다" 하였다. 상이 손으로 고장告狀을 들어 상 아래로 내던지며 이르기를 "독서하는 사람의 소위가 곧 이와 같단 말인가" 하고, 승지를 시켜 읽도록 하니, 홍모汯

謀가 낭자하였다. 좌우 신하들이 모두 목을 움츠리고 등에 땀이 배었으나, 언신은 홀로 나지막한 소리로 킬킬 웃으니 상이 그 소리를 들었다.

  국방부장관 격인 병조판서를 역임하고 흉험한 작전을 많이 치러본 정언신이 보기에는 희극도 그런 희극이 없었으리라. 머리 좋기로 따를 사람이 없다는 정여립이 그렇게 허무맹랑한 놀음을 벌였다는데 웃지 않고 배기겠는가. 그러나 정언신도 정여립의 족친族親이며, 반란에 동조했다는 혐의를 받아 결국 참살당하고 말았다.
  동인의 영수이자 수사 책임을 맡은 정언신까지 고문을 당하고 유배되어 죽었으니 다른 사람은 일러 무엇 하겠는가. 당시 무수한 인재들이 억울하게 죽어나갔지만, 특히 정언신을 잃은 것은 너무나 애통하기 그지없다. 정언신은 이순신과 김시민金時敏 등 용장을 발굴했을 뿐만 아니라 전쟁에 숙달된 인재 중의 인재이기 때문이다. 그가 살았다면 임진왜란을 당했을 때 그토록 허무하게 무너지지 않았을 텐데, 선조의 손으로 국가의 방패를 죽이고 말았으니 참으로 개탄할 노릇이다.

❖ 반역의 증거

  생원 양천회가 정여립의 옥사, 한재, 조세의 과중, 조정의 탐풍, 강상의 붕괴 등을 상소하다. ……양천회의 호소는 정철 등이 자기들과 의견이 다른 사람들을 모조리 죽이기 위하여 그를 사주하였기 때문에 올린 것이다.

—《선조실록》22년 10월 28일

낙안교생 선홍복宣弘福의 집에서 정여립과 통한 문서가 나왔는데 정철 등이 꾸민 일이다. 낙안에 거주하는 교생敎生:향교의 학생 선홍복의 집에서 문서를 수색했는데, 역적 정여립과 상통相通한 흔적이 있었다. 그를 잡아들여 심문하여 승복을 받은 뒤 사형에 처하였다. 그의 초사招辭에 이발, 이길, 백유양白惟讓 등 대신들모두 동인이다이 관련되어 모두 곤장을 맞아 죽었고 이급李汲 또한 그렇게 죽었다. 또 선홍복의 초사에, 이진길李震吉:정여립의 조카이 유덕수柳德粹의 집에서 참서讖書:정여립이 왕이 된다는 예언서를 입수했다고 하자, 그를 잡아들여 국문하였으나 승복하지 않고 죽었다.

그때 정철 등이 자기들과 친한 금부도사禁府都事를 시켜 거짓으로 문서를 만들어 선홍복에게 은밀히 전하면서 "이발, 이길, 백유양 등을 끌어넣으면 너는 반드시 살아날 수 있다" 하고, 큰 버선을 만들어 통을 넓게 하여 밖으로 제치고, 그 말을 버선 안쪽에 써두었다가 그가 결박되는 때 거기에 쓰인 대로 잊지 않고 진술하게 하였다. 선홍복이 그 말을 믿고 낱낱이 그대로 진술하였는데, 자백이 끝난 뒤에 즉시 끌어내 사형에 처하려 하니, 선홍복이 크게 부르짖기를 "문서와 버선 안의 글에 이발과 이길, 백유양 등을 끌어대면 살려주겠다 하고 어찌 도리어 죽이려 하느냐?" 하였으니, 정철 등이 사주하여 살육한 것이 이토록 심하였다.

—《선조실록》 22년 12월 12일

사헌부가 아뢰기를 "의주목사 김여물金汝岉, 금산군수金山郡守 임예신任禮臣, 이산현감尼山縣監 김공휘金公輝는 모두 정철을 종처럼 섬긴 사람들로서 최영경崔永慶이 곧 길삼봉吉三峯이라는 말을 만들어 주고받은 사실이 양천회梁千會 등의 초사에서 밝게 드러났습니다. 아울러 파직하고 서용하지 마소서. 석성현감石城縣監 양자징梁子徵은 그의 아들 양천회가 잡혀온 뒤에 옥바라지를 핑계하고 관고官庫의 물품을 공공연하게 실어 날랐습니다. 파직하소서"
하니, 아뢴 대로 하라고 하였다.

—《선조실록》 24년(1591) 9월 16일

위의 사례 외에도 정철이 '표적 수사'를 강행하고 무자비한 고문으로 기축옥사를 완성했다는 증거가 적지 않다. 증거가 대부분 정여립의 무죄를 입증하는 내용이며, 실록에서도 조작에 따른 표적 수사라는 내용이 많으니 정여립이 억울하다는 것은 새삼 반복할 필요가 없다. 그렇다면 선조는 무엇 때문에 기획 반역을 노렸을까. 기획 반역의 원조라고 할 수 있는 중종처럼 모든 문제는 선조에게 있었다.

선조는 즉위할 때부터 자신이 후궁의 손자로 운 좋게 왕이 되었다는 것과, 제왕의 교육을 전혀 받지 못했다는 데 자격지심이 있었다. 게다가 감히 쳐다보기 어려울 정도로 학문적 성취가 높은 사림 출신 신료들은 콤플렉스를 배가하는 요인이 되었다. 처음에는 신하들이 시키는 대로 따랐지만, 그 노릇도 20년에 이르다 보니 그럭저럭 이력이 나기 시작했다. 그래도 왕인데 시키는 대로 끌려 다닐 수는 없지 않느냐는 반발이 들었겠지만, 신하들이 워낙 수준 높고 빈틈없다 보니 좀처럼 기회를 잡기 어려웠다.

기회를 노리던 선조에게 신하들이 동인과 서인으로 분열한 것은 매우 좋은 재료가 되었다. 거기에 서인이던 정여립이 동인으로 전향한 뒤 크게 비판을 당하고 낙향하자, 더 주저할 이유가 없었다. 정여립을 체포하기 위해 파견한 무관에게 반드시 그를 죽이라는 밀명을 보낸 다음 동인에게 맡긴 수사 책임을 정철에게 넘겼을 것이다. 정철은 선조의 뜻을 잘 이해했다. 어릴 때 유배를 당하고 임금의 총애도 받아 권력의 속성을 잘 아는 정철은 추락했을 때의 충격과 고통도 아주 잘 체득해 역모 박멸의 선봉에 서서 충직하고 성실하게 일했다. 선조와 정철의 호흡은 기막히게 잘 맞았다. 자신을 신임해준 선조만큼이나 잔혹한 정철은 주어진 기회를 충분히 활용했다. 왕이 직접 기획한 반역이기 때문에 말도 안 되는 증거를 조작하여 표적 수사를 강행하는 일은 아무것도 아니었다.

다음은 선조의 의도가 잘 나타나는 증거다.

> 선조가 정여립이 최영경에게 준 편지 한 통을 주필朱筆:붉은 붓로 중요한 대목마다 줄을 치며 이르기를 "최영경의 상자에 이 편지가 있었는데 어찌 임금을 속이려 하는가. 하늘의 그물이 성근 듯하나 죄상을 회피하기는 어렵다".
>
> ―《선조수정실록》 23년(1590) 6월 1일

호남의 명망 높은 선비 최영경에게 혐의를 걸어 죽이려 할 때의 기록이다. 최영경이 정여립의 도당이라는 혐의는 편지를 주고받았다는 것밖에 없다. 앞의 기록 가운데 길삼봉이라는 자가 역적의 수괴라는 증언이 나오는 바, 최영경의 호가 삼봉三峯이라는 것도 (선조의 시각에서는) 그리 무관하지 않았을 터다. 그러나 정여립과 친분이 있는 자들이 적지 않고, 길삼봉이 가공 인물이라는 점을 감안하면 최영경에게 혐의를 발견하기 어렵다. 최영경이 걸려든 이유는 '명망과 덕망이 높다'는 것뿐이다. 선조에게 걸려 죽은 사람 가운데 이름 있는 부류는 대부분 최영경처럼 명망과 덕망을 겸비한 인재다. 정여립에게 뚜렷한 혐의를 발견하지 못하자, 길삼봉이라는 인물을 창조했다.

나이와 신분과 외모가 말하는 사람마다 천양지차인 길삼봉은 도술에 능하고 초인적인 용력이 있다는 게 공통점이다. 그런데 최영경의 호가 삼봉인 것을 이유로 역모라고 몰아세웠으니 그 사건의 처리가 얼마나 졸속하고 억지스러웠는지 극단적으로 입증하는 케이스라 할 것이다.

이 부분에서 두 가지를 짚고 넘어가자.

첫째, 선조가 정여립이 최영경에게 보냈다는 편지를 붉은 붓으로 밑줄까지 쳐가며 읽었다는 것은 개인적인 비밀을 입수했다는 말이다. 아무렴 정여립과 주고받은 편지만 압수했겠는가. 모든 법규와 규정을 초월하는 역모의 수사를 핑계로 일기나 비망록 등 비밀스러운 기록도 마구 압수했을 것이다. 선조는 그것들을 통해 약점을 잡았을 확률이 높다. 선조에게 죽음을 당한 자들은 개인적인 기록을 통해 선조를 비판하거나 부정적으로 평가한 사람들이었을 것이다. 실제로 그때까지 선조는 결코 좋은 평가를 받을 수 없는 상태였다. 최영경도 그런 점을 지적했다가 끝내 목숨까지 잃는 참화를 당했으리라. 또 그때 개인적 기록을 압수당한 신료들은 선조에게 두고두고 약점을 잡혔을 터다. 약점을 잡힌 다음에는 아무리 학식이 높고 실력이 뛰어나도 시키는 대로 할 수밖에 없지 않겠는가. 그게 바로 선조가 노리던 바라 하겠다.

둘째, "하늘의 그물이 성근 듯하나 죄상을 회피하기는 어렵다"는 선조의 발언이다. 여기서 하늘은 선조 자신을 가리키는데, 그렇다면 자신이 그물을 쳤다는 것을 인정하는 꼴이다. '무고한 정여립을 역적으로 몰고 무수한 사람을 죽인 반인륜적 범죄의 진범은 바로 나'라는 뉘앙스를 풍기기에 충분하다.

기축옥사라는 희대의 기획 반역을 주도한 이는 선조며, 정철은 하

송강정 ■ 정철은 동인의 압박에 못 이겨 대사헌을 그만두고 낙향하여 죽록정이라는 초막을 짓고 살았다. 그 자리에 후손들이 정철을 기리기 위해 1770년 지금의 정자를 세우고 이름을 송강정이라 했다. 전남 담양군 담양읍 유산리 소재.

수인에 지나지 않는다. 그러나 정철도 그리 오래가지 못했다. 정권을 장악한 정철은 세자를 세우자고 건의했다가 유배되었다. 선조는 당시로서는 노인이라고 할 수 있는 마흔에 접어든데다, 정식 왕비에게서 자식을 얻지 못했고 후궁에게서 얻은 왕자가 열 명이 넘었기 때문에 세자를 세우자는 주청은 시의 적절했다. 후계자를 세우자는 주청은 왕이 죽을 때를 대비하자는 것이기에 노여움을 살 위험이 크지만, 주청이 받아들여지면 후계 구도에 강한 영향력을 행사해 한명회에 버금가는 권세를 누릴 수 있지 않은가. 정철이 위험한 도박을 한 것은 선조에게 신임을 얻었다고 확신했기 때문이다.

그러나 선조는 정철이 주청하자마자 기다렸다는 듯 철퇴를 내리쳤다. 선조는 아무런 가책도 없이 정철을 폐기 처분했다. 정철이 유배당하자 서인이 몰락하고 다시 동인이 득세했는데, 서인의 처리를 놓고 남인南人과 북인北人으로 갈라졌다. 바람직한 경쟁을 통해 임금을 보필하고 백성을 보살펴야 할 신료들이 동인과 서인으로 갈라져 철천지원수가 되었으며, 상대방을 이기기 위해서는 충성을 다해야 했으니 이득을 본 사람은 선조밖에 없다. 선조는 자신이 일으킨 기획 반역의 성과에 아주 흡족했지만, 나라는 결딴나고 말았다.

　너무나 이기적인 선조의 술수는 조선에 회복하기 어려운 상처를 주었다. 인재들을 무수히 죽이는 바람에 임진왜란에 제대로 대처하지 못하여 하마터면 나라가 망할 뻔하지 않았는가. 또 병자호란丙子胡亂의 국치國恥도 임진왜란과 밀접한 관련이 있으며, 조선을 피폐하게 만든 당파 싸움마저 활성화했으니 무슨 말을 하겠는가. 애꿎은 정여립을 주연으로 출연시킨 기축옥사는 선조가 자신을 위해 일으킨 반역의 기록일 뿐이다.

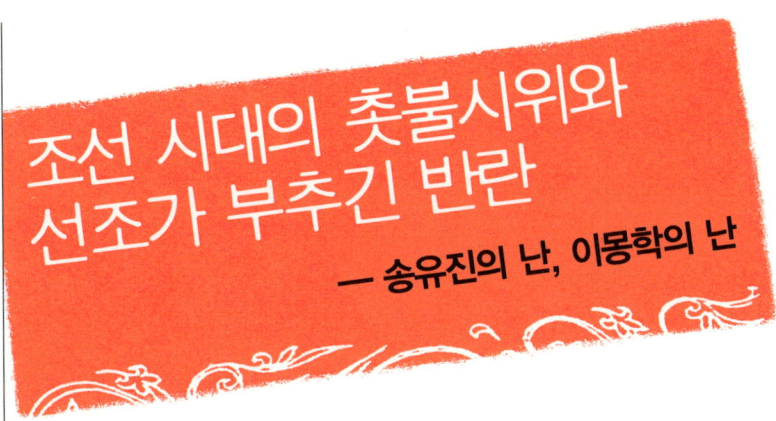

조선 시대의 촛불시위와
선조가 부추긴 반란
— 송유진의 난, 이몽학의 난

❖ 촛불시위의 원조

미증유의 전쟁 임진왜란이 발발한 지 2년째 접어든 선조 27년(1594) 1월 초, 왜적이 남쪽으로 물러가고 평온한 때 느닷없이 반역이 일어났다. 반역의 진앙農央은 충청도, 수괴는 송유진宋儒眞이다. 송유진은 전쟁이 벌어져 국가의 권력이 마비된 틈을 타 무력을 조직하고 횡행하던 무법자 가운데 하나다. 그는 천안을 근거지로 했는데, 국가의 무기를 약탈하고 인근의 도적을 규합하는 등 만만치 않은 세력을 떨쳤다. 송유진이 반역할 마음을 품고 도성의 턱밑인 청계산까지 진출했다는 보고에 선조와 조정이 발칵 뒤집혔다. 송유진은 거병하기 전에 체포되어 능지처참 당했지만, 실록에 나타난 그의 주장이 범상치 않다.

군사 1000명을 데리고 경성을 포위하고 서서 사흘간 통곡하면 임금이 반드시 허물을 고칠 것이다.

군사를 거느리고 상경하여 성을 포위하고 사흘간 통곡한 다음, 인하여 동궁東宮:세자을 세우면 백성들에게 유리할 것이다.

전자는 선조가 허물을 고치게 하겠다는 것이며, 후자는 세자에게 양위하도록 하겠다는 것이다. 반역을 결심했다면 왕족 가운데 적당한 자를 골라 옹립하고 자신이 권력을 틀어잡는 것이 마땅한데, 송유진은 선조에게 개과천선할 기회를 주려 했다. 후자가 선조를 폐위하는 것이라 제법 반역 같아 보이지만, 어차피 보위를 물려받을 세자에게 양위하도록 하자는 것이니 그 역시 반역의 본질과는 거리가 멀다. 특히 전자와 후자 공히 '도성을 포위하고 사흘간 통곡한다'는 행동강령이 있는 것으로 보아 반란이라기보다는 '촛불시위'에 가깝다. 왜 그런 해괴한 반란이 벌어졌는지 간략하게 살펴보자.

◈ 나라를 버린 왕

송유진의 의도는 선조의 실정을 부각하고 세자의 존재를 띄우는 데 있다. 그렇다면 선조가 무슨 잘못을 저질렀기에 송유진 같은 반역자의 입에 오르내렸을까. 결론부터 말하면 자업자득이다. 임진왜란이 발발하여 왜적이 파죽지세로 진격하자 선조는 얼어 죽은 시체처럼 시퍼렇게 질렸다. 왜적이 부산에 상륙하여 첫 전투가 벌어진 것이 선조 25년(1592) 4월 14일인데, 도성을 빼앗긴 것이 불과 20일도 지나지 않은 5월 3일이다. 왜적이 거의 보병이라는 것과 당시의 도로 여건을 감안하면 무인지경을 달렸다고 해도 과언이 아니다. 너무 수월하게 진격하는 바람에 왜적이 어리둥절했을 정도인데, 왜적을 결정적으로 도와준 자는 선조다.

조선의 방어력이 기초부터 붕괴된 것은 선조가 일으킨 기획 반역 때문이지만, 선조는 도주할 생각밖에 없었다. 선조가 도성을 버리고 몽진했을 때 분노한 백성들이 경복궁을 불태웠다. 개성을 거쳐 평양에 들어갔을 때도 선조는 백성이야 죽든 말든 달아날 궁리뿐이었다. 평양의 백성들이 분노하여 반란에 필적할 소동이 벌어질 지경이었다. 평양을 벗어난 선조는 "나라가 이 꼴이 된 것은 너희가 동인 서인 하며 싸웠기 때문"이라며 신하들에게 책임을 전가하고, 명나라로 망명할 뜻을 밝혔다. 군주국에서 왕의 부재는 멸망이 아닌가. 선조의 발언은 자신이 다스리는 나라를 멸망시키겠다는 것과 조금도 다르지 않았다.

> 선조가 이르기를 "왜적의 손에 죽기보다는 차라리 명나라에 가서 죽겠다". 영의정 최흥원이 아뢰기를 "소신의 생각에는 요동으로 들어가는 것은 불가합니다. 들어갔다가 (명나라가) 허락하지 않으면 어떻게 하겠습니까?" 하니, 선조가 이르기를 "아무리 그렇더라도 나는 반드시 압록강을 건너갈 것이다".

조선을 버리고 명나라로 망명하겠다는 선조의 뜻은 단호하고 완강했다. 신하들이 당파를 초월하여 한목소리로 반대했지만 선조의 뜻을 꺾을 수 없었다. 꿈에서조차 예상치 못한 선조의 태도에 신하들은 넋을 잃었다. 기획 반역을 일으켜 조선을 망치더니, 이제는 버리고 달아나겠다고 태연히 말하는 것이다. 그러나 명나라가 조선의 망명정부를 받아들여 화를 자초하겠는가. 전쟁을 어떻게든 조선에서 끝내고자 한 명나라는 선조에게 여진족 오랑캐의 영토 근처에 있는 포로수용소에 가까운 처소를 마련해주었다. 조선이야 망하든 말든 북경에 들어가 호화롭게 여생을 보내려던 선조로서는 도저히 받아들이기 어려운 굴욕이었다. 결국 선조는 뜻을 이룰 수 없었다. 사람은 위기가 닥쳐야 본성이 나온

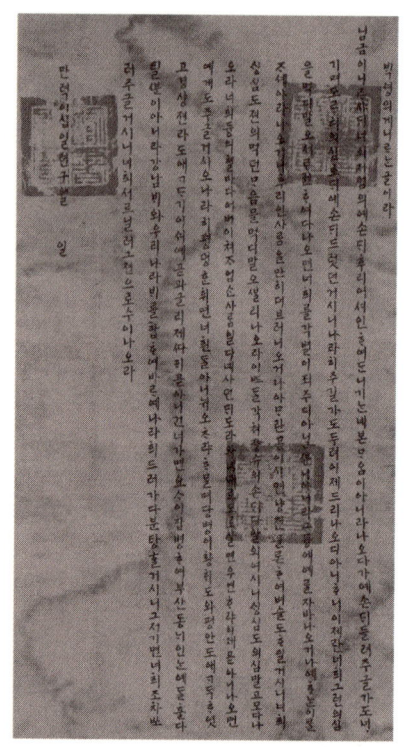

선조 국문 교서 ■ 임진왜란 때 포로가 되어 왜에 협조하며 사는 백성을 회유하기 위해 국문으로 작성해 내린 교서. 김해수성장 권탁이 이를 가지고 적진에 잠입해 왜군 수십 명을 죽이고 백성 100여 명을 구출해 나왔다.

다는데, 어떻게든 나라와 백성을 지킬 생각은 하지 않고 더 빨리 멸망시키겠다는 의도를 아무런 가책도 없이 표출하는 선조는 대체 어떤 사람인가.

이순신이 세계사에 각인될 활약을 펼치고 의병들이 궐기하여 전세가 역전되었지만, 선조는 도성으로 돌아오지 않았다. 조선이 망할 것을 확신한 나머지 저지른 실책이 너무나 컸기 때문이다. 선조는 명나

라로 도주하겠다는 의사를 여러 차례 공표했는데, 그것은 조선의 왕을 포기하겠다는 뜻과 같다. 돌아가기 위해서는 포기한 왕권을 회수하고 안전을 보장받아야 했다. 그는 입에 담기에도 추잡한 퍼포먼스를 벌여 안전을 보장받고 돌아온 뒤에도 전혀 뉘우치지 않았다. 그런 왕이 다스리는데 무슨 희망이 있겠는가. '도성을 포위하고 사흘 동안 통곡하여 선조를 하야시키고 세자를 세우겠다'는 송유진의 주장은 대단히 온건하고 예의를 차린 것이다. 송유진의 행동은 실행 가능 여부를 떠나 당시 상황을 극명하게 드러내는 사건이다.

◈ 이성계가 될 수 없었던 이몽학

임진왜란도 만 4년이 지나고 정유재란丁酉再亂이 지척이던 선조 29년(1596) 7월 17일, 다시 반역의 기치가 높이 올랐다. 이번에도 충청도인데 예전의 송유진과 달리 칼을 뽑아 봉기했다. 충청도 홍산鴻山에서 거병한 반역의 수괴는 이몽학李夢鶴이고, 브레인은 한현韓絢이라는 자다. 감언이설로 무리를 끌어모은 한현은 이몽학을 충동하여 반란을 일으킨 다음 어렵지 않게 홍산을 함락했다. 한현은 민심을 얻는 법을 본능적으로 알고 있었다. 홍산의 관고官庫를 열어 비축한 곡식을 풀자, 굶주린 백성들이 새카맣게 모여들었다. 굶어 죽은 시체가 널린 세상에 먹을 것을 나눠주는 자가 바로 왕이요, 황제다. 극도로 궁핍하여 식인食人까지 벌어지는 세상에 최고의 직장은 먹을 것이 보장되는 곳이다. 한현은 식량을 얻기 위해 모여든 백성들 가운데 건장한 자를 군사로 뽑았다. 머지않아 이몽학의 군대는 수천을 헤아릴 정도로 세력이 불었다.

두뇌가 명석한 한현은 사회 지도층도 포섭해나갔다. 글을 알고 사람을 이끌 만하거나 용맹스런 자들에게 문관과 무관 등 직책을 주고 대우하자, 출사하지 못한 양반의 자제와 무뢰배가 모여들었다. 홍산을 함락한 반란군은 잇따라 청양靑陽과 정산定山 등 여섯 고을을 함락했다. 반란군을 막아야 할 수령들이 앞장서서 도망치고, 아전과 백성들은 적의 호령에 따르는 형편이었다. 백성들은 술과 음식을 차려서 반란군을 맞이했으며 앞 다투어 가담했다. 반란군의 세력이 기하급수적으로 불어난 것을 본 백성들이 계속 가담하자 반란의 규모가 급격히 확대재생산 되었다. 충청도가 반역의 깃발로 뒤덮였다.

그러나 이몽학은 성공하지 못했다. 실패의 원인은 한현이 이몽학에게 실망한 탓이다. 때가 무르익었다고 판단한 한현이 마침내 결정적인 제안을 했다. 한현은 "군사들의 예리한 세력을 타고 곧장 한양

홍산 동헌 ■ 이몽학이 홍산현감 윤영현을 붙잡아 난이 본격적으로 불붙은 곳. 건물은 고종 때 지어진 것으로 부여 홍산에 있다. 문화재청 자료 사진

으로 가는 것이 상책이요, 성곽 없는 고을을 공격하는 것이 중책이요, 홍주로 진격하는 것이 하책이다"라며 이몽학의 결단을 촉구했다. 충분히 세력을 결집했으니 빈 성에 입성하거나 인근을 약탈하며 시간을 낭비할 것이 아니라 바로 도성을 제압해야 한다는 한현의 계책은 타당했다.

하지만 도성에 들어간다고 해서 조선이 쓰러지는 것은 아니다. 선조와 조정은 임진년에 도성과 백성을 버리고 도주한 전력이 있기 때문에 이몽학에게 잡히지 않을 것이 분명했다. 자칫 잘못하다가는 도성에 갇힐 우려가 적지 않지만 어찌 대비가 없겠는가. 선조가 너무 민심을 잃은 상태기 때문에 그것을 물고 늘어지면서 자신들의 참신함을 홍보하고 식량을 나눠주는 등 회유하면 생존 가능성을 높일 수 있을 것이다. 선조가 반란군에게 밀려 다시 도성을 버렸다는 것이 알려지면 새로운 반란을 부를 가능성이 적지 않으니 그런 저런 요소를 고려하면 안 될 것도 없었다. 어떻게든 가능성을 찾아 움직이지 않고 곧 먹을 것이 떨어질 충청도에 머무르는 것은 어리석은 짓이다.

한현이 원대한 계책을 내놓은 직후 예상외의 사태가 벌어졌다. 모친상을 당한 한현이 집이 있는 홍산으로 갔다가 정부군에게 체포된 것이다. 이후 반란군은 급격히 흔들렸다. 그때라도 도성으로 진격해야 했지만, 앞날을 헤아리는 능력이 모자라는 이몽학은 한현을 찾기 위해 홍산으로 향했다. 브레인이 사라지자 불안해진 부하들이 배반하여 수괴의 목을 잘라 투항하는 일반적 수순을 밟는데, 한현이 모친상을 당했다는 것은 아무래도 사실이 아닌 듯하다.

결단을 내려야 할 순간에 이몽학이 주저하고 현실에 안주하려 하자, 실망한 나머지 모친상을 핑계로 이탈한 것이 아닐까. 실제로 모친상을 당했다고 해도 이몽학이 자신의 의도대로 따라주고 대업이 성사될 가능성이 크다면 한현은 당연히 '제2의 정도전'이 되는 길을 택했을 것이다. 모친상이야 그다음에 치르면 될 텐데 굳이 홍산으로 간 것은 이몽학과 함께 해선 안 된다고 판단한 결과로 보인다. 그렇게 가정하면 정부군에 체포된 것이 아니라 투항했을 가능성도 생각할 수 있겠는데, 굳이 거기까지 검증할 필요는 없을 것 같다.

◈ 원균의 충성

문제는 이몽학의 난을 충분히 예방할 수 있었다는 데 있다. 이몽학의 난이 일어난 것은 너무 살기 어려웠기 때문이다. 전쟁으로 피폐하지 않은 지역이 없었지만 당시 충청도는 더 심했다. 충청도가 극도로 피폐해진 원인 가운데 절반은 인재人災에 있다. 반란이 일어나기까지 충청도를 관할한 자가 원균元均이다.

> 사헌부가 아뢰기를 "충청병사忠淸兵使 원균은 사람됨이 분수를 모르고 게다가 탐욕 포학합니다. 5~6월에 입영한 군사를 기한 전에 역을 방면하고 그 대가로 씨콩을 거두어 농사農舍로 실어 보냈습니다. 또 무리한 형벌을 행하여 죽은 자가 잇달고 앓다가 죽는 자도 많아서 원망하고 울부짖는 소리가 온 도에 가득합니다. 이와 같은 사람은 통렬히 다스리지 않을 수 없으니 파직하고 서용하지 마소서" 하니, 상이 답하기를 "원균의 사람됨은 그렇지 않다. 이런 시기에 명장을 이처럼 해서는 안 된다. 윤허하지 않는다" 하였다.
>
> —《선조실록》 28년(1595) 8월 15일

사헌부는 충청도의 병권을 장악한 원균이 병력을 모아 조련하기는커녕 병역을 빼주는 대가로 뇌물을 받은 것을 고발했다. 그뿐 아니라 폭정을 일삼아 충청도가 결딴날 지경이니, 파직하고 다시는 임용하지 말라고 탄핵했다. 그러나 선조는 '원균이 명장'이라는 이유로 탄핵을 거부한다. 원균은 이전에 큰 잘못을 저질러 사헌부의 조사를 받고 있었는데도 선조는 아랑곳하지 않았다.

본래 경상우수사慶尙右水使로 바다에 있어야 할 원균이 충청도로 온 것은 이순신을 모함한 데 따른 좌천이었다. 전쟁이 벌어지자 전국 최강인 경상우수영을 일시에 몰락시키고 이순신을 따라다니며 왜적의 목을 얻느라 바쁘던 원균이 이순신을 모함한 것은 한산도閑山島 때문이다. 세계사에 길이 남을 공을 세운 이순신은 해군 총사령관에 해당하는 삼도수군통제사三道水軍統制使에 오른 다음 한산도에 거대한 전략기지를 건설하려는 프로젝트에 돌입했다. 근거지 전라도에서 출격하는 것은 본질적으로 문제가 있는데다 자체 보급이 한계에 이르렀으며, 제해권을 확보하기 위해서는 남해로 진출해야 했는데 한산도가 적격이었다.

이순신의 강력한 주청에 따라 '한산도 프로젝트'가 발효되자, 얌전히 이순신을 따라다니던 원균이 본색을 드러냈다. '내가 이순신보다 선배고 나이도 많은데 왜 이순신 밑에 있어야 하느냐'며 불만을 터뜨렸지만, 원균은 그때까지 이순신 밑에서 명령을 잘 따랐다. 왜적의 목을 얻어 공을 세우려면 이순신에게 고분고분해야 했기 때문인데, 한산도 프로젝트가 실행되자 눈이 뒤집혔다. 한산도를 차지할 수 있다면 그야말로 '인생 역전'이다. 한산도에 집결될 군자금과 군수물자를 해먹을 수 있다면 힘들게 배 타고 다니며 왜적의 목을 얻을 이유가 없지 않은가. 가만히 앉아서 엄청나게 벌어들일 생각을 하니 꿈만 같았을 것이다. 그러기 위해서는 어떻게든 이순신을 몰아내고 그 자리를 차지해야 했다. 원균이 갖은 수단으로 모함하자 격분한 이순신이 사직서를 던져버렸다. 크게 놀란 조정에서 이순신을 원직으로 보임하고 원균을 충청도로 좌천한 것인데, 원균은 주특기를 살려 충청도를 쥐어짜는 바람에 반란이 일어날 지경이었다.

> 이정형이 아뢰기를 "경상도가 판탕몰락된 것은 모두 원균으로 말미암은 것입니다" 하였다. 선조가 이르기를 "우상右相이 내려갈 때 원균은 적과 싸울 때에나 쓸 만한 사람이라 하였으니, 여기에서 짐작할 수 있다" 하니, 김응남이 아뢰기를 "인심을 잃었다는 말은 우선 치지도외하고 주사舟師: 해군 사령관로 써야 합니다".
>
> ……
>
> 이산해가 아뢰기를 "(청주의) 상당산성을 쌓을 때에 위력으로 역사를 감독했기 때문에 원망하는 사람이 많았습니다" 하고, 이정형이 아뢰기를 "상당산성의 역사는 비록 이루어졌지만 도로 비에 무너지고 말았습니다".
>
> — 《선조실록》 30년(1597) 1월 27일

뭔가 보여주려는 원균이 백성의 원망을 무릅쓰고 상당산성을 쌓았으나, 그것이 한 차례 비에 무너지고 말았다. 대체 공사를 어떻게 했기에 산성이 비에 무너진단 말인가. 볼 것도 없이 부실 공사로 제 주머니를 불린 탓이다. 만일 적과 싸우는 도중에 무너졌다면 엄청난 피해를 당했을 텐데, 선조는 전혀 문책하지 않았다. 그날의 기록에도 원균이 경상도를 결딴냈으며 인심을 잃었다는 등 지극히 부정적인 의견이 제출되었는데도 원균은 처벌 받지 않았다. 선조는 원균에 대한 비판과 탄핵이 있을 때마다 '쉽게 얻을 수 없는 명장이기 때문에 처벌할 수 없다'며 그답지 않은 관대함으로 감싸주었다. 명망 높은 의병장 김덕령金德齡을 역적으로 몰아 잔혹한 고문 끝에 죽이고, 혼자서 나라를 구한 이순신마저 죽이려던 선조가 원균에게는 극찬을 아끼지 않았다. 충청도까지 말아먹은 원균을 처벌하지 않고 오히려 가장 생산성이 높은 전라도로 보내주었으니 원균이야말로 진정한 '왕의 남자'라고 할 것이다.

원균이 충청도에서 전라도로 간 지 얼마 지나지 않아 이몽학의 난이 일어난 것을 보라. 이몽학의 난은 원균의 탐학 때문에 발생한 것이 분명하며, 그것을 알고도 방조한 선조에게 더 큰 책임이 있다. 게다가 이번에는 원균을 전라도로 보내어 그쪽마저 결딴난데다, 이순신을 가두고 원균을 삼도수군통제사로 앉혔으니 수군까지 멸망할 차례다. 과연 원균은 선조의 기대에 부응하여 이순신이 피땀으로 건설한 대함대와 한산도를 왜적에게 바치고 말았으니, 나라 말아먹는 부문에서는 역사상 최고의 커플이 아닐 수 없다.

원균의 가문은 나라 망치는 데 충분한 검증을 거쳤다. 그의 아비 원준량元俊良도 당대에 적수가 없는 간신배다. 가는 곳마다 뇌물을 받아 물의를 일으킨데다, 왜구가 쳐들어와도 나가 싸우지 않았다. 심지어 국가의 창고를 열어 꺼낸 곡식과 금품으로 막아야 할 여진족 오랑캐와 밀거래를 했다. 사관은 원준량을 '욕심 많고 사납고 무지하기가 당대의 간신 이원우보다 더했다'고 기록했으며, 심지어 '원준량을 포함한 간신배를 다 끌어다가 죽일 수 없다고 해도 어찌 잘 대처할 방도가 없겠는가'라며 개탄했다.

원균 초상과 신도비 ■ 이몽학의 반란은 원균과 선조의 합작품이다. 사진은 김산호 화백의 원균 초상과 경기도 평택시 도일동에 위치한 원균 신도비.

사신사관은 논한다.

한산의 패배에 대하여 원균은 책형磔刑 : 기둥에 묶은 다음 창으로 찔러 죽이는 극형을 받아야 하고, 다른 장졸將卒들은 모두 죄가 없다. 왜냐하면 원균이라는 사람은 원래 거칠고 사나운 하나의 무지한 위인으로서, 당초 이순신과 공로 다툼을 하면서 백방으로 상대를 모함하여 결국 이순신을 몰아내고 자신이 그 자리에 앉았기 때문이다. 겉으로는 일격에 적을 섬멸할 듯 큰소리를 쳤으나, 지혜가 고갈되어 군사가 패하자 배를 버리고 뭍으로 올라와 사졸들이 모두 어육魚肉이 되게 만들었으니, 그 죄를 누가 책임져야 할 것인가. 한산에서 한 번 패하자 뒤이어 호남湖南이 함몰되었고, 호남이 함몰되고는 나랏일이 다시 어찌할 수 없게 되어버렸다. 시사를 목도하건대 가슴이 찢어지고 뼈가 녹으려 한다.

—《선조실록》 31년(1598) 4월 2일

위의 기록은 원균이 이순신을 모함하여 삼도수군통제사를 꿰찬 다음 칠천량해전漆川梁海戰에서 그토록 강한 수군을 일거에 패망시킨 것을 비판한 내용이다. 이때 사관은 원균을 '원래 거칠고 사나운 하나의 무지한 위인'으로 폄하했는데, 이전에 다른 사관이 원준량을 평가한 '욕심 많고 사납고 무지하다'는 내용과 정확히 일치한다. 원준량은 잡아 죽여야 한다는 평가와 원균은 책형을 받아야 한다는 평가 역시 완벽하게 일치하니 과연 부전자전이다. 이때 사관은 원균 때문에 '가슴이 찢어지고 뼈가 녹으려 한다'며 울분을 토했는데, 선조는 이때도 상식의 범주에서 벗어났다.

> 비변사가 아뢰기를 "원균이 주장主將으로서 절제節制를 제대로 하지 못하여 적들로 하여금 불의에 기습을 감행하도록 하여 전군이 함몰되게 하였으니 죄는 모두 주장에게 있다 하겠습니다. 그러나 그 아래 각 장사들의 공죄功罪에 대해서도 신상필벌을 행하여 군기를 바로잡지 않으면 안 되겠습니다" 하니, 선조가 이르기를 "원균 한 사람에게만 핑계 대지 말라" 하였다.

비변사는 모든 책임이 원균에게 있다는 것을 분명히 했다. 그러나 선조는 '원균 한 사람에게만 핑계 대지 말라'며 감싸고돌았다. 선조는 한 술 더 떠 원균이 패한 것이 하늘의 탓이며, 부하들이 잘못 보좌한 탓이니 그들을 처형하라고 악을 썼다. 대체 선조는 무엇 때문에 원균을 그토록 위하고 감쌌을까. 기획 반역을 일으켜 무고한 인재들을 수없이 죽이고도 눈 하나 깜빡하지 않던 선조가 원균을 편들었을 때는 필시 그만한 이유가 있으리라.

역사의 진정한 반역자, 선조

먼저 원균의 반대편에 있는 이순신과 교차 검증해보자. 이순신은 임진왜란 때 홀로 나라를 구한 영웅이다. 임진왜란의 승인으로 이순신의 활약 외에도 의병의 봉기와 명나라의 참전을 드는 것이 대세인 모양인데, 사실은 그렇지 않다. 의병이 왜적의 뒤통수를 칠 수 있었던 것은 이순신이 왜적을 그쪽으로 몰아주었기 때문이다. 왜적은 본래 서해를 통해 보급을 해결하려 했다. 왜적이 충분한 함대를 보유한 것과 당시 조선의 비좁고 험난한 도로 사정을 감안하면 바다를 통하는 것이 정석이다. 그러나 이순신이 바다를 틀어막고 닥치는 대로 때려잡자 육로를 이용할 수밖에 없었다. 의병이 유격전을 펼쳐 보급로를 끊는 등 왜적에 큰 피해를 준 것도 이순신이 바다를 지켰기에 가능한 일이다.

명나라의 지원군도 빼놓을 수 없겠지만, 그들 역시 이순신이 아니면 개입할 타이밍을 잡지 못했을 것이다. 왜적이 평양을 함락한 것이 1592년 6월 15일이고, 함경도 회령을 점령한 것이 7월 24일이다. 그에 비해 이여송李如松이 이끄는 명나라의 주력 부대가 압록강을 건넌 것은 12월 11일이다. 평양을 점령한 왜적이 바다를 통해 보급을 받았다면 아무리 늦어도 8월 초순에는 의주에 닿았을 것이다. 그렇게 추정하면 명나라의 참전은 전혀 현실적이지 못하다. 이순신이 바다를 지켰기 때문에 의병이 활약했고, 명나라도 참전할 수 있었다. 그뿐 아니라 이순신은 조정을 먹여 살리다시피 했다. 조정의 도움을 전혀 받지 못하는 상태에서도 전력을 양성하여 나라를 지키고, 조정까지 먹여 살리는 이순신이 어찌 대단하다 하지 않겠는가.

그에 비해 원균은 사리사욕을 채우기 위해 경상·충청·전라도를 결딴냈으며, 반란까지 일어나게 만들었으니 비교 자체가 부끄럽다. 전투에 있어서도 이순신이 적의 규모를 가리지 않고 백전백승을 거둔 데 비해, 원균은 최강으로 평가받던 경상우수영을 적에게 바치고 도주한 뒤 승리를 거둔 적이 없다. 가장 비교가 되는 것은 칠천량과 명량해전鳴梁海戰이다. 원균이 조선 수군을 모두 이끌고 나갔다가 믿기지 않는 참패를 당하는 바람에 이순신은 겨우 13척으로 적과 맞서야 했다. 명량에서 마주친 적은 기록상으로 10배가 넘었고 추산에 따라 수십 배에 달했지만, 이순신은 한 척도 잃지 않고 이겼다. 모든 면에서 이순신과 원균은 정반대 위치에 있는 것이 분명하다.

원균에 대한 선조의 사랑은 이순신을 극도로 경계한 반대급부다. 선조는 조선의 왕을 포기하면서 명나라로 망명하려 하지 않았는가. 그 후에도 중대한 실책을 연발하고 반란까지 일어나게 하는 바람에 체통이 땅에 떨어졌다. 그러나 이순신의 존재는 갈수록 화려하게 빛났다. 그나마 왕이라는 타이틀이 아니라면 얼굴을 들고 다닐 수조차 없던 선조와 홀로 나라의 안위를 책임지고 백성의 신망을 한 몸에 받는 이순신은 극명하게 대비되었다. 선조는 이순신을 실질적인 위협으로 간주했다. 자신의 조상 이성계도 무적의 장군으로서 고려를 쓰러뜨리고 조선을 건국하지 않았는가. 선조는 당할 자 없는 이순신의 무공과 그에게 집중되는 백성의 신망이 반역의 동력으로 작용할까

원균 애마총 ■ 선조가 하사한 말의 무덤으로 원균의 무덤 옆에 있다. 선조가 원균을 얼마나 사랑했는지 단적으로 보여주는 예다.

우려했다.

선조는 이순신뿐 아니라 무공을 세우고 백성의 신망을 얻은 장수를 그냥 두지 않았다. 대표적인 사람이 전라도에서 거병하여 충용장忠勇將의 칭호까지 받은 김덕령이다. 김덕령은 이몽학의 난을 진압하기 위해 출격했다가 반란군과 연계가 있다는 누명을 쓰고 참살당했다. 김덕령의 억울한 죽음은 선조의 눈 밖에 나면 어떤 최후가 기다리는지 보여주는 경고로 충분했다. 그것을 본 의병들이 산산이 흩어졌다. 심지어 천강홍의장군天降紅衣將軍으로 명성 높던 곽재우郭再祐의 부대까지 용기를 잃고 숨어버렸으니 참으로 개탄할 노릇이다.

선조가 원균을 사랑한 이유는 공을 세워 백성의 신망을 얻을 능력이 없었기 때문이다. 원균이 평균 이상의 능력이 있었다면 선조의 눈밖에 나기 쉬웠을 테지만, 가는 곳마다 결딴을 내고 반란까지 일어나게 만들지 않았는가. 원균도 선조가 감싸주지 않는다면 대간의 탄핵을 당하여 목이 몇 개라도 무사하기 어렵다는 것을 잘 알았다. 원균이 사는 길은 선조에게 충성을 다하는 것뿐이고, 선조는 늘 하던 방식대로 원균 같은 자를 이용하여 이순신을 위시한 충신들을 모함하게 만들었다. 특히 전쟁 초기에 경상우수사로 이순신과 같은 레벨이고 같은 임무를 수행하던 원균의 모함이 대단히 효과적이었을 것이다. 실제로 선조가 이순신을 잡아들이고 원균을 삼도수군통제사로 임명하지 않는가.

　선조는 눈엣가시 같은 이순신을 당장 죽이고 싶었지만 만일을 대비하여 일단 사형을 유예하는데, 원균이 완벽하게 패배하는 바람에 이순신을 죽일 수 없었다. 원균이 수군을 왜적에게 바치고 사라진 뒤에도 선조의 사랑은 식지 않았다. 원균은 죄가 없다고 규정한 다음 이순신과 함께 나라를 구한 일등 공신으로 올려주었으니, 무수한 군사를 죽이고 반역까지 일어나게 만든 자가 그런 대우를 받은 전례가 없다.

　전쟁 전에는 조선의 방어력을 완전히 붕괴시키고, 전쟁이 일어난 뒤에는 백성을 버리고 도주하려 했으며, 명망 높은 김덕령을 참살하여 의병이 흩어지게 만든데다, 왜적이 가장 두려워하는 이순신을 죽이려 획책하고, 반역의 원인을 제공한 원균을 등용하여 수군을 통째로 왜적에게 바친 선조. 그는 과연 어느 나라의 왕인가. 자신이 다스리는 나라를 멸망시키기 위해 최선을 다한 선조야말로 역사를 통틀어 진정한 반역자가 아닌가 싶다.

미스터리에 싸인 원균의 최후

실록에는 원균이 전사하거나 죽음을 당했다는 기록이 없다. 반대로 살아 있는 원균을 만났다는 기록이 있다. 그것도 당시 총사령관 권율權慄의 직속 부하가 원균을 목격하고 대화까지 했으니 사실에 가깝다고 할 수 있다. 유성룡이 작성한 《징비록懲毖錄》에도 흡사한 기록이 있는데, 유의할 것은 일본의 기록에 원균이 전혀 나타나지 않는다는 점이다. 전쟁이 일상이던 일본은 공을 세운 자와 공의 내용을 상세히 기록했기 때문에, 어떤 형태로든 원균의 죽음을 확인했다면 반드시 크게 기록했을 것이다. 이순신이 아니라도 조선의 해군 총사령관을 죽였다는 것은 엄청난 무공이 아닌가. 그러나 일본은 원균에 대한 기록을 전혀 남기지 않았으며, 선조 역시 원균의 죽음을 확인하지 않았다.

다른 기록에는 칠천량해전이 끝난 이후 노비 백종이란 자가 원균의 시신을 수습하여 묻었다고 하는데, 문제는 시신에 목이 없었다는 점이다. 칠천량해전에서 전사한 아군이 한두 명이 아닐 텐데, 목이 없는 상태에서 어떻게 원균을 알아보고 시신을 수습했단 말인가. 게다가 시신이 부패하는 것까지 감안하면 도무지 믿을 수 없는 일이다. 원균이 살아서 도주했다는 결론이 도출되는데, 선조는 원균이 나타나는 것을 원치 않았다. 원균에게 패전의 책임을 물으면 그의 모함에 따라 이순신을 해임하고 원균을 등용한 선조의 책임이 불거질 게 아닌가. 당사자로서 모든 정황을 아는 원균은 목숨을 보전하고 가문을 지키기 위해 조용히 사라지는 길밖에 없다고 판단했을 것이다.

선조가 잉태한 조선사 최대의 비극
— 광해군과 칠서의 난

◈ 아비와 전혀 다른 아들

　　　　　　　　　　　　　　　선조의 차남으로 15대 왕이 된 광해군光海君은 누구에게도 뒤지지 않은 훌륭한 제왕이다. 아비와는 이순신과 원균처럼 정반대 인물인데, 불행히도 신하들 때문에 강제로 폐위당했다. 연산군에 이어 두 번째로 폐군이 된 광해군도 폭군이라는 오명을 감내해야 했지만, 그는 절대 폭군이 아니다. 그가 폭군으로 매도당한 것은 폐모살제廢母殺弟라 하여 계모 인목대비를 유폐하고 인목대비가 낳은 배다른 동생 영창대군永昌大君을 죽인 데 따른 것이다. 그뿐 아니라 친형 임해군臨海君과 조카 능창군綾昌君을 죽였지만, 광해군을 폭군으로 규정할 순 없다. 모든 사건은 그가 왕위에 오르기 전에 잉태된 문제로, 그것을 안배한 사람이 따로 있기 때문이다. 조선 최대 비극의 서막인 칠서七庶의 난을 열기 전에 광해군의 삶을 조명해보자.

광해군 묘 ■ 경기도 남양주시 진건읍 송릉리에 있는 광해군과 문성군부인文成郡夫人 유씨의 묘다. 한때 왕과 왕비로 산 사람들의 무덤답지 않게 너무나 초라하다.

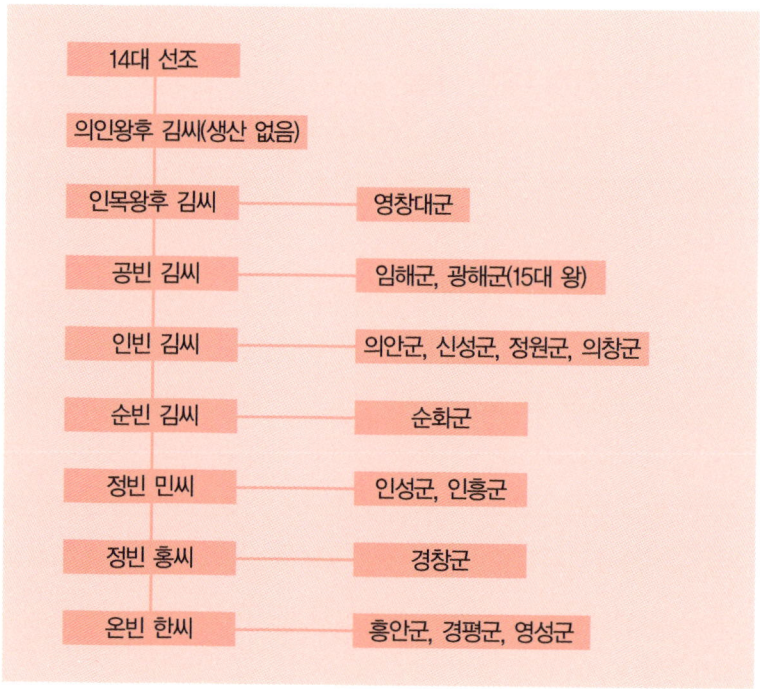

*도표에서 보면 영창대군이 가장 앞선 것 같지만, 의인왕후가 죽은 이후 들인 계비 인목왕후의 소생이기 때문에 실제로는 막내다. 후궁 소생의 옹주들은 표기하지 않았다.

광해군은 임해군에 이어 차남이다. 후궁 소생에 차남인 광해군이 세자가 된 것은 전쟁 덕분이다. 임진왜란이 발발하여 왜적이 파죽지세로 쳐들어오자 만일에 대비하여 세자의 필요성이 대두되었다. 그러나 상황이 앞으로 어떻게 될지 몰랐기 때문에 신하들로서는 주저할 수밖에 없었다. 얼마 전에 정철이 건저建儲:후계를 세움하자고 주청했다가 폐기 처분된 것도 신료들을 망설이게 했다. 시간이 흐르자 도주할 생각밖에 없는 선조는 다급해졌다. 기다리다 못한 선조가 광해군을 추천하자마자 만장일치로 결정되었다. 선조가 광해군을 세자로 책봉한 것은 남달리 비범한데다 열일곱 살이나 되었기 때문에 적합하다고 판단한 결과지만, 부도난 나라를 책임지기 위한 '바지사장'을 선임한 것이나 진배없었다. 실제로 선조는 명나라로 도주하기 위해 광해군에게 분조分朝:조정의 일부를 맡김한 뒤 마음에 들지 않는 중신들을 배속했다.

팔자에도 없는 세자가 되어 사실상의 조정인 분조를 이끌어야 했던 광해군은 선조와 전혀 다르게 행동했다. 광해군은 왜적이 인접한 지역이나 도적들이 출몰하는 위험한 곳까지 나가 백성을 보살피고 용기를 북돋웠다. 전국이 거의 왜적의 손아귀에 들어가고 임금까지 도망갔다는 소문에 나라가 망할 줄 알던 백성에게 광해군은 지옥에서 만난 부처님 같았다. 광해군이 가는 곳마다 백성이 구름처럼 모여들어

눈물을 흘리며 감격했다. 송유진이 선조를 하야시키고 보위에 올려야 한다고 주장한 세자가 바로 광해군이다. 반역자까지 광해군을 추존했으니 그를 향한 백성의 신망이 어느 정도인지 충분히 짐작할 수 있다. 광해군은 존재 자체로 백성에게 희망을 주었다.

광해군은 유일하게 백성의 삶과 근접한 제왕이나, 그에 따른 대가는 만만치 않았다. 위험한 땅에서 찬 바람을 맞으며 노숙을 밥 먹듯 했으며, 어떤 때는 식량마저 떨어져 굶주렸다. 가장 귀하게 자란 왕자로서 세자에 오른 광해군은 견디기 어려웠지만, 묵묵히 고생을 감내하고 불안에 떠는 백성을 찾아 나섰다. 마침내 병을 얻어 쓰러졌어도 광해군은 자신에게 부여된 의무를 이행하려 애썼다.

광해군의 가장 큰 적은 왜적과 반란이 아니었다. 선조가 광해군을 바라보는 시선이 심상치 않았다. 명나라가 선조에게 지극히 실망하여 혹평하는 반면, 광해군은 아주 잘 보았다. 황제가 광해군에게 칙서를 보내어 격려하고 일을 잘 처리할 것을 당부했을 정도다. 이러다가 황제가 선조를 폐위하고 광해군에게 즉위하라는 명령을 내릴지도 모르는 일이다. 게다가 광해군을 왕으로 올리자는 반역까지 일어나지 않았는가. 사면초가에 몰린 선조는 승부수를 띄웠다.

선조의 승부수는 선위禪位:왕이 살아 있는 상태에서 왕위를 물려주는 것다. 선조는 툭하면 "광해군에게 물려주기로 결심했으니 어서 광해군이 보위에 오르라"며 난리를 피웠다. 선조가 절대 그럴 의사가 없다는 것을 잘 아는 광해군과 신료들로서는 받아들일 수 없었다. 선위를 받아들이는 자에게는 대역죄가 적용될 것이 분명했다. 선조는 스무 차례 가까이 '선위 파동'을 일으켰다. 광해군은 그때마다 대역죄라도 지은 것처럼 거친 바닥에 꿇어앉아 제발 마음을 돌리시라고 간청했다. 병을 얻어 쇠약해진 광해군에게는 견디기 어려운 고초였지만 선조는 아들의 고통에도 아랑곳하지 않았다.

❖ 아들을 죽이려는 아비

전쟁이 끝나자 마침내 선조가 본색을 드러냈다. 임진왜란이 종지부를 찍고 2년이 지난 재위 33년(1600), 의인왕후가 죽자 선조가 새 왕비를 들이겠다고 공언했다. 왕비를 들이겠다는 것은 원자를 얻겠다는 의미다. 광해군이 세자가 된 마당에 새 왕비를 들여 원자를 얻겠다는 것은 광해군을 제거하겠다는 뜻 아닌가. 선조가 자신의 손으로 책봉한 광해군을 제거하려 한 것은 직접적인 위협이라고 판단했기 때문이다. 선조가 적으로 삼는 기준이 '매우 유능하여 백성의 신망을 받는 자'라는 것에 대입하면 광해군은 적 가운데서도 아주 위험한 적이다. 선조는 광해군을 '3차 왕자의 난을 일으킬 지극히 위험한 왕자'로 분류했다. 백성의 신망이 큰데다 정인홍鄭仁弘 등 강직한 신하들이 따르는 광해군은 이순신보다 훨씬 위험했다. 선조는 광해군을 추대하려는 반란까지 일어난 이상 자신이 살아남기 위해 제거할 수밖에 없다고 결정했다.

그렇다고 해도 세자로 책봉된 광해군을 쉽게 제거할 순 없었다. 정인홍을 비롯한 신하들이 죽음을 각오하고 반대할 텐데, 고맙게도 그것을 누를 명분이 있었다. 광해군은 명나라의 승인을 받지 못한 상태였다. 명나라가 요식행위에 불과한 책봉 승인을 하지 않은 것은 그들 내부에 흡사한 문제가 발생했기 때문이다. 당시 명나라 황제 신종도 황후가 생산이 없어 후궁 소생 가운데서 황태자를 책봉해야 했다. 어쨌든 장남을 책봉하는 것이 순서인데 신종이 장남을 외면하고 서열이 떨어지는 황자皇子를 책봉하려 하자, 신하들이 적자승통嫡子承統에 어긋난다며 크게 반발했다. 그런 상태에서 선조의 차남 광해군 책봉을 승인하면 신종의 뜻을 받아들이지 않을 수 없기 때문에 승인하지 못하고 있었는데, 그것이 광해군을 제거할 좋은 명분으로 기능했다. 새 왕비를 들인 다음 원자를 얻어 책봉 승인을 요청하면 종주국의 뜻을 받드는 동시에 적통이 이어진다는 명분이 되지 않는가. 실제로 선조가 재위 35년(1602)에 광해군보다 열한 살이나 어린 왕비인목대비를 들이자 정치권이 뒤집혔다.

선조의 공작에 따라 정국을 주도하던 북인이 급격히 분열했다. 정인홍을 필두로 광해군에게 정통성이 있다고 확신하고 그를 따르는 자들이 대북大北이 되고, 유영경柳永慶을 중심으로 선조의 뜻을 무조건 따르는 자들은 소북小北으로 뭉쳤다. 대북과 소북이 첨예하게 대립했지만 선조의 지지를 받는 소북이 우세할 수밖에 없었다.

선조 39년(1606) 6월에 새 왕비가 영창대군을 생산하자, 선조가 회심의 미소를 지었다. 이제는 합법적으로 광해군을 제거할 수 있는 것이다. 영창대군이 탄생하자 유영경은 백관이 찾아뵙고 축하해야 마땅하다고 주장했다. 유영경이 그렇게 주장한 것은 '영창대군이야말로 적통을 이은 원자'라고 선언한 것과 진배없는데, 선조가 유영경의 입을 빌려 광해군을 죽이고야 말겠다는 의지를 공표한 것이라고 보는 게 타당하다. 영창대군의 탄생에 광해군은 절망했다. 14년에 걸친 세자 생활의 종막은 죽음이었다. 광해군은 영창대군이 책봉되기 전에 의문사를 당해야 할 것이다. 선조는 마지막으로 광해군에게 선위하겠다며 악어의 눈물을 보였다. 정인홍을 위시한 충신들을 몰아낸 상태지만, 유영경은 혹시라도 자신의 뜻에 따르지 않는 자들이 있을까 봐 군사를 동원하여 궁궐을 포위하는 등 위협했다. 모든 신료들이 선위를 반대하자 광해군의 운명은 결정되었다.

정인홍이 참다못해 죽음을 각오하고 상소를 올렸다. 선조 41년(1608) 1월 18일에 올린 정인홍의 상소는 유영경이 광해군을 해치려 하는 것을 강한 어조로 공격하는 한편, '계속 유영경을 감싸다가는 선조 당신도 무사하지 못할 것'이라는 극단적인 내용이다. 죽음을 각오한 정인홍의 상소에 조정이 발칵 뒤집혔다. 유영경이 사직서를 던지자 선조가 반려하여 재신임한 다음 정인홍을 위시한 대북의 주력을 유배했다. 다음 순서는 누가 봐도 광해군이다. 죽음의 카운트다운만 기다리던 광해군을 구한 이는 어이없게도 선조다.

> (유영경 외에) 또 여러 대신들의 말로 아뢰기를 "예문禮文에 모두 안정하고 기다린다고 하였으니, 의관醫官으로 하여금 입시케 하소서" 하였다. 여러 대신들이 모두 울면서 나왔는데, 잠시 후 곡성哭聲이 안에서 밖에까지 들리자 여러 대신과 궁궐 뜰에 있던 자가 모두 통곡하였다.
> —《선조실록》 41년(1608) 2월 1일

이날 드디어 선조가 죽었다. 광해군이 세자가 된 지 16년 만의 일로, 선조의 죽음은 광해군의 생존과 직결되었다. 광해군과 정인홍을 이길 자신이 없던 인목대비가 즉위 교서를 내렸다. 선조가 몇 년만 더 살았다면 영창대군이 즉위하고 인목대비는 유영경의 도움을 받아 수렴청정을 할 수 있었겠지만, 이제는 광해군의 시대가 되었다. 그러나 선조의 소름 끼치는 안배는 지금부터 시작이다.

❖ 결코 빠져나갈 수 없는 함정

광해군의 능력은 비범하고 눈부셨다. 광해군이 훌륭한 치세를 보인 것은 뛰어난 자질을 타고난데다, 백성과 함께 생활하면서 그들의 삶과 고통을 깊이 이해했기 때문이다. 광해군의 치세가 뛰어났다는 데는 이의를 제기할 수 없으나, 문제는 그 역시 왕권 수호와 보복에서 자유롭지 못하다는 점이다. 보복은 대북이 주도했지만 그들과 함께 묶인 광해군은 그들을 제어하기 어려웠다. 즉위 초기에 유영경 등 반대파를 죽인 것은 당연한 조치지만, 왕권을 지키기 위해서는 훨씬 많은 피가 필요했다. 가장 먼저 표적이 된 것은 임해군이다.

> 임해군을 강화도에서 죽였다. 임해군이 위장圍墻:울타리 안에 있을 때 다만 관비 한 사람이 그 곁에 있으면서 구멍으로 음식을 넣어주었는데, 이때 이르러 수장守將 이정표李廷彪가 핍박하여 독을 마시게 했으나 따르지 않자 드디어 목을 졸라 죽였다.
>
> ―《광해군일기》1년(1609) 4월 29일

광해군의 친형 임해군이 죽음을 당한 것은 1차적으로 명나라 때문이다. 광해군이 즉위한 뒤 명나라에게 보고하자 명나라가 "왜 장남이 즉위하지 않았느냐"며 따졌다. 국왕이 죽은 직후 세자가 즉위하는 것은 잠시라도 보위를 비워둘 수 없으니 지극히 당연한 일이다. 종주국 명나라도 책봉사를 파견하여 즉위를 승인하고 축하해야 했다. 그런데 전혀 예상치 못하게 힐책을 당하자 당황한 사신이 "임해군은 중한 병에 걸렸으며 미친 기가 있다"며 변명했는데, 놀랍게도 명나라가 칙사를 파견하여 진상 조사에 나섰다. 아무리 종주국이라 해도 즉위한 왕의 정통성을 심사한다는 것은 언어도단이다. 반역을 일으켜 즉위한 세조와 중종도 문제없이 승인한 명나라가 그렇게 나온 것은 뇌물을 원했기 때문인데, 명나라도 거의 막장에 접어들었다는 간접적 증거다. 칙사가 올 때마다 엄청난 뇌물을 주어 보내려니 임진왜란의 피해를 거의 복구하지 못한 조선은 허리가 휠 지경이었다. 그래도 계속해서 칙사를 보내자 광해군은 특단의 조치를 내렸다.

임해군은 어리석게도 죽음을 자초했다. 그 상황에서 임해군이 살 수 있는 길은 위중한 병에 걸린 척하거나 미친 짓을 하는 것밖에 없다. 그래도 살까말까 하는 판에 명나라를 믿고 "장남인 내가 왕이 되어야 한다. 광해군에게 보위를 도둑맞았다"며 떠들고 다녔으니 죽음을 면할 수 있겠는가. 임해군의 죽음은 명나라와 본인의 합작품이다.

최종 목표는 영창대군이다. 광해군과 대북의 입장에서는 영창대군이야말로 반드시 제거할 대상이다. 정식 왕비에게서 난 적통인데다, 선조가 유영경을 위시한 대신들에게 "영창대군을 잘 부탁한다"고 했으니 절대 그냥 둘 수 없다. 지금은 소북이 눌려 있지만, 언제 영창대군을 추대하려고 반란을 일으킬지 모르니 어떻게든 제거해야 했다.

> 좌변포도대장 한희길韓希吉이 아뢰기를 "지난달에 조령鳥嶺 길목에서 도적이 행상인을 죽이고 은자銀子 수백 냥을 탈취한 사건이 일어났습니다. 그런데 그 적괴賊魁인 서얼 박응서朴應犀는 도망갔고 도적 허홍인許弘仁의 노비 덕남德男 등을 체포했는데, 고문을 하기도 전에 낱낱이 자복하였습니다".
> —《광해군일기》 5년(1613) 4월 25일

영창대군 묘 ■ 경기도 안성시 일죽면 고은리에 위치한 영창대군 묘. 왕권과 신권의 역학 관계가 어지럽게 전개되던 시기에는 자신의 의지와 무관하게 죽어야 할 운명이 있었다. 광해군 입장에서 영창대군이 그랬다.

험난하기로 유명한 조령에서 도적이 출현하여 상인을 죽이고 재물을 탈취한 사건이 보고되었다. 겉으로 보아서는 대단치 않은 사건 같았는데, 수사를 시작하자 심상치 않게 발전했다. 체포된 박응서와 심우영沈友英, 서양갑徐羊甲, 박치인朴致仁, 박치의朴致毅, 이경준李耕準, 김평손金平孫은 모두 명문가의 서자다. 그들은 자칭 '강변칠우江邊七友'라 하며 서자가 출세할 수 없는 세상에 분노한 나머지 반역을 일으키려고 했다. 상인을 죽이고 재물을 탈취한 것은 군자금으로 쓰기 위해서라는 자백에 조정이 크게 놀랐다.

더 놀라운 것은 인목대비의 부친이자 영창대군의 외조부 김제남金悌男이 그들과 연루되었다는 점이다. 김제남이 강변칠우를 사주하여 반역을 도모했다는 수사 결과는 엄청난 충격으로 정치권을 강타했다. 그 사건역사에는 계축옥사癸丑獄事라고 기록되었다이 빌미가 되어 인목대비가 유폐되고 영창대군이 죽었는데, 고문에 못 이긴 강변칠우가 대북이

원하는 대로 자백한 것에 지나지 않는다. 대북은 가장 큰 위협을 제거했다고 기뻐했지만, 광해군은 친형을 죽인데다 계모를 유폐하고 동생까지 죽였으니 폭군으로 불려도 변명하기 어려워졌다.

다음 표적도 설정되어 있었다. 선조의 후궁 인빈 김씨 소생인 정원군定遠君의 차남 능창군은 문무를 겸비한 호걸풍의 공자公子다. 광해군에게 조카가 되는 능창군은 너무 똑똑하고 유능한 것이 문제였다. 반역 혐의로 체포된 자들이 능창군을 추대하려 했다고 자백하자 그의 운명도 결정되었다. 강화도에 유배된 능창군은 밥을 제대로 주지 않아 굶주리다가 스스로 목을 맨 의문사의 형태로 발견되었다. 정원군도 아들의 처참한 죽음에 충격을 받아 죽고 말았다. 반역이 양산되어 왕자가 두 명이나 죽고 왕비가 유폐된데다, 왕실의 공자가 죽음을 당했으니 조선 최대의 비극이라 해도 과언이 아니다. 그러나 칠서의 난은 비극의 서막일 뿐이다.

죽은 공명이 산 중달을 잡다
— 인조반정

❖ **나라와 백성을 죽인 반역**

마침내 광해군의 시대가 종지부를 찍었다. 광해군 15년(1623) 3월 12일 저녁, 서인들이 주동이 되어 일으킨 반역은 두 번째 반정으로 기록되었다. 16대 왕으로 즉위한 인조는 정원군의 장남 능양군綾陽君으로, 모함을 당해 죽은 능창군의 친형이다. 인조는 선조처럼 후궁의 손자라 계승권에서 한참 멀었지만, 반역자들에게 선택되는 바람에 왕이 되었다. 얼결에 왕이 되기는 했지만 세상에 왕만큼 좋은 자리가 어디 있겠는가. 인조는 꿈속에서도 꿈을 꾸는 심정이었겠지만, 어떤 불행이 기다리는지 알았다면 절대 왕을 하지 않았을 것이다.

반정에 성공한 서인들은 처음부터 혼란에 빠졌다. 정국을 이끌 관록과 정치력을 전혀 보유하지 못한 그들은 광해군의 국제 감각과 현

창의문 ■ 반정군이 창의문을 도끼로 부수고 창덕궁으로 난입해 광해군을 폐하고 인조를 왕으로 추대했다. 원래 문루가 없었으나 인조반정(仁祖反正)을 기리는 뜻으로 영조 17년에 문루를 세우고 반정공신의 명단을 붙였다. 서울시 종로구 창의동 소재.

실 정치를 전혀 이해할 수 없었다. 광해군은 만주에서 새롭게 일어나는 후금(後金)을 자극하지 않으려 했는데, 그것은 필연적으로 명나라의 반발을 불렀다. 영걸 누르하치가 이끄는 후금이 중원을 넘볼 정도로 성장하자 명나라는 크게 당황했다. 어떻게든 제압하려 했지만 노쇠한 명나라의 국방력으로는 신흥 후금의 발호를 막기 어려웠다. 다급해진 명나라는 광해군에게 칙사를 보내 임진왜란 때 지원군을 보낸 것까지 상기시키며 지원군을 요청했다. 그러나 광해군은 쉽게 응하지 않았다. 명나라의 분노가 폭발할 지경에 이르러서야 강홍립(姜弘立)을 사령관으로 강력한 부대를 파견했지만, 전력을 다해 싸우지 말고 알아서 행동하라는 밀명을 주었다. 강홍립이 한 차례 전투를 치른 다음 항복하자 광해군의 뜻을 안 누르하치가 크게 기뻐했다.

조선에서는 강홍립의 가족을 처벌하려 했지만 광해군은 생각이 달랐다. 광해군은 강홍립의 가족을 잘 대해주었는데, 강홍립을 이용해 누르하치와 의사소통하기 위해서다. 강홍립을 통해 광해군의 의도를 안 누르하치는 명나라와 전쟁에 집중할 수 있는 것을 매우 흡족하게 여겼다. 임진왜란의 피해를 복구하지 못한 약소국 조선이 살 길은 강한 자를 자극하지 않는 것밖에 없다. 뛰어난 현실 감각에 입각한 광해군의 국제 정치는 조선의 안전을 보장했지만, 그것을 못마땅하게 여기는 자들이 많았다. 사대주의가 뼈에 물든 조선의 지배 계층에게 광해군의 국제 정치는 최악의 불경이다. 그들의 시각에서 부모 이상으로 극진하게 섬기던 명나라를 배반하고 여진족 오랑캐와 붙으려는 광해군은 배은망덕하고 인간의 도리를 모르는 자다. 그런 자는 왕이라 해도 타도해야 마땅하다. 광해군의 폐위 사유가 표면적으로는 폐모살제에 따른 무도를 벌하는 것이지만, 실질적인 사유는 명나라를 배반한 것이라 해도 과언이 아니다.

광해군을 끌어내린 자들은 명분과 현실 사이에서 우왕좌왕했다. 현실적으로는 광해군의 국제 정책을 계승하여 명과 후금의 중간에서 줄타기를 하는 것이 백번 옳았다. 그러나 인조는 정통성이 부족했기 때문에 종주국의 승인을 받는 것이 시급했다. 망해가는 명나라에게 충성하다가 후금에게 화를 당할 것을 우려하는 목소리가 없지 않았지만, 정통성을 부여받아야 한다는 대세에 묻히고 말았다. 몇몇의 안전보장을 위해 국가의 안전을 내던진 대가는 확실하게 돌아왔다. 조선이 '친명배금親明排金' 정책으로 급선회하자, 후금에서는 중원을 제압하기 전에 배후의 위협이 될 조선을 짓밟아야 한다는 여론이 형성되었다. 게다가 반정공신으로서 논공행상論功行賞에 불만을 품고 다시 반역을 일으켰다가 실패한 이괄李适의 잔당이 후금으로 탈출하여 광해군의 복수를 요청하자 침공의 명분도 얻었다.

인조 5년(1627) 1월, 혹한을 뚫고 후금이 침공했다. 본래부터 열세한데다 반역을 방지하기 위해 훈련조차 금지당한 조선군은 세계 최강을 자랑하는 후금을 당하지 못했다. 후금군이 파죽지세로 남하하자, 인조는 도성을 버리고 강화도로 피신했다. 만주 지역을 아직 확고하게 장악하지 못한 후금이 일단 강화를 맺고 철수했다. 그러나 조선은 짐승처럼 여기던 오랑캐와 형제의 맹약과 외교 관계를 맺고 일방적으로 퍼주는 교역을 감내해야 했다.

호되게 당하고도 정신을 차리지 못하고 지극 정성으로 명나라를 섬기던 조선에게 결정타가 떨어졌다. 인조 14년(1636) 12월, 청으로 업그레이드된 여진의 제국이 전력을 기울여 침공했다. 이번의 침공은 부하를 보내 기선을 제압하려던 정묘호란丁卯胡亂과는 차원이 달랐다. 병자호란은 청의 2대 황제 홍타이지皇太極가 직접 출전하여 조선을 완전히 굴복시키려는 본격적인 전쟁이다.

이번에도 강화도로 피신하려던 인조는 적에게 길이

삼전도비 ■ 병자호란 때 인조가 청 태종에게 항복한 것을 기리기 위해 세운 삼전도비三田渡碑. 본래 명칭은 삼전도청태종공덕비三田渡淸太宗功德碑인데, 국치에 분노한 사람들에게 여러 차례 수난을 겪었다. 송파구 석촌동 위치. 높이 395cm, 너비 1401cm.

막히자 어쩔 수 없이 남한산성으로 들어갔지만, 결국 홍타이지에게 무릎을 꿇고 항복했다. 한민족의 왕이 외적에게 무릎을 꿇고 항복하는 수모를 당한 것은 백제의 의자왕과 고구려의 보장왕에 이어 세 번째다. 그나마 인조가 포로가 되어 끌려가지 않은 것은 홍타이지가 노리는 것이 중원이며, 굳이 조선을 멸망시킬 필요를 느끼지 못했기 때문이다.

하지만 패배의 결과는 혹독했다. 자주국으로서 존엄성이 여지없이 짓밟히고 보위를 이을 소현세자昭顯世子와 차남 봉림대군鳳林大君은 물론 나라를 이끌 신료들이 포로가 되었으며, 무수한 백성이 죽고 끌려갔으니 그 치욕을 어찌 감당하겠는가. 임진왜란부터 그렇게 당했으면 최소한의 내성耐性이라도 가졌을 법한데, 조선은 외침에 대한 면역을 전혀 기르지 못했다. 몇몇의 안위와 나라의 안전을 바꾼 결과 처참하게 패배하여 무수한 백성을 죽였으며, 종주국의 거래처가 강제로 바뀌었으니 무슨 할 말이 있겠는가. 조선의 유통기한은 그때 다했다.

◈ 무덤에서 웃는 선조

역사에 가정은 없다지만, 광해군이 쫓겨나지 않았다면 훨씬 나은 결과가 나왔을 것이다. 그러나 광해군은 파멸할 운명이었다. 선조가 광해군을 제거하려고 마음먹은 때부터 광해군의 운명은 비극으로 치달을 수밖에 없었다. 선조는 광해군을 제거하지 못하고 죽었지만, 잔혹하고 표독한 안배는 계속 살아남아 모든 것을 파국으로 이끌었다. 역사는 광해군이 살아남기 위해서는 인목대비를 폐하고 영창대군을 죽일 수밖에 없으며, 그 때문에 보복 당하게 프로그램 되었다. 선조가 광해군을 죽이고 천수를 다했다면 그 후 유영경의 무리가 영창대군의 안전을 확보하기 위해 다른 왕자들과 왕손王孫의 씨를 말렸을 테니 오히려 몇 배나 처참했으리라.

비극이 일어나지 않을 유일한 방도도 선조에게 있었다. 선조가 상식적으로 처신하여 자기 손으로 책봉한 광해군이 승인받도록 밀어주고, 후계 구도를 굳힌 다음 죽었다면 비극은 막을 수 있었을 것이다. 하지만 선조는 처음부터 끝까지 정상이나 상식과는 거리가 먼 사람이다. 죽은 선조가 광해군과 영창대군, 임해군을 죽이고 조선의 숨통까지 잡아 비틀었으니 시퍼렇게 살아 숨 쉬는 사마의司馬懿 중달仲達을 물리친 제갈량諸葛亮보다 몇 배나 윗길이 분명하다.

| 4장 |

테러, 완전범죄를 노리다

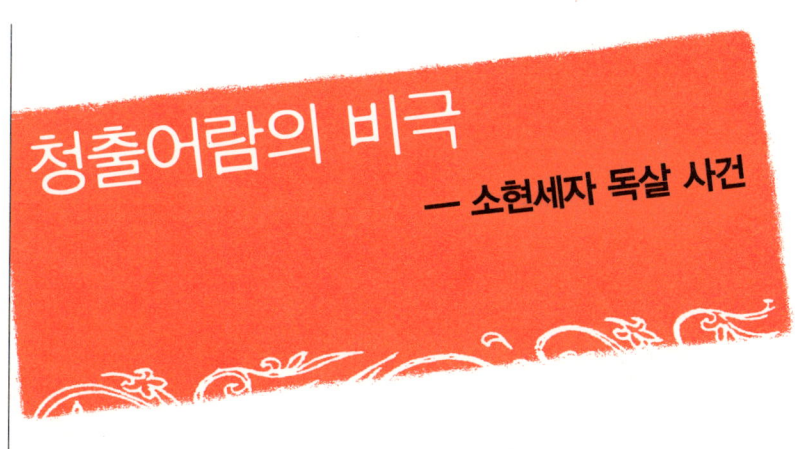

청출어람의 비극
— 소현세자 독살 사건

◈ 선조의 손자, 아들을 죽이다

　　세자가 9년 동안 타국에 있으면서 온갖 고생을 두루 맛보고 본국에 돌아온 지 겨우 수개월 만에 병이 들었는데, 의관들 또한 함부로 침을 놓고 약을 쓰다가 끝내 죽기에 이르렀으므로 온 나라 사람들이 슬프게 여겼다.

　　　　　　　　　　　　　　　—《인조실록》 23년(1645) 4월 26일

　　세자는 본국에 돌아온 지 얼마 안 되어 병을 얻었고 병이 난 지 수일 만에 죽었는데, 온몸이 검은빛이고 이목구비의 일곱 구멍에서는 모두 선혈이 흘러나오므로, 검은 광목으로 그 얼굴 반쪽만 덮어놓았으나, 곁에 있는 사람도 그 얼굴빛을 분간할 수 없어서 마치 약물에 중독되어 죽은 사람과 같았다.

　　　　　　　　　　　　　　　—《인조실록》 23년 6월 27일

소현세자의 죽음을 기록한 것 가운데 후자는 전형적인 독살의 소견이다. 전자의 기록 역시 '의관들 또한 함부로 침을 놓고 약을 쓰다가 끝내 죽기에 이르렀으므로'라는 구절로 보아 살해가 분명한 것 같다. 소현세자는 독극물과 고의적인 의료 사고로 처참하게 죽은 것이다.

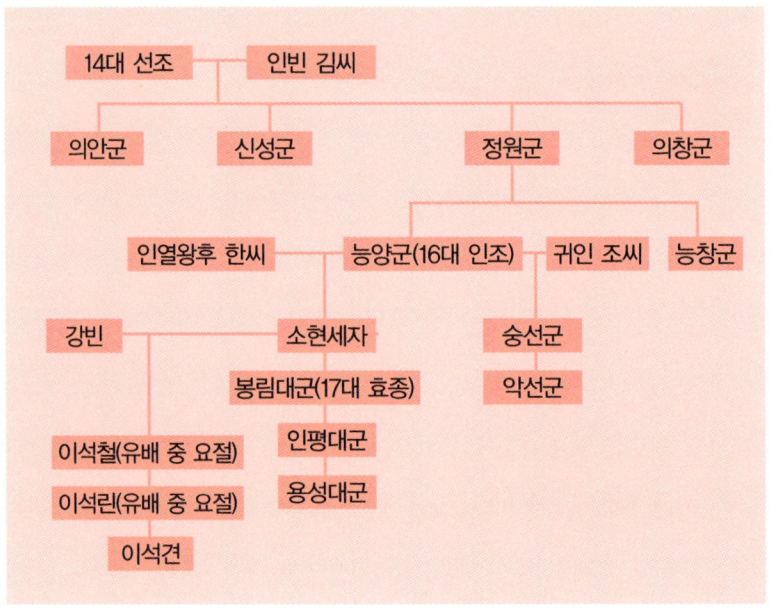

병자호란에서 참패한 대가로 봉림대군과 함께 청으로 끌려간 소현세자가 무사히 돌아온 것은 인조 23년 2월 18일이다. 피 끓는 청년 시절에 끌려간 소현세자가 9년 만에 의젓한 장년이 되어 돌아오자 신료와 백성들이 크게 기뻐했다. 비범한 재능에 큰 경험을 갖춘 소현세자는 조선의 희망이었다. 그러나 소현세자는 귀국한 지 두 달 만에 처참한 시체가 되었다. 인질로 끌려간 청나라에서도 끄떡없이 견딘

소현세자 묘 ■ 경기도 고양시 원당동 소재 서삼릉 권역에 있는 소현세자 묘. 조선의 역사에서 단골로 등장하는 가정 가운데 하나다. '만일 소현세자가 죽지 않고 왕위에 올랐다면……'

소현세자가 돌아온 직후 의문사를 당한 것 자체가 놀라운데, 더 놀라운 것은 범인이 아비라는 점이다. 인조는 장남을 독살한 것도 모자라 며느리 세자빈 강씨(姜氏)까지 역적으로 몰아 사약을 내리고 친정을 멸망시켰다. 그것으로 그치지 않고 손자들을 유배해 막내를 빼고 모두 죽였다. 인조는 무엇 때문에 그토록 참혹한 짓을 저질렀을까.

소현세자 부부가 끌려가던 날, 조야가 눈물바다가 되었다. 인조도 차마 말을 잇지 못하고 눈물을 쏟으며 보냈다. 자신의 잘못 때문에 아들이 사지로 끌려가니 얼마나 기막혔겠는가. 인조의 마음이 변한 것은 소현세자가 너무 유능했기 때문이다. 청의 수도 심양으로 끌려간 소현세자는 인질답게 기가 죽거나 비굴하지 않았다. 앞날에 대비하여 홍타이지가 함부로 대하지 말라고 엄명을 내리고 조선의 세자에 걸맞은 예우를 했지만, 소현세자 본인의 기개가 높고 기량이 뛰어나지 않았다면 살아남는 것 이상은 할 수 없었을 것이다.

　소현세자가 가급적 튀어 보이지 않으려고 노력했어도 청의 태종 홍타이지는 미래에 조선의 왕이 될 소현세자에게서 예상외의 자질을 발견하고 관심을 가졌다. 홍타이지는 이후 조선과 관계는 전적으로 소현세자에게 달렸다고 해도 과언이 아니라고 판단했기 때문에 그를 우대하면서 청나라에 반항하지 않도록 세뇌하려 했다. 소현세자는 그런 점을 적절히 이용하면서 생존과 미래에 가장 중요한 인맥을 구축해나갔다. 예친왕 도르곤多爾袞과 소현세자의 친분은 특기할 만하다. 도르곤은 청의 시조 누르하치의 14남으로 지혜롭고 용맹스러웠다. 명나라를 멸망시킨 주역이며, 홍타이지가 죽은 다음 3대 황제 순치제順治帝가 어린 나이로 즉위하자 섭정을 했을 정도로 강했다. 죽은 뒤 의황제성종義皇帝成宗으로 추존된 도르곤과 맺은 친분은 소현세자에게 큰 힘이 되었다. 또 실세 중의 실세 용골대龍骨大 같은 자와도 교분을 넓혔다.

　세자빈 강씨도 내조를 잘했다. 강빈은 소현세자 못지않게 지혜롭고 배포가 컸다. 강빈은 조선인 포로들을 데려와 농사를 짓게 하여 얻은 소출을 밑천으로 장사를 했는데, 수완이 좋아 소현세자의 처소가 날마다 문전성시일 정도로 큰 이득을 보았다. 그것이 상당 부분 로비 자금으로 활용된 것은 불문가지다. 강빈은 소현세자만큼이나 장래가 촉망되는 여성이었다.

　소현세자는 조선을 위해 백방으로 노력했다. 아직도 정신을 차리지 못한 조선은 트집 잡힐 일을 연발했으며, 청나라의 요구 조건도 무리한 것이 많았다. 소현세자가 적절히 중재하지 않았다면 조선은 매우 곤란한 처지에 빠졌을 것이다. 청나라도 소현세자의 중재에 만족했고, 현안을 논의하기에 이르렀다. 그러다 보니 소현세자의 존재가 자연스레 부각되었는데, 그것을 안 인조는 심기가 불편했다. 인간으로 여기지도 않던 오랑캐에게 항복하여 더 비참할 수 없을 지경으로 전락한 자신과, 당당하게 청나라를 상대하여 그들에게 인정받고 민심을 얻은 소현세자가 너무나 비교되었기 때문이다. 인조는 소현세자를 후계자가 아니라 지극히 위험한 경쟁자로 인식했다. 인조의 심기를 눈치 챈 간신배가 소현세자와 강빈을 모함하기 시작했다. 특히 강빈이 중전으로 행세한다는 모함이 인조의 고막에 틀어박혔다. 강빈이 중전이라면 소현세자는 왕이란 말이 아닌가. 그러나 실록에는 모함이라는 것이 적시되었다.

> 세자가 심양에 있을 때 집을 지어 단확丹雘:빨간빛이 고운 흙을 발라서 단장하고, 포로로 잡혀간 조선 사람들을 모집하여 농사를 짓게 하여 곡식을 쌓아두고는 그것으로 진기한 물품과 무역을 하느라 관소館所:처소의 문이 마치 시장 같았으므로, 인조가 그 사실을 듣고 불평스럽게 여겼다. 그런데 인조가 총애하는 후궁 조소용趙昭容이 전일부터 세자와 세자빈과 서로 좋지 않던 터라, 밤낮으로 인조에게 세자 내외에게 죄악을 얽어 만들어서, 저주를 했다느니 대역부도의 행위를 했다느니 하는 말로 빈궁을 모함하였다.
>
> ―《인조실록》 23년 6월 27일

소현세자 부부를 모함한 조소용은 숭선군과 악선군을 낳은 후궁 조씨로, 당시 인조의 총애를 받았다. 인조의 비 인열왕후가 죽고 없는데다, 소현세자와 봉림대군이 청나라로 잡혀간 환경은 조씨가 야심을 갖기에 충분했다. 소현세자를 제거하면 자기 아들에게 보위가 돌아갈 수 있다고 판단한 조씨가 강빈을 모함한 것은 어찌 보면 당연한 일이다. 후궁 조씨 말고도 자신의 이득에 따라 소현세자를 제거하려고 마음먹은 자들이 적지 않았다. 조정을 장악한 반정공신들이 대부분 소현세자를 탐탁지 않게 여겼다고 해도 과언이 아니다. 소현세자가 즉위하면 나라를 갉아먹고 민폐만 끼치는 반정공신들을 가만두지 않을 것이 분명했다. 소현세자의 즉위를 막으려는 자들의 노력은 필사적이었다.

> 사간원이 아뢰기를 "왕세자가 4년 동안 청나라에 있다가 돌아오는 경사를 보게 되어 신민들이 좋아하고 성상께서 기뻐하고 있으니, 하늘에 계신 조종의 신령께서도 말없는 가운데서 반드시 흐뭇해하고 계실 것입니다. 그런데 종묘사직에 고하고 진하陳賀하는 절목에 대해 모두 정식으로 시행하지 않으시고, 세자가 돌아오는 길에도 여연輿輦:탈것과 의물儀物:의원과 의료품, 궁료宮僚:보좌관 중 어느 하나도 맞이하는 의식이 없습니다. 이것이 비록 백성들을 아껴 폐단을 제거하고자 하는 지극한 뜻에서 나온 것이기는 하지만, 세자의 행차가 어떤 일인데 이와 같이 간략하게 한단 말입니까. 해조의 계사에 의거하여 시행하도록 하소서" 하니, 인조가 따르지 않았다.
>
> ―《인조실록》 18년(1640) 2월 24일

소현세자 부부가 4년 만에 조선에 다니러 온 것은 인조가 병환이 걸렸기 때문이다. 청나라도 소현세자에게 부친의 문병을 허락할 수밖에 없었는데, 인조가 세자에 대한 기본적인 예우를 하나도 허락지 않았다. 너무하다 싶었는지 사간원에서 정상적으로 맞이할 것을 건의했지만 인조가 받아들이지 않았다.

소현세자는 이후 한 번 더 휴가를 얻어 귀국할 기회가 있었다. 청나라에 들어간 지 8년째인 인조 22년(1644)에 강빈의 부친이 돌아가는 바람에 일시 귀국이 허락되었다. 그때 인조는 더욱 이해할 수 없는 태도를 보였다. 인조가 빈소에 가는 것을 막는 바람에 부친상을 치르기 위해 급히 귀국한 강빈은 곡을 하지도 못했으며, 병환이 깊은 모친도 찾아뵙지 못했다. 노비들도 부모가 죽으면 거적때기라도 마련하여 묻을 짬을 주는 법인데, 동방예의지국을 자처하는 조선의 세자빈이 어찌 빈소를 찾아 곡을 할 수 없단 말인가. 대신들이 한목소리로 부친상을 모시게 할 것을 주청했지만 인조의 뜻을 꺾지 못했다.

소현세자 부부는 그냥 돌아갈 수밖에 없었는데, 놀랍게도 소현세자가 관련된 반역 모의가 있었다. 물론 말도 안 되는 것이다. 반역의 내용 자체가 '소현세자가 돌아오면 거사하려 했지만 그가 별로 뜻이 없는 것 같아 다른 방도를 취하려 했다'는 등 지극히 한심했다. 소현세자가 언제 돌아올 줄 알고 추대하려 했다는 것인가. 설령 돌아왔을 때를 노려 반역에 성공한다고 해도 청나라가 인정하지 않으면 헛일이다. 반역할 타이밍을 놓친 다음에는 청나라로 돌아간 소현세자와 어떻게 연락을 취할 것이며, 그때 반역이 성공하여 소현세자를 옹립하려고 해도 청나라가 돌려보내지 않으면 그 역시 실패의 나락으로 떨어지는 것이 아닌가. 누가 봐도 이해할 수 없는 사건이지만 인조는 그렇게 여기지 않았다. 게다가 소현세자의 주변에 파견한 자들도 하나같이 부정적인 보고를 보냈다. 인조는 중대한 결정을 내렸지만 목숨을 걸고 막아야 할 충신은 없었다. 인조의 주변에는 그와 이득을 함께 하는 반정공신과 추악한 간신이 득시글거렸지만, 소현세자는 조선이 어떻게 돌아가는지 전혀 몰랐다.

❖ 죽음을 향해 돌아오다

소현세자가 끌려간 지 9년 만에 영구 귀국했다. 그때가 인조 23년 2월인데, 청이 소현세자를 풀어준 것은 명나라를 결정적으로 격파했기 때문이다. 중원에 입성하려는 필생의 소원을 이룬 이상 위협이 되지 않는 조선의 왕자들을 붙잡아둘 필요가 없었다. 괜히 더 잡아두었다가 병에 걸리거나 사고를 당해 죽기라도 하면 좋을 것이 없는데다, 소현세자와는 충분히 대화가 통했으니 흔쾌히 보내줄 수 있었을 것이다.

돌아오는 소현세자의 마음은 복잡했다. 조선으로 돌아가는 것은 꿈에도 바라던 일이지만, 그동안 형성된 가치관이 크게 흔들렸기 때문이다. 명나라와 청나라의 전쟁을 참관한 소현세자는 엄청난 충격을 받았다. 소중화小中華를 자처하며 그토록 떠받들고 섬기던 명나라를 거침없이 쓰러뜨리는 청에게 복수한다는 것은 멸망을 자초하는 지극히 어리석은 짓이다.

또 다른 충격은 전혀 다른 세계와 접촉한 데 따른 것이다. 천주교가 대동한 서양의 과학 문명을 접한 소현세자는 놀라지 않을 수 없었다. 천주교의 교리는 그의 가치관과 세계관을 뒤흔들었다. 조선의 정신을 구성하는 성리학이 관념적이고 비생산적인 데 비해, 서양의 학문과 문물은 놀랍도록 뛰어난데다 즉시 실생활에 적용할 수 있었다. 명의 멸망을 목격하고 서양 문물을 접한 소현세자는 국제사회에서 조선이 점유한 위치를 아프게 절감했다. 대물림된 지금의 가치관이 유지되는 이상 조선의 미래는 없다. 소현세자는 힘의 논리가 지배하는 세계에서 조선이 살아남으려면 종전의 가치관과 고정관념에서 탈피해야 한다고 확신했다. 그러기 위해서는 자존심이 상하더라도 일단 청을 중심으로 하는 질서에 편입해야 한다. 그러나 소현세자는 뜻을 펼칠 수 없었다. 나라와 백성을 구할 큰 뜻을 펼치기는커녕 귀국한 지 두 달 만에 구멍이란 모든 구멍에서 선혈을 쏟고 얼굴도 알아볼 수 없는 처참한 죽음을 당하고 말았다. 그것도 아비의 손에 죽었으니 얼마나 비통했겠는가.

인조가 소현세자를 죽였다는 직접적 증거는 없지만, 모든 정황이 인조가 범인이라는 것을 확신하기에 충분하다. 가장 먼저 제시되는 증거는 소현세자의 죽음에 직접 관련이 있는 의원에게 아무런 책임도 묻지 않았다는 것이다. 왕이나 세자가 죽으면 불치병이나 불가항력적인 사고라 해도 치료를 맡은 의원들에게 도의적인 책임을 묻게 마련이다. 게다가 실록에 침을 함부로 놓았다고 기록됐을 정도라면 소현세자를 담당한 의원은 국문을 면할 길이 없지 않은가. 당시 대간들이 나서서 함부로 침을 놓아 사흘 만에 소현세자를 죽인 시의侍醫 이형익李馨益을 국문해야 한다고 주청했다. 대간으로서는 당연한 주청이나 인조가 받아들이지 않았다. 대간이 재차 삼차 주청했지만, 인조는 오히려 이형익을 비롯한 의원들을 감싸고돌았다.

또 인조는 소현세자의 상례喪禮를 파격적으로 축소했다. 본래 세자의 장례는 제왕에 준한다. 세자가 죽으면 왕과 왕후도 3년 동안 상복을 입는 것이 관례인데, 인조는 일주일 만에 상복을 벗었다. 그뿐 아니라 재궁梓宮으로 칭해야 할 세자를 일반적인 호칭인 구柩라고 했으며, 무덤도 원園으로 존중하지 않고 묘라고 격하했다. 소현세자의 죽음에 큰 의혹이 있는데도 최소한의 문책조차 하지 않는데다, 이런 식으로 서둘러 종결하려 하니 의심이 들 수밖에 없다.

소현세자를 죽인 인조의 칼끝은 멈추지 않았다. 며느리 강빈에게는 요망한 술법으로 인조를 저주하고 시녀를 시켜 인조의 식사에 독을 탔다는 혐의를 씌웠다. 사랑하는 남편을 잃고 식음을 전폐한 강빈은 졸지에 대역죄인이 되었다. 아무리 인조에 대한 원한이 사무쳐도 어찌 독을 타서 살해할 결심을 하며, 설령 그러고 싶어도 곳곳에 감시의 눈길이 번득이니 언감생심이 아닌가. 강빈이 끝까지 억울함을 호소했으나 받아들여지지 않았다. 인조는 자백을 얻기 위해 강빈의 시녀들을 잔혹하게 고문했지만, 온몸이 찢기고 불타면서도 시녀들은 끝내 자백하지 않고 죽어갔다. 자백을 얻는 데 실패한 인조는 심증과 추정으로도 충분하다는 억지를 부려 강빈에게 사약을 내렸다. 장남에 이어 며느리까지 죽이려는 반인륜적 행위에 얼마 남지 않은 충신들이 죽음을 무릅쓰고 반대하고, 뜻 있는 선비들의 상소가 빗발쳤지만 인조는 한술 더 떠 강빈의 친정까지 몰살했다.

다음 제물은 손자들이다. 소현세자의 장남 이석철이 후계를 물려받아야 하는데, 인조는 역적 강빈의 아들로 연좌하여 손자들을 제주도로 귀양 보냈다. 그때 제주는 한 번 가면 다시 돌아오기 어려운 절해고도絶海孤島였다. 그나마 아량을 베풀어 거기 있다가 죽으라는 인조의 뜻은 머지않아 바뀌었다. 조선에 들른 청나라의 맹장 용골대가 그 사실을 알고 "차라리 내가 청나라로 데려가 양육하는 것이 좋겠다"고 말하자 인조가 펄쩍 뛰었다. 큰손자 이석철은 정통의 계승자 아닌가. 이석철이 청나라에서 장성하여 세력을 얻으면 부친의 원수를 갚고 조선의 왕이 되려 할 것이 분명하다. 용골대의 발언이 있은 지 오래지 않아 이석철과 둘째 이석린이 죽었으며, 그들을 모시던 나인들도 책임을 추궁당해 죽고 말았다. 막내 이석견이 겨우 살아남았지만 더 이상 정통을 주장할 수 없었다.

◈ 선조를 빼닮은 왕

　　　　　　　　　　이제 인조가 범인이 아니라면 오히려 이상하다. 그는 무엇 때문에 아들과 며느리에 이어 손자들까지 죽였을까. 인조와 선조가 동일선상에 있는 것은 혈연뿐 아니다. 그들은 후궁 소생의 손자로 세상이 정상적이라면 왕이 될 수 없었을 정도로 정통성이 희박했으며, 뛰어난 후계자를 두었다는 공통점이 있다. 두 사람은 전쟁을 겪으며 지도력을 의심받는 과정에서 자신이 책봉한 후계자를 극도로 경계하다가 파국적인 결과를 초래하고 말았다. 그리고 선조와 인조는 종주국에 따른 왕위 교체를 극도로 불안해했는데, 아무래도 청에게 무릎을 꿇은 인조가 훨씬 절박한 입장이었을 것이다.

> 청인淸人이 나에게 입조하라고 요구한 것은 전한前汗:청 태종 홍타이지 때부터 그러하였으나 내가 병이 들었다는 것으로 이해시켰기 때문에 저들이 강요하지 못하였다. 그런데 이제 듣건대 구왕예친왕 도르곤은 나이가 젊고 강퍅하다고 하니 그 뜻을 어찌 헤아릴 수 있겠는가. 전일에는 세자에 대한 대우를 지나치게 박하게 하다가 이제는 오히려 지나치게 후하게 한다 하니, 나는 의심이 없을 수 없다.
> ―《인조실록》 21년(1643) 10월 11일

　　청 태종 홍타이지가 죽고 3대 황제 순치제가 즉위하자, 청이 인조에게 입조하여 신하의 예를 올릴 것을 요구했다. 이때 순치제는 여섯 살이라 예친왕 도르곤과 정친왕 지르갈랑濟爾哈朗이 섭정을 했는데, 도르곤의 세력이 더 강했다. 조선도 그쯤은 알고 있었기 때문에 입조를 요구한 자가 도르곤일 것으로 판단했다. 그때 인조는 자신이 입조하면 도르곤이 억류하고 소현세자를 왕으로 책봉하여 보낼 것을 우려했다. 그렇지 않아도 소현세자를 경계하던 인조로서는 몸이 아프다는 등 핑계를 대고 입조하지 않았다. 그 사건은 소현세자를 경계하는 결정적인 계기가 되었는데, 역시 핑계일 뿐이다. 본래 종주국을 섬기는 번국의 왕은 황제에게 입조하는 것이 예의다. 조선의 왕은 한 번도 종주국의 황제에게 입조하지 않았지만, 그것이 예의에 합당해서가 아니라 피차 굳이 그럴 필요까지 없다는 공감대가 형성되었기 때문이다.

이때 도르곤이 입조를 요구한 것은 파워를 과시하려는 목적이었다. 인조에게 입조를 요구하는 자체로 도르곤의 위세가 더욱 등등해지지 않겠는가. 도르곤이 정말 원했다면 인조를 상왕으로 올리고 소현세자에게 즉위하라는 칙서를 보낼 수도 있었다. 그러나 청나라가 그런 방식을 동원하여 왕을 교체하는 무리수를 둘 필요가 있었을까. 조선이 힘을 잃었다지만 그런 식으로 왕을 바꾸려 들었다가는 결코 승복하지 않았을 것이다. 게다가 입조를 요구한 인조 21년에는 명나라와 청나라의 전쟁이 결정적인 국면에 접어들기 전이었다. 그런 상황에서 인조를 불러 억류하고 소현세자를 왕좌에 올려봐야 무슨 이득이 있겠는가. 누르하치 못지않은 도르곤이 그렇게 어리석은 결정을 내릴 리 만무하다.

도르곤이 주도적으로 입조를 요구한 것은 같은 섭정 지르갈랑보다 우월하다는 것을 과시하기 위한 정치적인 제스처였으리라. 도르곤의 입조 요구는 '국내 용도의 정치적 제스처'일 확률이 높지만, 청나라에 항복한 인조로서는 심상치 않게 받아들였을 수 있다. 신료들이 우려할 것까지는 아니라는 결론을 내렸어도 인조는 그것을 실체적인 위기로 포장하여 소현세자를 제거하기 위한 포석으로 삼았다. 기록을 보면 체통이 서지 않을 것도 우려했다지만, 홍타이지에게 무릎을 꿇고 두 아들까지 인질로 바친 인조가 더 잃을 체통이나 있겠는가. 인조의 행위는 인간으로서는 저지를 수 없는 최악의 범죄며, 그토록 목을 매던 성리학의 가르침을 정면으로 부정한 반인륜적 폭거다. 자리를 지키기 위해 아들과 며느리, 손자들을 죽인 왕이 다스리는 나라가 어찌 소중화를 자부할 수 있으며, 동방예의지국을 자처할 수 있는가. 잔학무도한 짓을 태연히 저지른 인조도 대단하지만, 그런 왕에게 '어질 인仁'의 묘호를 바친 자들도 대단하다.

　후계는 차남 봉림대군으로 정해졌지만, 형이 당한 꼴을 똑똑히 목격한 봉림대군은 자신이 살아남을 수 있는 길을 체감했다. 나중에 효종으로 즉위한 봉림대군은 청나라를 철저히 배격하는 모습을 보여 인조를 흡족하게 했으며, 되지도 않을 북벌을 줄기차게 주장했다. 생존을 위한 이데올로기에 지나지 않는 북벌을 죽을 때까지 주장한 효종이 측은하기도 하지만, 그를 그렇게 만든 자가 누구인가. 오직 자신을 위해 자식들을 싸우게 만들어 역사를 퇴보시킨 선조의 안배는 오랑캐에게 항복하고 자식과 손자를 몰살하는 최악의 왕을 탄생시켰다. 그때부터 조선은 동양의 이등 국가로 전락했는데, 생각할수록 광해군이 아쉬운 대목이다.

반역이 부른
반역의 이율배반
— 경종 독살 사건, 이인좌의 난

◈ 바람 잘 날 없던 숙종의 시대

　　　　　　　　　　　　　　　　영조 4년(1728) 3월 중순, 이인좌李麟佐가 반란을 일으켜 청주를 함락했다. 이인좌의 난은 조선 후기의 제도권이 기획한 반란답지 않게 무력이 실제로 투사된데다, 규모가 '전국구 급'이었다. 충청도의 이인좌에 이어 경상도에서 정희량鄭希亮이 거병하여 안음과 거창, 합천, 함양 등을 점령했으며, 전라도에서도 박필현朴弼顯이 호응하여 가담하려 했다. 게다가 평안도병마절도사 이사성李思晟과 궁궐을 지키는 금군별장禁軍別將이자 삼도수군통제사를 역임한 남태징南泰徵 같은 인물까지 가담했으니 보통 일이 아니었다.

　이인좌 등은 소현세자의 증손자 밀풍군密豊君 이탄李坦을 왕으로 추대했는데, 이는 인조가 정통으로 삼은 봉림대군 계열을 정면으로 부정하는 것이다. 이인좌의 반란군은 무서운 기세를 떨치며 도성을 향해 북상했지만 진압군에게 참패했다. 이인좌와 정희량 등은 실패한 선배들의 뒤를 따라야 했으나, 아이로니컬하게도 그들이 일으킨 반란이 영조에게 큰 도움이 되었다. 큰 도움을 준 정도가 아니라 취약한 왕권을 결정적으로 굳히는 역할을 해 반란을 일으키지 않는 편이 나았을 지경이다. 그토록 어이없는 반란이 일어난 과정을 살펴보자.

영조의 부친이자 조선 19대 왕 숙종부터 추적하는 것이 순서다. 숙종은 잘 알려지지 않은 편이지만, 대단히 교활하며 잔인하게 제거하는 술수에 능했다. 당파 싸움이 극에 달한 시기였기에 부득이한 측면이 강했지만, 일관성 없는 숙종의 처세는 적잖은 혼란과 비극을 야기했다.

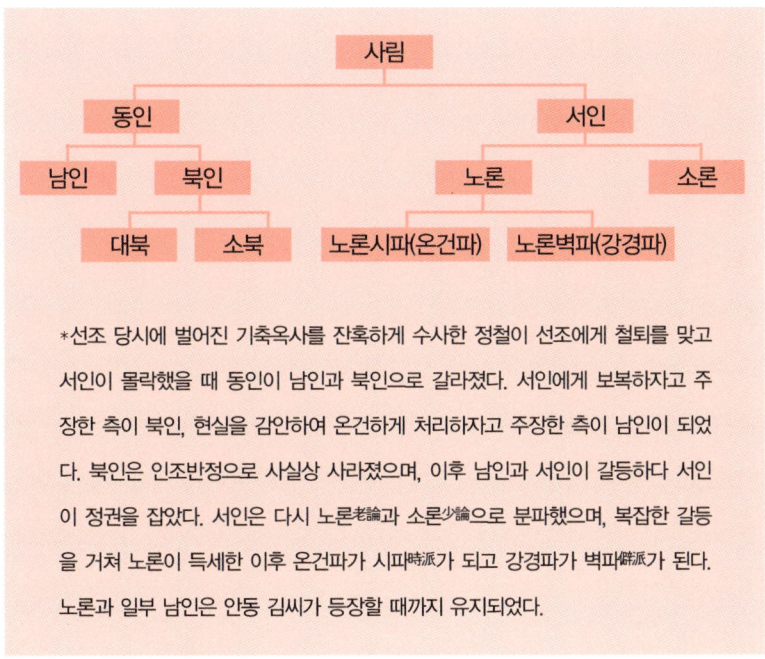

*선조 당시에 벌어진 기축옥사를 잔혹하게 수사한 정철이 선조에게 철퇴를 맞고 서인이 몰락했을 때 동인이 남인과 북인으로 갈라졌다. 서인에게 보복하자고 주장한 측이 북인, 현실을 감안하여 온건하게 처리하자고 주장한 측이 남인이 되었다. 북인은 인조반정으로 사실상 사라졌으며, 이후 남인과 서인이 갈등하다 서인이 정권을 잡았다. 서인은 다시 노론老論과 소론少論으로 분파했으며, 복잡한 갈등을 거쳐 노론이 득세한 이후 온건파가 시파時派가 되고 강경파가 벽파僻派가 된다. 노론과 일부 남인은 안동 김씨가 등장할 때까지 유지되었다.

숙종이 즉위했을 때까지는 인조반정을 성공한 서인이 주도권을 잡았다. 숙종의 치세가 진행되면서 남인이 반격하는데, 이는 서인 중심으로 운영되는 정국에 불만을 가진 숙종의 뜻이 반영된 것이다. 특히 인조 때 출사하여 숙종까지 4대째 왕을 모시는 송시열宋時烈의 영향력은 절대적이었다. 송시열은 효종으로 이어진 후계 구도를 탐탁지 않게 여겼다. 왕권과 송시열은 예송논쟁禮訟論爭을 통해 극렬하게 대립했다. 효종이 죽자 계모 자의대비장렬왕후가 상복을 입는 기간을 놓고 논란이 벌어졌다. 열여덟 살에 즉위한 현종은 곤룡포를 입자마자 당파 싸움에 휘말렸다.

왕이 죽었을 때 계모가 상복을 입는 기간은 아직 시행된 예가 없는데, 송시열은 굳이 삼년상에 준하여 3년까지 입을 필요는 없고 1년이면 족하다고 주장했다. 송시열은 '장남이 죽으면 부모도 3년을 입어야 하지만, 차남 이하는 1년만 입으면 된다'는《주자가례朱子家禮》의 내용을 확대해석 하여 주장의 근거로 사용했다. 효종의 예우를 차남에 준하는 것으로 하겠다는 송시열의 주장은 정치권에 큰 파장을 불러 일으켰다. 정통은 본래 장남인 소현세자지만 인조에게 죽음을 당한 뒤 아들 이석철 등에게 넘어가야 할 후계 구도가 당시 봉림대군이던 효종에게 넘어갔다. 하지만 정통이 아니라 해도 효종은 엄연히 왕이다. 효종이 죽은 뒤 송시열이 차남의 예우를 적용하려는 것은 정통성을 인정하지 않겠다는 의미다. 남인이 극렬하게 반대했지만 송시열의 파워가 워낙 강하다 보니 그의 주장이 받아들여졌으며, 왕실의 권위가 크게 실추되었다. 이것이 현종 즉위 직후 벌어진 '1차 예송논쟁'의 전말이다.

송시열이 효종의 정통성을 꼬집고 훼손한 것은 효종이 서인의 우

송시열 ■ 송시열은 비중이 큰 신하 가운데 한 사람이 아니라 조선의 정치 그 자체였다. 17대 효종부터 그의 손자 숙종에 이르기까지 송시열을 제어할 수 있는 왕은 없었으며, 모든 정치는 그를 중심으로 움직였다. 송시열은 죽은 다음에도 오래도록 영향력을 잃지 않았다.

산에 안주하려 하지 않았기 때문이다. 효종도 북벌이 불가능하다는 것을 잘 알지만, 땅에 떨어진 왕권을 회복하려면 북벌이 반드시 필요했다. 인조가 당한 굴욕과 나라의 원수를 갚겠다는 북벌의 명분에는 누구도 반대할 수 없었다. 효종이 북벌을 이용하여 왕권을 강화하자, 권력이 제한된 서인은 불만이 많았다. 그러던 와중에 효종이 죽자 서인이 '효종 격하 운동'을 벌이는데, 그런 시각에서 보면 1차 예송논쟁은 '신권 회복 운동'이라고 해도 과언이 아니다.

'2차 예송논쟁'의 빌미도 자의대비다. 현종 말년에 효종의 비 인선왕후가 죽자, 자의대비가 상복을 입는 기간을 놓고 다시 시비가 벌어졌다. 송시열 등 서인은 《국조오례의國朝五禮儀》에 '큰며느리가 죽으면 시어머니가 1년을 입어야 하고, 둘째 이하 며느리가 죽으면 9개월을 입어야 한다'는 내용을 근거로 9개월을 주장했다. 효종에 이어 왕비의 정통성까지 훼손하려는 송시열의 시도는 격렬한 반대를 불러왔다. 이때는 현종이 재위 15년에 이르러 어느 정도 정치력이 있었기에 효종의 정통성을 지지하여 1년을 주장하는 남인의 손을 들어주었다. 그에 따라 송시열이 유배당하자 남인이 득세했다. 이것이 2차 예송논쟁의 대략적인 결말이다.

　인선왕후의 상례가 끝나기도 전에 현종이 죽고 숙종이 즉위하자, 유배에서 풀린 송시열이 다시 포문을 열었다. 송시열을 대표로 내세운 서인이 인선왕후의 상례를 9개월로 해야 한다고 주장하자, 남인이 반대하고 전국의 유생들도 의견이 갈리는 바람에 온 나라가 시끄러웠다. 이에 숙종은 다시 송시열을 유배함으로써 남인의 우세를 확고하게 해주었다. 남인에 대한 숙종의 배려는 그것으로 그치지 않았다. 왕비 인현왕후가 생산이 없는 것을 빌미로 후궁 출신의 장옥정玉貞:장희빈을 왕비에 준하는 빈으로 승격시켜 가까이했다. 인현왕후가 서인 가문인 데 비해, 장희빈이 남인 가문 출신으로 각각 당파를 대표한다 할 수 있다.

　그런 와중에 서인이 분열하는데, 어이없게도 남인에게 승리한 직후 분열의 원인이 발생했다. 서인의 핵심 김석주金錫冑가 남인을 모함하여 실각하게 했는데, 이를 경신환국庚申換局이라 한다. 경신환국의 결과 서인이 다시 정권을 잡았다. 그런데 서인의 소장파가 남인에게 보복하는 것을 반대했다. 송시열을 위시한 주류파는 "보복은 보복을 낳을 뿐이며, 이제는 당쟁의 폐단을 끊을 때"라는 소장파의 대의적인 주장을 절대 수용할 수 없었다. 이전에도 갈등이 적지 않던 주류파와 소장파는 노론과 소론으로 갈라졌다.

　서인이 다시 뭉친 것은 장희빈이 왕자를 낳았기 때문이다. 총애하는 장희빈이 왕자를 낳자 숙종은 크게 기뻐했다. 숙종이 장희빈의 소생인 왕자 이윤李昀을 원자로 책봉하려 하자, 노론과 소론이 극렬하게 반대했다. 원자는 세자의 전 단계가 아닌가. 남인 출신 장희빈의 아들이 즉위하면 남인이 득세할 것이 불 보듯 뻔했다. 다시 서인으로 뭉친 노론과 소론의 대표 송시열은 원자 책봉을 정면으로 반대했다. 송시열과 서인은 필사적이었지만 숙종도 물러설 수 없었다. 마침내 결심한 숙종이 송시열을 위시한 서인의 주력을 파직하고 유배한 다음 송시열에게 사약을 내렸다. 핵심을 잃고 철퇴를 맞은 서인이 급격히 붕괴했지만 숙종은 그것으로 그치지 않았다. 인현왕후를 내치고 장희빈을 중전으로 삼는데, 서인이 몰락하고 남인이 득세한 일련의 사건을 기사환국己巳換局이라 한다.

숙종이 서인을 몰락시키고 장희빈의 소생을 원자로 책봉했으니 남인은 더 바랄 게 없었다. 그러나 정권을 독점하여 갖은 이권에 개입하고 청탁을 받는 등 부정부패를 저지르던 남인의 세상도 오래가지 못했다. 남인이 '인현왕후 복위 운동'을 전개하던 서인을 체포하고 투옥하여 숙종에게 보고했는데, 숙종이 어이없게도 남인의 주력을 유배했다. 숙종은 인현왕후를 다시 불러들이고 장희빈을 빈으로 강등하여 내쳤다. 세간에 알려진 것처럼 얼굴만 예쁘지 교양이 없는 장희빈에게 혐오를 느끼고, 인현왕후를 몰아낸 것을 후회했기 때문이 아니다. 강한 당파가 정국을 장악하는 것을 저지할 능력이 없는 숙종이 주기적으로 이이제이의

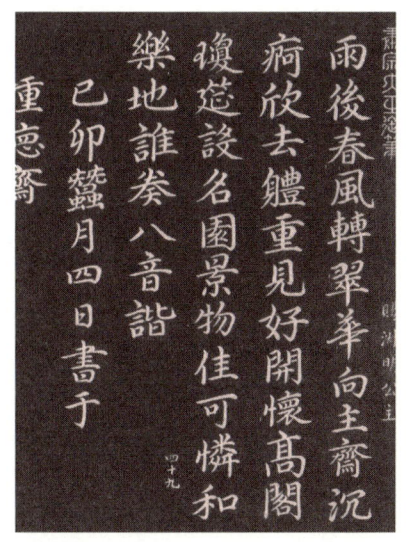

숙종의 글씨 ■ 전혀 빈틈이 보이지 않을 정도로 꼼꼼하고 치밀한 필체에서 술수와 정략에 능한 숙종의 모습이 보이는 것 같다. 그의 주변에 있던 사람들은 대부분 불행했다.

전술을 사용한 결과다.

숙종은 사약을 내린 송시열 등의 명예를 회복시키고 노론과 소론을 등용했다. 남인이 결정적으로 몰락한 그 사건이 갑술환국甲戌換局인데, 당쟁의 절정은 이제부터다. 숙종이 판을 깔아준 노론과 소론의 대립은 필연적이었다.

이번에는 장희빈이 빌미가 되었다. 숙종이 장희빈을 전혀 마음에 두지 않는다는 것을 안 노론이 장희빈을 죽이려는 계략을 꾸몄다. 숙종이 어렵지 않게 동의하여 장희빈에게 사약을 내리려 하자, 소론이 "어찌 세자의 생모를 죽일 수 있느냐"며 반대했다. 소론이 대의를 들어 반대했지만 숙종은 끝내 사약을 내렸다. 노론은 나아가 세자를 폐하기 위한 공세를 펼쳤다. 숙종은 세자가 조금만 잘못해도 "누구의 자식인데 어련하겠느냐"며 꾸짖기 일쑤였다. 노론은 세자가 숙종의 눈 밖에 났다는 것을 확신했다. 자신들이 죽인 장희빈의 아들이 즉위한 뒤 보복 당할 것이 두려웠던 노론은 세자를 제거해야 했다. 숙종도 연산군의 전례가 있기에 세자를 폐하고 싶었을 텐데, 노론이 장희빈을 죽이려 사주한 자체가 숙종의 뜻을 감지하여 세자를 폐하기 위한 준비 작업이라고 할 수 있다.

그때는 후궁 가운데 숙빈 최씨가 연잉군延礽君을 낳고 명빈 박씨가 연령군延齡君을 낳은 다음이다. 연잉군이 서열이 앞서고 숙종의 사랑을 받았기 때문에 연잉군으로 세자를 대체할 수 있었다. 장희빈을 죽인 데 이어 세자까지 바꾸려는 노론의 시도는 소론의 격렬한 반대에 부딪혔다. 소론이 결사적으로 반대했지만 숙종은 결정을 내린 상태였다. 정유독대丁酉獨對라 하여 숙종이 일체의 기록을 배제한 상태에서 영중추부사領中樞府事 이이명李頤命과 만나 특단의 조치를 당부했다. 정유

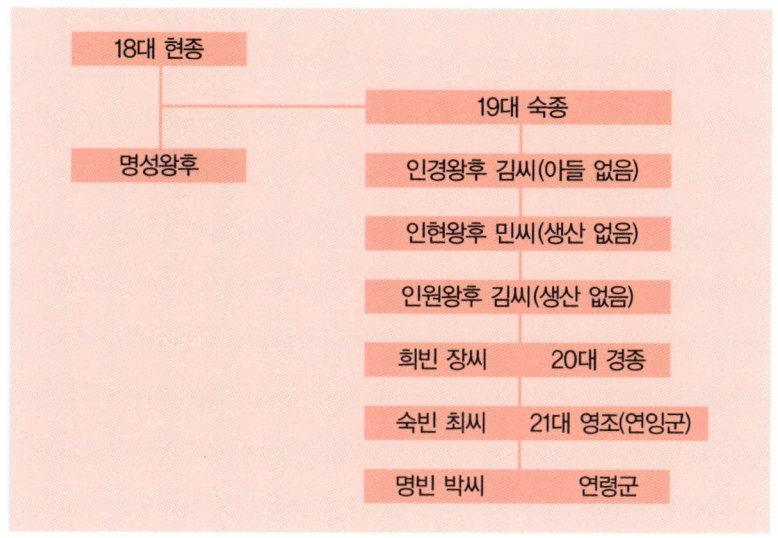

독대의 자세한 내용은 알려지지 않았으나, 이후의 진행을 보면 세자를 폐하려는 상세한 계책이 논의된 것이 분명하다. 아비에게 사랑을 받지 못한 세자는 마침내 버림받았다. 생모가 사약을 받고 처참하게 죽은 데 이어 강제로 끌어내려질 날만 기다리던 세자를 살린 것은 어이없게도 숙종이다. 숙종이 승하하자 노론이 도끼눈을 뜨고 바라보는 가운데 세자가 겨우 즉위했다.

경종과 영조의 영원한 악연

20대 경종은 불행한 왕 가운데 한 사람이다. 경종은 즉위하자마자 극한의 압박을 당했다. 노론은 제거되어야 마땅한 세자가 즉위한 것에 노골적으로 불만을 나타냈다. 노론에게는 다행스럽게도 경종은 건강하지 못했다. 서른둘 한창 나이에 즉위했지만 본래 병약한데다 모친의 죽음을 목격하고 툭하면 숙종의 꾸짖음을 듣다 보니 심신이 극도로 쇠약했다. 그런 몸으로는 자식을 갖는 것조차 어려웠는데, 노론은 후궁을 들이라고 주청하는 대신 이복동생 연잉군을 후계자로 삼으라고 강권했다. 소론은 경종이 아직 젊으니 더 기다려야 한다고 반대했지만 노론은 막무가내였다. 결국 경종은 연잉군을 왕세제王世弟로 삼았다. 노론의 전폭적인 지지에 힘

영조 어진 ■ 보기 드문 명군이지만 즉위 과정은 말할 수 없이 복잡하고 험난했다. 숙종을 닮아 술수에 능하고 두뇌 회전이 빠를 것 같다.

입어 왕세제가 된 연잉군이 21대 영조다. 영조는 보기 드문 명군으로 그의 출현이 조선에 매우 다행스러웠지만, 즉위 과정은 말할 수 없이 복잡하고 험난했다.

정언 이정소李廷熽가 상소하기를 "지금 우리 전하께서는 춘추가 한창이신데도 아직껏 세자가 없으시니……". 노론의 여러 대신들이 임금을 만나 말하기를 "성상께서 춘추가 한창 젊으신데도 아직껏 후계가 없으시니, 신은 부끄럽게도 대신으로 있으면서 주야로 걱정이 됩니다. 후계를 정하는 것은 매우 중대한 일이나 감히 먼저 말씀드리지 못하겠습니다. 지금 대신정

언 이정소 등의 말이 지당하니 누가 감히 이의가 있겠습니까?" 하니, 판중추부사判中樞府事 조태채趙泰采가 말하기를 "송나라 인종이 두 황자를 잃으니 춘추는 비록 늦지 않았지만 간신諫臣:간관 범진范鎭이 건저를 소청疏請하고 대신 문언박文彦博 등이 힘써 찬성하여 대책大策을 정한 바 있습니다. 이제 대신의 말이 나왔으니 오래 끌 수는 없습니다. 청컨대 빨리 처분을 내리소서" 하였고, 이건명李健命은 말하기를 "자성慈聖:인원왕후의 하교에 매양 이르시기를 '국사가 걱정이 되어 억지로 미음을 든다' 하셨으니, 비록 상중[哀疚 숙종의 상]이라도 종사를 위한 염려가 깊으신 것입니다. 이 일은 일각이라도 늦출 수가 없으므로 신 등이 감히 깊은 밤중에 뵈옵기를 청한 것이니, 원컨대 전하의 생각을 더하시어 빨리 대계를 정하소서" 하였다. ……임금이 이르기를 "윤종允從한다" 하자, 여러 신하들이 모두 말하기를 "이는 종사의 무강無彊한 복입니다".

—《경종실록》1년(1721) 8월 20일

이날 노론의 대신들이 밤늦게 대궐에 들어와 경종과 면담을 요청했다. 먼저 대간 이정소가 경종이 후사가 없음을 우려하여 빨리 후계자를 정해야 한다고 청했다. 그것은 대간으로서 도저히 할 수 없는 말이다. 자신의 입으로 '우리 전하께서는 춘추가 한창이신데도'라고 말했다면 중전이 원자를 가질 때까지 기다리든가 후궁을 들이라고 주청해야 마땅하다. 다른 자들이 후계를 세우자고 말해도 죽음을 각오하고 저지해야 할 간관이 앞장서서 불충을 저지르니 개탄할 노릇이다. 밤중에 감히 대궐에 들어와 왕에게 면담을 요청하고 대간을 앞세워 입에 담기조차 어려운 주청을 했다는 것은 조정이 완전히 노론의 손에 들어갔으며, 경종의 왕권이 땅에 떨어졌음을 의미한다. 이때 경종은 윤허라는 표현을 쓰지 않고 윤종, 즉 신하들의 뜻에 따르겠다고 할 정도로 힘이 없었다.

경종의 뜻이 그렇다 해도 왕실의 가장 어른인 대비전의 허락이 필요했다. 당시 대비는 숙종의 세 번째 비 인원왕후다.

> 이건명이 말하기를 "자전慈殿: 대비전의 수찰手札이 있어야만 거행할 수 있습니다" 하자, 임금이 책상 위를 가리키면서 이르기를 "봉서封書는 여기 있다" 하니, 김창집金昌集이 받아서 뜯었다. 봉투 안에는 종이 두 장이 들었는데, 한 장에는 해서楷書로 '연잉군'이란 세 글자가 있고, 한 장은 언문諺文 교서인데, 이르기를 "효종대왕의 혈맥과 선대왕先大王: 숙종의 골육으로는 다만 주상과 연잉군뿐이니, 어찌 딴 뜻이 있겠소? 나의 뜻은 이러하니 대신들에게 하교하심이 옳을 것이오" 하였다. 여러 신하들이 모두 읽어보고는 울었다. 이건명이 사관으로 하여금 해자로 언문 교서를 번역해서 승정원에 내리게 하고…….

노론의 대신들이 경종과 면담했을 때는 인원왕후가 연잉군을 후계자로 삼으라는 교서를 내린 다음이다. 그것으로 미루어 노론이 들어온 것은 인원왕후의 묵계에 따른 것이 분명하다. 인원왕후가 연잉군을 후계자로 할 것을 명한 명분은 '효종대왕의 혈맥'으로 표현되는 정통의 혈육이 경종과 연잉군뿐이라는 데 있다. 인조가 봉림대군을 정통으로 삼은 이후 효종과 현종, 숙종까지 이어진 것을 '삼종三宗의 혈맥'이라 했는데, 경종이 후사가 없으면 삼종이 끊기고 왕위가 소현세자 계열로 넘어갈 것을 우려한 것이다. 어떤 명분이 제기되든 연잉군의 후계자 낙점은 경종의 고사枯死가 전제된다.

노론이 연잉군을 후계자로 삼게 한 것은 칼을 들지 않았을 뿐 반정과 마찬가지다. 반정을 당한 왕이 무사한 사례가 있는가. 이제 경종에게 미래는 없지만 아직 절차가 남아 있었다. 새로운 왕이나 세자가 정통성을 인정받기 위해서는 종주국의 승인과 책봉이 필요했다. 당시는 거래처(?)가 청나라로 바뀐 지 오래였기에 그들에게 알리고 왕세제의 책봉을 받아야 했다. 보고를 받은 청나라는 왕의 아들 대신 배다른 동생이 후계자가 된다는 점을 의아하게 여겨 그 까닭을 묻자, 사신으로 간 대신이 "경종은 발기 불능이라 자식을 가질 수 없기 때문"이라고 태연하게 대답했다. 자신이 모시는 왕을 고자라고 폄하하다니, 세상에 어찌 그럴 수가 있단 말인가. 게다가 일이 제대로 풀리지 않을 것에 대비하여 경종에게 뇌물을 달라고 했는데, 액수가 적다며 추가로 지출할 것을 요구했다. 노론은 그 정도로 경종을 무시하고 압박했다.

◈ 치고받는 싸움

집의執義 조성복趙聖復이 상소하기를 "전하께서 종사의 큰 계책을 생각하시고 형제의 지극한 사랑을 미루어, 위로는 선왕의 뜻을 체득하고 안으로는 자전의 뜻을 받아들여…… 전하께서 신료를 대할 때나 업무를 결재하는 사이에 언제나 왕세제를 불러 곁에 모시고 참여해 듣게 하고, 옳고 그름을 알게 하며 일에 따라 가르쳐 익히게 한다면, 반드시 업무에 밝고 익숙하여 나랏일에 도움 되는 바가 있을 것입니다".

— 《경종실록》 1년 10월 10일

노론은 이번에도 대간인 사헌부의 조성복을 앞세웠다. 왕세제 연잉군을 정사에 참여시키라는 요구는 왕을 교체하기 위한 직전 단계다. 신료들은 어떤 경우라도 대리청정代理聽政: 왕이 병들거나 기타 이유로 세자에게 대리하라고 명하는 것을 반대해야 했다. 그것은 왕에 대한 기본적인 예의기도 하지만, 대리청정을 이용하여 신료들의 충성심을 떠보거나 교묘하게 이용하려는 왕들이 있었기 때문에 무조건 반대하고 봐야 했다. 특히 사헌부의 중진으로서 대간 조성복 같은 자는 죽음으로 반대해야 할 텐데, 오히려 앞장서서 연잉군을 정치에 참여시키라고 주청하니 기막힐 따름이다. 조성복은 한술 더 떴다.

> 전하께서는 그때 아직 나이가 어렸으나 오히려 이렇게 말하였는데, 오늘날 동궁은 장성한 나이가 전하의 당년보다 갑절이 될 뿐만 아니니…….

'전하께서는 그때 아직 나이가 어렸다'는 것은 숙종이 세자 시절의 경종에게 대리청정을 명했다가 취소한 것을 이른다. '지금 연잉군의 나이(28세)가 경종이 대리청정을 명 받을 때보다 두 배나 많으니 충분히 업무를 감당할 수 있지 않느냐'는 조성복의 말은 역적이 아니고는 입에 담을 수 없는 것이다. 왕으로서는 차마 감내할 수 없는 수모지만 어차피 각오하지 않았는가. 경종은 자신의 건강이 매우 나쁘다고 말하며 연잉군에게 보위를 넘기려 했다. 이제 경종의 운명은 결정적이었다. 원치 않는 상왕으로 진급한 다음 안온한 삶을 누리기는 어려울 것 같았다. 정종처럼 이방원에게 안전을 보장받고 안락한 노후를 보내기보다는 숙부에게 왕위를 빼앗긴 다음 노산군魯山君으로 강등되고 비참한 죽음을 당한 단종의 전철을 밟을 우려가 컸다. 폐비되고 사약을 받은 죄인 장희빈의 아들은 누구의 동정도 받지 못하고 쓸쓸하게 죽어갈 것이다.

노론이 경종을 가혹하게 몰아세운 것은 보복이 두려웠기 때문이다. 지금은 노론이 정권을 잡고 있지만, 언제 상황이 뒤바뀔지 알 수 없다. 경종과 같은 배를 탄 소론이 뭔가 술책을 꾸미기 전에 경종을 끌어내려야 했다. 경종이 양자를 들이는 등 편법을 사용할 우려도 없지 않다. 양자를 들여 후계를 이으면 소론의 세상이 될 게 아닌가. 양자가 소론과 손잡고 경종과 장희빈의 원한을 풀겠다고 나서는 날에는 노론이 멸종될 판이다. 노론이 확실하게 안전을 보장받는 길은 가급적 빨리 연잉군을 즉위시키는 것밖에 없다.

노론이 원하는 것을 얻기 직전, 예상치 못한 상황이 발생했다. 경종이 노론의 뜻을 받아들여 연잉군을 정사에 참여시키겠다는 자신의 발언을 취소한 것이다. 노론이 경종을 압박하여 언어도단의 언질을 받아낸 것을 안 소론은 죽음을 각오하고 나섰다. 어차피 경종이 물러나면 함께 몰락할 수밖에 없는 소론이 결사적으로 나오자 경종도 힘을 얻었다. 경종은 몸이 약하지 바보가 아니기에 이번까지 밀리면 끝장이라는 것을 잘 알았다.

소론의 각오에 용기를 얻은 경종이 연잉군에게 물려주겠다는 발언을 번복하자 정국이 긴장에 휩싸였다. 이후 복잡한 양상이 전개되었지만 어떻게든 왕위를 유지하려는 경종의 의지가 결정적으로 작용했다. 경종의 의지는 소론이 웅크린 몸을 펴고 반격에 나서는 동력이 되었다. 소론이 노론의 행위를 역모로 몰아세우고 노론의 핵심을 탄핵했다. 그에 따라 정유독대의 당사자인 영중추부사 이이명을 위시하여 영의정 김창집과 좌의정 이건명, 판중추부사 조태채 등 네 명이 유배를 당했다. 그들뿐 아니라 요직을 차지한 노론도 파직과 유배를 당하자 소론이 그 자리를 차지하고 정권을 장악했는데, 이 사건을 신축옥사辛丑獄事라 한다.

역전에 성공한 경종과 소론은 기세를 몰아 노론을 박멸하려 했다. 신축옥사가 일어난 지 불과 석 달 뒤인 경종 2년(1722) 3월 27일, 목호룡睦虎龍이라는 자가 노론이 반역을 일으키려 했다고 고발했다. 목호룡은 반역의 수단이 세 가지나 있다고 진술하는 등 고발의 내용이 매우 상세했다. 노론 일파가 경자년(1720) 숙종의 국상 때 혼란한 틈을 타서 보검을 가지고 궁궐의 담을 넘어 경종을 죽이려 했다는 대급수大急手, 중국에서 사 온 환을 약에 타서 먹이려 했다는 소급수小急手, 유언비어를 퍼뜨려 경종을 헐뜯고 숙종의 교지를 내려 세자 경종을 폐출하려 했다는 평지수平地手를 삼급수三急手라 했다. 목호룡의 고발은 신축옥사와는 비교도 되지 않는 파괴력을 발휘했다. 이이명을 위시한 노론의 대신들은 물론 70명에 달하는 노론이 죽음을 당하고, 100명이 넘게 유배되었다. 노론의 대신들이 사흉四兇으로 매도당하고 노론이 결정적으로 격파된 이 사건을 임인옥사壬寅獄事라 하는데, 신축옥사와 함께 신임옥사辛壬獄事로 통칭한다.

기획 반역이 대부분 그렇듯 목호룡의 고발도 현실성이 없었다. 그러나 중요한 것은 경종이 왕권을 회복하고 소론이 정권을 잡았다는 점이다. 이제는 연잉군이 위험했다. 연잉군은 반역에 직접 연루되었다는 혐의를 받아 언제 죽어도 이상할 것이 없었다. 소론은 짐승을 잡는다는 구실로 연잉군이 오가는 길에 덫을 놓고 함정을 팠으며, 심지어 내관들을 시켜 연잉군을 습격하기도 했다. 칼을 든 내관들이 대궐에서 연잉군을 습격하여 살해하려다 미수에 그친 것은 보통 사건이 아니다. 그러나 경종은 체포된 범인들을 고문하여 내막을 밝히지 말 것을 명했으며, 얼마 지나지 않아 범인들이 의문사를 당했다. 노론이 경종을 제거하려 한 것처럼 소론과 경종도 연잉군을 제거하지 않고는 안심할 수 없었다. 그러나 소론 일각에서 삼종의 혈맥을 죽일 수 없지 않느냐는 여론이 형성되었으며, 직접적인 방법을 쓰기 곤란하기도 했다. 소론은 방법을 바꿨다. 문제의 본질은 경종이 생산이 없다는 것 아닌가. 일단 양자를 들여 후사를 잇게 하면 연잉군은 어쩔 수 없이 왕세제 자리를 내놓아야 할 것이다. 역모의 혐의가 걸린 데다, 아무것도 아닌 신세가 된 연잉군은 유배된 다음 의문사 당할 우려가 컸다. 상황이 완전히 역전된 이상 인원왕후도 연잉군을 도울 수 없었다.

죽음의 공포에 떨던 연잉군을 구해준 사람은 경종이다. 숙종이 죽었을 때 경종이 즉위한 것처럼 경종의 죽음은 왕세제 연잉군이 영조로 즉위하는 데 기여했다. 그러나 경종은 죽은 뒤에도 두고두고 영조를 괴롭혔다. 경종의 죽음에 영조가 깊숙이 개입되었다는 의문 때문이다. 경종이 상극으로 치는 게장과 생감을 먹고 탈이 나는 바람에 죽음에 이르렀는데, 그것을 바친 사람이 영조라는 것이 의혹의 근원이다. 당대에는 그것이 어김없는 사실로 통용되었고 나중에 이인좌가 반란을 일으켰을 때 명분으로 사용되었지만, 아무리 봐도 의혹 이상의 무엇이 있는 것 같지는 않다.

경종이 게장과 생감을 먹고 탈이 났다는 것은 《경종실록》과 《경종수정실록》에 동일하게 나타난다. 하지만 소론 측이 기록한 《경종실록》에 영조가 문제의 음식을 바쳤다는 기록이 없다는 것부터 이상하다. 실제로 그런 일이 있었다면 소론 측이 기록하지 않을 리 만무하다. 더욱 이상한 것은 경종이 영조가 바친 음식을 먹을 리 없다는 점이다. 영조가 미치지 않은 다음에야 스스로 의심받을 짓을 저지를 리 없거니와, 경종 역시 제정신이 아니고는 제거해야 마땅할 정적이 바친 음식을 먹지 않을 것이기 때문이다. 게다가 경종 주변에 있던 의원들은 대체 무엇을 했기에 경종이 위험한 것을 먹을 때는 가만히 있다가 탈이 난 다음에야 상극이라고 떠든단 말인가. 영조가 게장과 생감을 바쳤다가는 그것이 빌미가 되어 죽음을 당할 게 뻔한데, 그에게 혐의를 두는 것은 지극히 상식적이지 못하다. 그런데도 영조가 경종을 독살한 것처럼 알려진 것은 두 사람이 워낙 첨예하게 대립했기 때문이리라. 모함과 유언비어가 유통되지 않은 시대는 없었다.

◈ 영조를 도운 반란

천신만고 끝에 즉위했지만 영조의 고난은 이제부터 시작이다. 영조와 함께 기사회생한 노론이 보복하려 하는 것은 당연하다. 영조도 자신을 죽음으로 몰아넣으려 한 목호룡을 위시한 소론의 과격파를 죽이고 핵심을 유배했지만, 복수가 필요 이상 진행되어서는 곤란했다. 왕이 강한 당파에게 휘둘리는 모습을 너무나 많이 봐온 영조는 자신의 지지 기반이 지나치게 커지는 것을 경계했다. 영조는 가장 중요한 의정부의 삼정승에 소론을 등용했다. 이는 뒷날 영조의 상징이 되는 탕평책蕩平策의 편린이라고 볼 수도 있다. 그러나 소론에게 신임옥사를 당해 박멸될 지경까지 갔던 노론이 가만 있을 리 만무했다. 노론은 "같은 배를 탔으면서도 어찌 이럴 수가 있느냐"며 격하게 반발했다. 견디다 못한 영조는 그들의 뜻에 따라 인

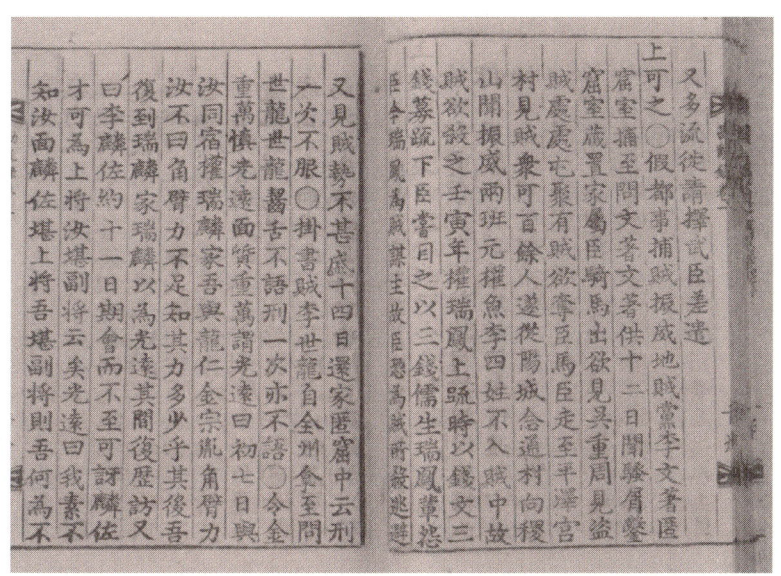

《감란록勘亂錄》 ■ 1728년 일어난 이인좌의 난의 전말을 각종 자료에서 뽑아 편집한 책. 장서각 도서.

사를 개편했다. 또 신임옥사 때 억울하게 죽음을 당하고 사흉으로 매도된 노론의 대신들을 사충四忠으로 칭하고 사당도 세워주어 명예를 회복시켰다. 노론이 역적으로 매도당한어느 정도는 사실 아닌가 신임옥사가 정면으로 부정되고, 노론이 다시 등용되는 조치를 을사처분乙巳處分이라 한다.

아무렴 노론이 그것으로 만족하겠는가. 소론에 대한 증오심을 빼면 남는 것이 없는 노론은 영조를 계속 압박했다. 소론을 멸종하라는 노론의 극렬한 요구는 영조의 반발을 불렀다. 영조는 노론과 소론을 가리지 않고 유능한 사람을 고르게 등용할 것을 천명했다. 그 결과 당파에 얽매여 보복을 노리던 노론의 주력이 억제되고 소론의 핵심이 등용되었다. 영조를 등에 업은 소론의 목소리가 커지자, 이번에는 지지 기반인 노론이 불리해지기 시작했다. 영조가 노론과 반목하자 소론이 그 틈을 타고 재역전의 기회를 노린 것이다. 이래서는 탕평책은커녕 당파도 제어할 수 없었다. 영조가 머리를 싸매고 드러누울 무렵, 그예 반란이 터지고 말았다.

반란의 주역은 소론의 과격파다. 이인좌는 영조에게 독살당한 경종의 원한을 풀겠다는 명분으로 거병했는데, 권력에서 소외당한 남인 일부가 가세했다. 그들이 반역이라는 극한적 수단을 선택한 것은 그동안 벌어진 당쟁의 결과를 너무나 잘 알기 때문이다. 소론의 골수들은 영조를 전혀 믿지 않았다. 왕이 되기 위해 경종을 독살한 영조가 무엇을 못 하겠는가. 영조의 지지 기반이 노론인 이상 발 뻗고 잠들기는 애당초 틀린 일이다. 지금은 소론을 배려하는 것처럼 보이지만, 언제 본색을 드러내고 피바람을 일으킬지 알 수 없다. 멍청하게 이용당하다가 비참하게 제거되느니 이판사판으로 붙어보는 것이 훨씬 현명한 선택이다. 반역자들은 영조가 경종을 독살했다고 소문을 퍼뜨렸으며, 자신들은 경종의 원수를 갚고 세상을 바로잡기 위해 일어난 의사들이라고 선전했다. 그들의 의도대로 되었다면 세상이 다시 한 번 뒤집어졌겠지만 세상은 그렇게 녹록하지 않았다. 이인좌는 실패한 선배들의 뒤를 따라야 했다.

이인좌의 난이 진압된 후 소론이 공포에 질렸다. 전혀 현실성이 없는 고발만으로도 반역의 혐의를 뒤집어씌울 수 있는 세상에 소론이 주체가 된 반란이 일어났으니 입이 열 개라도 할 말이 없었다. 이제 영조가 마음만 먹는다면 소론을 박멸하고도 남았다. 누가 봐도 정변을 피할 수 없는 일이지만 영조는 의외로 관대하게 넘어갔다. 반란을 빌미로 소론을 박멸하면 다시 노론의 세상이 될 텐데, 이는 영조가 원하는 바가 아니다. 소론은 확실하게 약점을 잡힌 이상 함부로 나서지 못했으며, 영조가 이전의 왕들 같지 않다는 것을 안 노론도 일단 추이를 지켜보려 했다. 비로소 영조가 주도권을 잡았으니 이인좌야말로 영조의 일등 공신이다. 왕을 없애려고 일으킨 반란이 도리어 왕권을 굳혀주었다는 것이 아이로니컬하지만, 그 왕이 무려 51년 7개월이나 재위하여 최장기 재위 기록을 세운 영조라는 것도 자못 심상치 않다.

왕의 목숨을 노리는 사람들
— 정조 암살 미수 사건

❖ **대궐에 자객이 침범하다**

　　　　　　　　　　　　정조 1년(1777) 7월 28일 늦은 밤, 경희궁慶熙宮에 해괴한 사건이 발생했다. 정조는 독서를 즐겨 조정의 업무를 끝내면 주로 존현각尊賢閣에서 책을 읽었다. 그날도 독서할 요량으로 피곤한 몸을 추슬러 존현각에서 촛불을 밝히고 책을 펼쳤는데, 갑자기 천장에서 발자국 소리가 들렸다. 마침 내관을 다른 곳에 보낸 참이라 정조 혼자 있었는데, 정체불명의 발자국 소리가 점점 가까워졌다. 발자국은 옥좌가 있는 곳까지 범접하기에 이르렀다. 거기에서 기와 조각과 모래를 던지는 소리가 낭자하여 공포스럽기 짝이 없었다.

　정조가 한참 동안 고요히 들어보며 도둑이 들어 시험해보는지 살피고, 내관과 주변의 관리를 불러 횃불을 들고 소리 난 곳을 수색하도록 했다. 기와 조각과 자갈, 모래, 흙이 이리저리 흩어진 모양을 보니 사람이 밟고 차며 소란을 부린 것 같았다. 누군가 외부에서 침입한 것이 틀림없다. 정조가 대궐을 지키는 책임을 맡은 심복 홍국영洪國榮에게 철저히 수색하도록 명했으나 날이 어둡고 수풀이 무성하여 침입자를 찾지 못했다. 괴한이 대궐을 범접한 것은 유례가 없는 사건인데, 아무래도 정조를 암살할 목적으로 보였다.

왕을 암살하려던 전대미문의 사건은 얼마 지나지 않아 꼬리가 밟혔다. 8월 11일 밤, 놀랍게도 무기를 든 괴한들이 나타났다. 당시 인근을 경비하던 무사는 김춘득金春得과 김세징金世徵이다. 누군가 나지막한 목소리로 두세 차례 경비하는 무사들을 부르자 김세징이 응하려고 했다. 이때 심상치 않은 느낌이 든 김춘득이 기지를 발휘하여 김세징을 제지한 다음 조용히 동정을 살폈다. 잠시 후 괴한들이 아무도 없는 것으로 판단하여 대궐의 담을 넘으려 하자, 김춘득이 인근의 무사들과 함께 추격하여 체포했다. 그들을 심문하니 예전에 존현각을 범접한 자가 포함되었는데, 과연 정조를 암살할 목적이었다. 그 사건으로 노론 강경파가 철퇴를 맞는 등 엄청난 파장이 발생했다.

그런데 어쩌다가 왕이 암

정조 어진 ■ 할아버지 영조와는 그리 닮지 않았지만, 신중하고 사려 깊어 보인다. 그러나 왕이 되기까지 겪어야 했던 고난의 세월은 많이 닮아서, 정조의 즉위 과정도 영조 못지않게 험난했다.

살의 대상이 되었단 말인가. 고려 말 공민왕 시대를 방불케 하는 일대 사건인데, 가장 영명한 군주로 꼽히는 정조가 살해 위협을 당했다니 믿기지 않는다. 비밀을 알기 위해서는 정조의 어린 시절로 거슬러 올라가야 한다.

◈ 잔혹한 군주 영조

영조가 자기 아들이자 정조의 부친 사도세자思悼世子를 뒤주에 가둬 죽인 것은 널리 알려진 일이다. 그 비극적인 사건은 대단히 복잡한 정치적 동기에 따른 것이며, 정조가 즉위한 이후 목숨을 위협당한 것과 직접 관련이 있다. 사건의 발단은 의외로 단순하다. 영조 31년(1755) 2월 4일, 전라도 나주의 객사客舍 담벼락에 임금과 조정을 비방하는 괘서掛書가 붙었다. 전라감사 조운규가 보고하자 영조가 당장 범인을 체포하라고 엄명해 수사가 시작되었다. 머지않아 범인이 잡혔는데 예상대로 정권에서 소외된 자들이다. 괘서를 붙인 사람은 윤지尹志라는 자인데, 문제는 그의 부친이다. 윤취상尹就商은 소론의 과격파이자 한성판윤과 훈련대장을 역임한 자로, 노론을 탄압하는 데 앞장섰다가 영조가 즉위한 직후 사형당한 거물이다.

윤지는 이름난 수재로 과거에 급제했지만, 부친에게 연좌되는 바람에 출세하지 못했다. 이후 이인좌의 난에 연루되어 제주에서 오랜 유배를 겪다가 한 단계 낮은 나주로 유배지를 옮겼는데, 울분을 참지 못하여 괘서를 붙이기에 이른 것이다. 그의 처지를 생각하면 이해 못 할 일도 아니지만, 영조는 이 사건을 역모로 규정한 다음 철저히 수사하여 반역자들을 뿌리 뽑으라고 명령했다. 영조가 진두지휘하여 소론을 박멸하기 시작했다. 이인좌의 난 때 굳이 소론을 연루시키지 않던 영조가 드디어 본색을 드러냈다. 소론이 몰살당하는 빌미를 제공한 그 일을 '나주 괘서 사건'이라 한다.

> 30년 동안 고심하던 일을 이제야 비로소 성과를 맛보게 되었으니, 노론과 소론, 남인, 북인이 모두 한 덩어리로 돌아가 옛날에 충성하던 자는 편안하게 그대로 있을 것이며, 옛날에 역적 같기도 하면서 역적이 아닌 자 또한 마음을 고쳤을 터이니…….
>
> ―《영조실록》 31년 3월 5일

'30년 동안 고심하던 일을 이제야 비로소 성과를 맛보게 되었다'는 것은 소론을 완전히 제거하고 친위 부대인 노론 위주로 정치할 수 있게 되었다는 뜻이다. 집권 초기 이인좌의 난이 발생했을 때 소론을 연루시키지 않은 것은 당파를 제어할 역량이 모자랐기 때문이다. 그러나 충분한 힘과 권위를 갖춘데다 노론의 역량도 성숙했다고 판단하자, 영조는 이제 탕평책이 필요치 않았다. 영조는 이전의 왕들처럼 당파에 휘둘리거나, 강한 당파를 견제하기 위해 반대 당파에 힘을 실어주는 소극적이고 소모적인 정치를 할 생각이 추호도 없었다. 그것은 왕과 조정과 백성에게 피해만 준다. 확고하게 정국을 리드할 수 있다면 독주 체제로 가는 것이 백번 효율적이고 생산적이다. 기회를 노리던 영조는 별것 아닌 괘서 사건을 이용하여 소론을 때려잡고 노론을 전면에 내세웠다.

이때 전혀 예상치 못한 일이 발생했다. 사도세자가 소론을 두둔하고 나선 것이다.

이 뒤의 일은 네게 달렸으니, 너는 그것을 굳게 지키며 흔들리지 말고 세도世道를 진압하도록 하라.

여기서 '너'는 사도세자인데, 영조가 역모 제거의 마무리를 맡긴 것은 당시 사도세자가 대리청정을 했기 때문이다. 영조가 사도세자에게 대리청정을 맡긴 것은 6년 전인 영조 25년(1749년) 1월 22일 늦은 밤이다. 그때 영조는 열다섯 살인 사도세자에게 선위할 것을 공표했다. 갑자기 세자에게 보위를 물려주겠다는 영조의 선언에 조정이 발칵 뒤집혔다. 영조는 건강상의 이유와 함께 어쩔 수 없이 경종의 뒤를 이어 왕이 된 것을 참회하기 위해 세자에게 선위할 뜻을 비쳤다. 심지어 하루빨리 저승에 가서 경종을 뵙고 싶다고 했는데, 진심은 조금도 없는 정치적 제스처다.

영조는 당시 56세로 증손자를 볼 나이지만, 건강은 그리 나쁘지 않았다. 조선의 왕 가운데 최장수와 최장 기간 재위를 기록한 사람이 벌써(?) 건강이 나빠질 리 만무했다. 경종의 뒤를 이어 왕위에 오른 것을 미안해하지도 않았으며, 하루빨리 경종을 만나고 싶은 생각은 더더욱 없었다. 그런데 갑자기 세자에게 전위하겠다고 공표한 것은 지긋지긋하게 발목을 잡아온 '경종 독살 혐의'에서 벗어나기 위함이다.

재위한 지 25년이나 되어 정치판의 생리에 빠삭해진 영조는 이쯤해서 콤플렉스를 세탁하려 했다. "내가 보위에 오른 것은 '삼종의 혈맥을 잇기 위해 어쩔 수 없는 일'이었으며 이제 세자가 열다섯이 되었으니 마땅히 전위하겠다"는 제스처를 보이면 왕위에 욕심이 없고, 경종을 독살하지 않았다는 근거로 충분하다는 생각이었다. 신하들은 당파를 막론하고 전위에 찬성할 수 없는데다, 영조의 뜻을 파악했기에 결사반대했다. 그것으로 충성까지 재확인한 영조는 대리청정으로 결말을 지은 셈이다. 물론 실권은 영조가 장악했다.

너무나 어리석은 세자

사도세자가 소론을 박멸하라는 명을 따르지 않자 영조와 노론이 경악했다. 영조가 구상한 정치 구도는 노론 중심의 정국을 운영하되, 그들을 적절히 제어하는 것이었다. 영조는 노론에게 믿음을 주기 위해 그들과 혼인 동맹을 맺었다. 골수 노론 홍봉한洪鳳漢의 딸그 유명한 《한중록閑中錄》의 저자 혜경궁惠慶宮 홍씨을 세자빈으로 맞자 노론도 크게 기뻐했다. 영조가 이후의 정국도 노론을 동반자로 삼겠다는 확증이 아닌가. 사도세자가 영조의 뒤를 이어 즉위하면 노론은 백년 세도를 누릴 수 있었다. 그런데 어이없게도 사도세자가 소론을 감싸고돌았다. 사도세자가 노론과 긴밀히 협조하는 것은 영조의 기본 구상 아닌가. 사도세자가 노론을 배격하고 소론과 긴밀한 관계가 된다면 영조의 원대한 구상이 완전히 어긋남과 동시에 노론은 안전을 보장받기 어려워질 터다.

정국이 극도로 긴장된 가운데 예민한 이슈가 등장했다. 나주 괘서 사건이 마무리되고 5월에 영조가 역적을 토벌한 것을 경축하는 과거를 베풀었다. 그것을 '토역경과討逆慶科'라 했는데, 답안지에 임금과 조정을 비판하는 내용을 적어 제출한 자가 나타났다. 특히 놀라운 것은 답안지에 영조를 극렬하게 비방한데다, 입에 담기조차 불경스러운 선왕들의 이름을 기입한 점이다. 반역을 진압한 것을 경축하는 과거에서 그런 답안지가 나왔으니 다시 한 번 나라가 뒤집혔다. 이번에도 범인이 어렵지 않게 체포되었고, 역시 소론이었다.

문제의 답안지를 낸 심정연沈鼎衍은 이인좌의 반란에 연루되어 참형을 당한 심성연沈成衍의 동생이다. 격분한 영조가 발본색원할 것을 명했다. 혐의자들이 줄줄이 체포되었는데, 나주 괘서 사건의 주범인 윤지의 숙부 윤혜尹惠, 소론 과격파의 거두로 목호룡과 함께 영조를 몰아세웠다가 사형당한 김일경金一鏡의 종손 김도성金道成까지 포함되었다. 체포된 자들의 운명은 결정적이지만 그들은 당당했다. 윤혜는 왜 선왕들의 이름을 함부로 적는 데 가담했느냐는 신문에 "내 아들 이름으로 쓰려고 했다"고 대답했다. 왕의 이름을 아들에게 주려고 했다는 것은 반역하겠다는 뜻이 아닌가. 그것은 영조에게 "당신이 반역하여 경종을 독살하고 왕이 되었는데, 나라고 해서 당신을 죽이고 아들을 왕으로 세우지 말라는 법이 있느냐!"는 극한의 저항이다.

신치운申致雲을 신문하였다. 처음에 김도성이 공초供招하기를 "심정연의 흉서는 실로 신치운과 함께 의논하여 한 것입니다" 하고, 또 역적 이준李埈의 문서 가운데도 신치운을 칭찬하는 말이 많아 이때에 이르러 고문을 하니, 신치운이 말하기를 "성상께서 이처럼 의심하시니, 신은 자복을 청합니다. 신은 갑진년부터 게장을 먹지 않았으니 이것이 바로 신의 역심逆心이며, 심정연의 흉서 역시 신이 한 것입니다" 하니, 임금이 분통하여 눈물을 흘리고, 시위하는 장사將士들도 모두 마음이 떨리고 통분해서 곧바로 손으로 그의 살을 짓이기고자 하였다.

—《영조실록》31년(1755) 5월 20일

역모의 주범으로 지목된 신치운을 고문할 때 "나는 갑진년부터 게장을 먹지 않았다"고 하자, 영조가 분통하여 눈물을 흘렸을 지경이다. 갑진년은 경종이 죽은 해인데다, 영조가 바친 게장과 생감을 먹고 죽었다는 소문이 퍼지지 않았는가. 신치운의 말은 '역적은 우리 소론이 아니라 경종을 독살한 당신이다!'라는 무서운 질책이다. 가장 금기하던 말을 면전에서 들은 영조의 심정이 어땠을지 충분히 짐작이 간다. 신하와 무사들 앞에서 개망신을 당한 것은 차치하고, 콤플렉스를 세탁하기 위해 그토록 노력한 것이 모두 허사가 되었으니 어찌 분노하지 않겠는가. 신치운을 박살 낸 영조가 이번에야말로 소론의 씨를 말리겠다고 미쳐 날뛰었다.

노론이 이런 기회를 놓칠 리 만무했다. 전국이 다시 한 번 소론의 각을 뜨는 도살장으로 변했고, 소론은 역사의 이면으로 매몰되었다. 그런데 사도세자는 이때도 소론에게 동정적이었다. 영조와 노론은 경악하다 못해 기가 막혔다. 이는 결코 그냥 넘길 일이 아니다. 영조의 입장에서 생각해보자. 세자가 즉위하여 소론의 세상이 되는 날에는 영조가 경종을 독살했다는 것이 사실로 굳어지지 않겠는가. 절대 좌시할 수 없는 사안이다.

사도세자가 무엇 때문에 보장된 미래를 마다하고 영조와 노론을 적으로 돌렸는지 정확하게 알려지지 않았다. 멸망해가는 소론과 가까이하는 것은 아무리 봐도 좋은 선택이 아니다. 나중에 뒤주에 갇혀 목숨까지 잃는 비극과 직접적으로 연관되는데, 아무래도 정신적인 문제에 기인한 것으로 보인다. 경종을 망친 사람이 숙종이듯, 사도세자를 망친 사람은 영조다.

그러나 영조는 숙종과 달랐다. 사도세자는 정말 어렵게 낳은 아들이다. 삼종의 혈맥은 이상하게도 아들이 귀했다. 영조도 정성왕후에게서 원자를 얻지 못했고, 정빈 이씨에게서 얻은 왕자를 세자효장세자孝章世子로 책봉했지만 그마저 요절하고 말았다. 이후 영조는 마흔이 넘어서도 아들을 얻지 못했다. 삼종의 혈맥이 끊기면 강한 자들이 후계를 노리고 행동할 것이 분명했다. 자칫 잘못하다가는 경종 짝이 날지도 모르는 위기를 맞았는데, 마흔둘에 이르러서야 영빈 이씨가 아들을 낳아준 것이다. 그런 아들이니 얼마나 귀하고 사랑스러웠겠는가. 영조는 숙종과 달리 사도세자에게 기대가 아주 컸으며, 일찌감치 후계자로 삼은 뒤 대리청정을 맡겨 제한적이나마 권력을 부여했다.

사도세자를 망친 것은 영조의 너무 높은 기대치다. 어릴 때 사도세

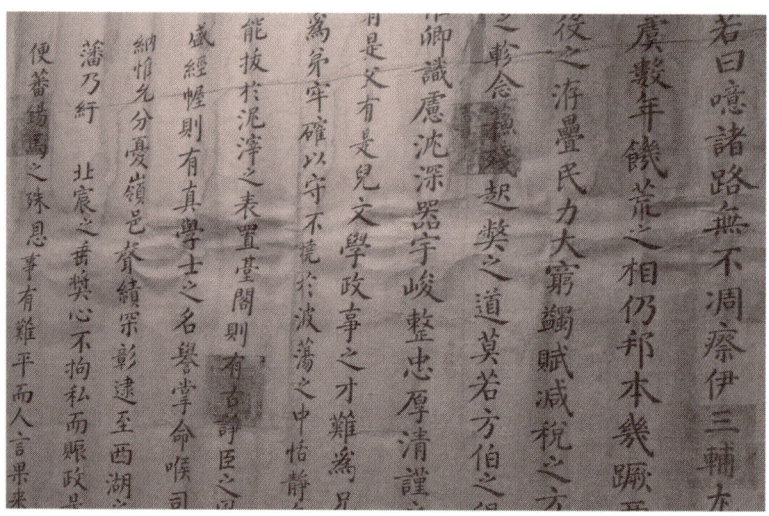

사도세자 영서 ■ 경기관찰사와 병마수군절도사순찰사 등을 겸직한 조돈에게 내린 영서로, 조돈이 관찰사로 빈민을 구제한 공을 치하하고 있다. 영서는 왕세자의 명으로 작성된 공식 문서로, 대리청정 중인 왕세자만 내릴 수 있다.

자는 대단히 영민했다고 한다. 영조가 '어린 시절 세자는 성인의 자질이 있었다'고 기록했을 정도다. 그러나 그것은 영조의 오판이다. 자식이 귀여운 것은 인지상정이며, 오랜 기간 최고의 환경에서 교육받았으니 다른 아이들보다 뛰어나 보였을 터였다. 영조는 그것을 환경에 따른 일시적인 성취로 여기지 않았으며, 자기 아들이 최고라고 믿었다. 그만큼 믿었으니 대리청정도 맡겼을 것이다.

막상 스스로 판단해야 할 대리청정이 시작되자 평범한 자질이 드러났다. 기대가 크면 실망도 큰 법이다. 그러나 사도세자는 보통 아들이 아니지 않은가. 장차 보위를 물려받아야 할 세자가 절대 평범해선 안 된다고 판단한 영조가 스파르타식으로 교육했는데, 그것이 오히려 역효과를 가져왔다. 가장 어려운 교육이 자식을 가르치는 것이며, 학교와 교사가 필요한 것도 이 때문이다. 사도세자는 꾸중과 질책을 당할 때마다 자신감이 결여되고 의욕이 사라졌다. 그것은 더 큰 꾸중과 질책을 불렀으며, 결국 경종보다 훨씬 못한 인물이 되고 말았다.

사도세자는 영조에 대한 반감을 다른 쪽으로 풀기 시작했다. 그런 경우 대부분 쾌락과 폭력을 원하게 마련인데, 사도세자는 그것을 얼마든지 즐길 수 있는 환경이었다. 심지어 함부로 사람을 죽여도 법과 규정의 적용을 받지 않는 게 세자라는 자리다. 영조도 모르지 않았겠지만 포기한 상태였기에 굳이 타이를 필요를 느끼지 못했을 것이다. 자신이 죽은 뒤에는 노론이 보필하면 그럭저럭 왕 노릇 하며 지낼 수 있겠거니 생각하지 않았을까.

그런데 사도세자는 결코 해선 안 될 짓을 저질렀다. 대놓고 소론을 지지하여 영조와 노론을 적으로 돌리는 우둔함을 어떻게 표현해야 할까. 아무리 영조에 대한 반감이 커도 그런 식으로 드러내고 소론을 감싸면 안 되는 것이다. 노론 사이에는 세자가 즉위하면 자신들이 박멸당할 것이라는 위기감이 팽배했다. 소론이 거의 멸종당했다고 하지만 역전의 기회가 마련되면 무섭게 증식하여 노론을 때려잡으려 들 것이 분명했다.

노론과 사도세자는 결코 양립할 수 없었다. 자신들이 살기 위해서라도 세자를 제거하려 할 텐데, 그런 위기를 자초했으니 참으로 할 말이 없다. 노론과 함께 모든 것을 얻을 수 있는데 오히려 그들을 적으로 만들어 위기를 자초하는 사도세자를 본 영조의 심정이 어땠을까. 노론을 제거하고 싶다면 일단 무사히 즉위하는 것이 순서다. 그것을 마다하고 스스로 표적이 되었으니 이후 돌아올 결과는 전적으로 사도세자의 책임이다.

사도세자가 즉위하면 도살당할 수밖에 없는 노론은 이판사판 결단을 요구했다. 생존이 걸린 요구가 받아들여지지 않으면 반란이 일어날 수밖에 없다. 지금 죽든 나중에 죽든 마찬가지지만, 조정을 장악한 지금 행동하는 것이 생존 확률을 훨씬 높일 수 있다. 영조도 지금까지 구도를 무너뜨리고 소론을 등용할 수 없다는 데 공감했다. 영조라고 아들을 죽이고 싶겠는가만, 반란을 미연에 방지하고 자신이 죽은 뒤 불어 닥칠 피바람을 막는 길은 하나밖에 없다. 사도세자를 살려뒀다가는 소론이 그를 옹립하기 위해 기어코 반란을 일으키고 말 것이다. 소론의 세상이 되는 날에는 경종을 독살했다는 혐의가 어김없는 사실이 되고 말 것이 아닌가. 영조가 사랑하는 아들을 뒤주에 가둬 죽인 것은 고통스러운 결정이다.

뒤주가 준비되자 사도세자는 그제야 자신이 무슨 일을 저질렀는지 알았지만, 후회와 애걸로 형을 바꿀 수는 없었다. 영조 38년(1762)

윤5월 13일, 사도세자는 스물여덟 짧은 생을 찜통 같은 뒤주 속에서 마쳐야 했다. 사도세자를 살려달라고 애원하는 사람은 열 살 난 그의 아들밖에 없었다. 아내 혜경궁 홍씨는 빈말이나마 애원하기는커녕 밖에 나와보지도 않았다. 혜경궁은 《한중록》에서 지아비를 완벽한 광인狂人으로 묘사하고 반역을 일으키려다가 죽은 것으로 매도했으며, 친족을 제외한 모든 사람을 혹평했다.

❀ 대물림된 위기

노론은 사도세자를 제거했지만 그것으로 끝나지 않았다. 영조가 사도세자의 아들을 세손으로 봉하여 후계자로 삼으려 하자 노론이 눈에 불을 켜고 반대했다. 사도세자의 아들이 나중에 즉위하면 반드시 보복하려 들 것이다. 정조의 외조부 홍봉한은 손자 정조를 즉위시키려 노력해야 마땅했지만, 상황이 너무나 비정상적이었다. 홍봉한이 나서기 곤란했기 때문에 그의 동생 홍인한洪麟漢이 선봉에 섰다.

영조도 노론이 세손의 즉위를 막는 이유를 잘 알지만 보위는 정통으로 이어져야 한다. 노론이 자신들을 위해 정통의 즉위를 막고, 사도세자의 서자 가운데 하나를 왕으로 세운다면 조선은 노론의 나라가 된다. 세손이 즉위하면 보복을 피할 수 없겠지만, 서자들에게 보위가 돌아가 나라를 망치는 것보다는 어느 정도 보복을 감안하더라도 적통으로 이어지는 것이 훨씬 낫다.

가장 중요한 요소는 세손의 자질인데, 세손은 부친 사도세자와 차원이 달랐다. 영조는 나라를 안정시키는 길은 세손에게 후계자 수업을 충실히 시킨 다음 보위를 물려주는 것밖에 없다고 확신했다. 죄인으로 죽은 사도세자의 아들이라는 결정적 약점을 희석시키기 위해 요절한 효장세자의 양자로 입적하는 등 편법을 동원하여 밀어줬지만, 노론이 가만히 보고 있을 리 만무했다.

마침내 충돌이 벌어진 것은 영조 51년(1775) 11월 20일이다. 이때는 영조가 81세로 언제 죽을지 알 수 없었으며, 세손의 나이도 스물셋이나 되어 이만하면 충분하다고 판단한 영조가 보위를 전하려 했다. 그런데 홍인한의 입에서 상상조차 하기 어려운 발언이 튀어나왔다.

> 동궁세손은 노론이나 소론을 알 필요가 없고, 이조판서나 병조판서를 알 필요도 없습니다. 더욱이 조사朝事:조정의 일까지도 알 필요 없습니다.

영조가 세손에게 보위를 전하려는 의사를 타진하는 자리에서 세손은 아무것도 알 필요가 없다고 말한 것은 반대 이상의 의미가 있다. 상식을 뛰어넘은 홍인한의 발언은 세손으로 이어지는 후계 구도를 인정할 수 없다는 의견과 함께, 세손 후계를 고집했다가는 최악의 사태가 발생할 수 있다는 경고다. 노론은 만만한 사도세자의 서자나 계승권이 희박한 왕족을 세우려 했다. 홍인한이 그렇게 나온 것은 영조가 오래 살지 못하리라는 확신이 있었기 때문이다. 영조가 상황을 반전시키기 위해 옥사나 사화를 일으키려 해도 기력이 없으며, 어차피 노론이 아니면 대체할 당파도 없으니 초강수를 두기 어려웠다. 실제로 조정은 노론의 손아귀에 들어가 옥사나 사화를 일으키려 해도 격한 반대에 부딪혀 좌절당할 우려가 컸다. 계속 반대하며 시간을 끌어 노쇠한 영조를 피로하게 만들다 보면 정신이 혼미해질 것이며, 그때

강하게 몰아붙이면 노론의 뜻을 이룰 수 있을 것으로 확신했다. 조정을 장악한 노론은 자신만만했다.

그러나 영조가 누군가. '조선의 정치 9단' 가운데서도 적수를 찾을 수 없는 레벨에 오른 사람이다. 영조는 세손을 보호하기 위해 친위 무사를 일부 떼어준 다음 아예 무사들이 근접 경호하게 했다. 홍인한 등 노론 강경파가 전같이 입을 함부로 놀리다가는 그 자리에서 베일 수도 있었다. 조정을 장악하면 뭐 하겠는가. 영조의 명령 한 마디에 목이 달아날지 모르는 판에 죽음을 각오하고 입을 놀릴 자는 없었다. 영조는 극한의 수단을 동원해서 자신의 뜻을 관철시켰지만, 처음부터 그런 방도를 생각했을 확률이 높다. 기획 반역 등을 사용한다고 해도 마무리 지으려면 최소한 두어 달은 걸릴 텐데, 보고받고 어쩌고 하다 보면 노쇠한 몸이 견디지 못할 것이다. 이는 노론이 바라는 것이기에 영조는 가장 시간이 적게 걸리면서도 효과가 확실한 방도를 취했다.

노론 내부에서 반대파가 나온 것도 영조에게 도움이 되었다. 세손의 생모 혜경궁 홍씨가 자신의 아들이 반드시 왕이 되어야 한다고 주장하자, 노론의 의견이 하나로 모아지지 못했다. 아들이 왕이 되지 못하면 남편을 모함하여 죽인 효과를 누리기는커녕 파멸적인 결과밖에 얻을 수 없기 때문에 혜경궁은 필사적이었다. 영조가 죽기 전에 특단의 조치를 취하고, 혜경궁이 노론을 들쑤신 덕분에 세손이 겨우 즉위할 수 있었다. 정조의 즉위 과정은 영조 못지않게 길고 험난했다.

◈ 정조를 죽여라

> 아! 과인은 사도세자의 아들이다. 선대왕께서 종통宗統의 중요함을 위하여 나에게 효장세자를 이어받도록 명하셨거니와, 아! 전일에 선대왕께 올린 글에서 '근본을 둘로 하지 않는 것不貳本'에 관한 나의 뜻을 크게 볼 수 있었을 것이다.
>
> —《정조실록》즉위년(1776) 3월 10일

천신만고 끝에 정조가 즉위했다. 영조의 빈소가 차려진 문 밖에서 대신들을 인견하던 정조는 자신이 사도세자의 아들이라는 것을 공표했다. 어쩔 수 없이 효장세자의 아들이 되었지만, 즉위한 이상 자신에게 정통성이 있음을 밝힌 것이다. 그때 홍인한을 위시한 대신들은 목덜미가 서늘했으리라.

드디어 가장 위대한 군주 정조의 치세가 시작되었다. 해결할 일이 산재했지만 정조는 하나씩 처리해나갔다. 가장 먼저 시행한 것은 사도세자의 명예 회복이다. 정조는 사도세자에게 장헌莊獻의 존호를 바치고 신원에 필요한 조치를 시행했다. 계속해서 사도세자의 죽음에 관련된 자들을 제거해나갔다. 특히 자신을 직접 조준한 홍인한을 파직하고 유배한 다음 사약을 내려 분을 풀었다. 그밖에도 사도세자의 죽음에 깊이 관여한 자들을 제거했지만 한꺼번에 뿌리 뽑을 수는 없었다. 사도세자를 죽음에 이르게 한 자들에게 보복할 생각이 굴뚝같았으나, 아직 역량이 미치지 못하는데다 잔뜩 경계할 노론에게 반격의 빌미를 줄 수 있기 때문이다. 현안도 해결해야 했다. 정조는 즉위년 9월에 자신을 보필할 신예 관리를 양성할 목적으로 규장각奎章閣을 세워 노론을 배제할 뜻을 분명히 했다.

마침내 노론 강경파가 칼을 뽑았다. 앞서 말한 정조 1년 7월 28일의 '존현각 괴한 침범 사건'이 효시다. 정조의 침착한 대응으로 실패했지만 노론이 연관되었을 것은 의심의 여지가 없다. 그 시각에 존현각을 침범하고 정조가 있는 곳에 정확히 접근했다는 것은 대궐의 구조와 정조의 동선을 환하게 꿰고 있다는 증거다. 게다가 홍국영이 엄중하게 수색해도 자취를 찾지 못한 것은 내부의 누군가가 협조하지 않고는 불가능한 일이다. 그때 정조가 담이 약하거나 공포를 이기지 못하고 밖으로 나갔다가는 매복한 자들에게 당했을 것이다.

정조가 침착하게 대응하는 바람에 기회를 잡지 못한 적들은 대담하게도 무리를 지어 대궐의 담을 넘으려 했다. 경비하던 무사가 기지를 발휘하여 체포된 괴한을 심문하자 바로 꼬리가 드러났다. 무뢰배를 사주하여 정조를 죽이려 한 주역은 노론의 핵심으로 사도세자의 죽음에 직접 관련된 홍계희洪啓禧의 손자 홍상범洪相範이다. 홍계희는 정조가 즉위하기 전에 죽었지만, 그의 아들과 손자들은 죽으려 하지 않았다. 위기감이 팽배하던 노론 과격파는 정조에게 당하기 전에 선수를 치려다가 오히려 일망타진당하고 말았다.

그밖에도 정조를 저주하여 죽이려 한 일이 발각되었으며, 사도세자의 서자를 추대하려던 역모도 미연에 적발되었다. 일련의 사건은 노론의 자충수가 되었으며, 정조가 직속 군단 장용영壯勇營을 설치하는 계기로 작용했다. 이후 정조는 사도세자의 복수를 완성하고 눈부신 혁신 정치를 펼치는데, 위대한 개혁 군주 정조의 시대는 반역과 함께 시작했다고 해도 과언이 아니다.

| 5장 |

봉기,
세상을 구하러 나서다

왕조 해체의 깃발을 들다
— 홍경래의 난

◈ 반역을 조장하다

순조 12년(1812) 4월 19일 새벽, 해를 넘기며 관군의 노도 같은 공격을 버티던 정주성이 폭음과 함께 주저앉았다. 관군이 은밀히 성벽 아래 매설한 화약이 일시에 폭발한 것이다. 정주성이 붕괴하자 왕조 해체와 민생 안정의 깃발을 들고 봉기한 홍경래도 함께 무너졌다. 다섯 달이나 평안도를 휩쓴 홍경래의 난은 너무나 허무하게 종식되었다.

23대 왕 순조의 시대는 조선이 스스로 해체의 수속을 밟고 멸망의 초입에 들어선 시기다. 조선은 어이없게도 가장 눈부신 치세를 기록한 정조 시대 직후 멸망으로 접어들었다. 정조는 마흔여덟까지 24년을 재위했지만 조선을 되살리기에는 부족했다. 그가 10년만 더 살았다면 적어도 섬나라의 야만인들에게 나라를 빼앗기지 않았으리라는 아쉬움은 후계 구도에도 적용될 수 있다. 아들이 드문 가풍(?)에 따라 정조도 아들을 하나밖에 두지 못했으며, 그나마 세자가 열 살 되던 해에 정조가 죽고 말았다.

세자가 너무 어려서 정순왕후 김씨가 태대왕대비太大王大妃 자격으로 수렴청정을 해야 했다. 대비가 어린 왕을 대신하여 수렴청정 하는 것은 당연한 일이나, 정순왕후는 조선에 최악의 재앙으로 기능했다. 정성왕후가 죽은 뒤 영조가 들인 정순왕후는 정조에게 할머니가 되는데, 영조와 나이 차이가 무려 50세가 넘었다. 정순왕후가 열다섯에 시집왔을 때 영조는 66세였으니 아들 사도세자보다 열 살이 어렸으며, 손자 정조보다는 일곱 살이 많았을 뿐이다. 그러다 보니 정순왕후가 대군을 생산하기는 어려웠다.

정순왕후가 부친 김한구金漢耈 일파와 사도세자의 죽음에 깊이 관여한 것은 골수 노론이라는 기본적 명분에 따른 것이지만, 노론 사이에 벌어진 파워 게임의 결과기도 했다. 당시는 정조의 외척 남양 홍씨 가문이 정국을 주도했는데, 영조가 정순왕후를 들임에 따라 경주 김씨 일파가 약진했다.

영조의 외척인 두 가문의 사이가 좋을 리 만무했으나 반드시 사도세자를 제거해야 한다는 목표는 같았다. 사도세자의 죽음은 결정되었지만 아무래도 정순왕후가 다급한 처지였다. 자신이 왕자를 생산할 수 있다면 사도세자를 제거한 효과를 톡톡히 누리겠지만, 그럴 가능성이 전혀 없기 때문에 영조가 죽은 이후 절박한 처지에 직면할 확률이 높았다. 자식을 생산하지 못한 왕비, 그것도 뒤에 들어온 왕비가 실권이 얼마나 있겠는가. 천덕꾸러기 대비로 전락하지 않으려면 자신이 미는 왕족을 후계자로 앉혀야 하는데, 그것은 남양 홍씨도 마찬가지다.

외척들이 치열하게 눈치를 보고 암투를 벌였지만 정조가 즉위하는 최악의 사태가 벌어지고 말았다. 정순왕후는 공포에 질렸다. 설마 정조가 죽이지는 않겠지만 친정이 보복을 당하는 것도 막지 못하고 쓸쓸히 늙어가야 할 운명을 피할 길이 없었다. 그런 정순왕후에게 정조의 죽음은 기사회생의 영약이었다. 정순왕후가 정조를 독살했다는 의혹이 적지 않은데, 실제 그런 일이 벌어졌다 해도 별로 이상할 게 없다. 그때 정순왕후는 자신이 어리다는 데 환호했을 것이 분명하다.

각설하고, 수렴청정을 통해 권력을 잡은 정순왕후는 조선을 망치기 시작했다. 가장 먼저 정조가 설치한 학문의 산실 규장각을 폐지하고, 왕실의 방패 장용영을 무력화했다. 또 정조가 필생의 역작으로 완성, 군단 급 장용영을 주둔시켜 미래의 수도로 삼으려 한 수원 화성의 기능을 거세하는 등 개혁을 완전히 반동했다. 가장 치명적인 것은 탕평의 균형을 이루던 정치 구도가 뒤흔들린 점이다. 정조는 시류를 읽을 줄 알고 자신에게 호의적인 노론시파를 위주로 하고, 오랫동안 권력에서 소외된 남인을 등용했다. 종전 노선에 집착하여 전혀 도움이 되지 않는 노론벽파는 배제당할 수밖에 없었는데, 정순왕후가 권력을 잡자 다시 벽파의 세상이 되었다. 그에 따라 탕평의 균형이 깨지고 처참한 보복이 시작됐다.

정순왕후를 앞세운 벽파는 순조 1년(1801)에 천주교 박해의 서막이 되는 '신유박해辛酉迫害'를 일으켰다. 정조 시대부터 들어온 천주교를 탄압한 것은 정조가 길러낸 유능한 신료들을 제거하기 위함이었다. '주님 앞에 모두 평등하다'는 천주교의 교리는 아무래도 제도권

밖에서 환영받기 쉬워, 남인의 지식층과 출세 길이 막힌 서얼 등의 계층에 급속히 전파되었다. 봉건국가에서 받아들일 수 없는 교리인데다, 교인들이 제사를 모시지 않고 조상의 신위神位를 불태우는 등 과격한 성향을 보이자 남인과 재야 사림을 잔혹하게 탄압했다. 정순왕후가 권력을 잡고 얼마 되지 않아 정조가 이룬 성과가 모두 사라졌다.

놀랍게도 정순왕후는 자신을 여왕으로 칭했다.

> 돌아보건대 지금 주상은 어린 나이고 나는 여주女主로 조정에 임어하여 있으니 저 불령한 무리가 잡스러운 마음을 품고 시험해보려는 습성이 지난날에 견주어 또 의당 몇 배가 될지 모르는 실정이다.
>
> ―《순조실록》 즉위년(1800) 7월 20일

> 죽은 재상이 경신년정조가 죽은 해 이후 국가가 어렵고 위태로운 시일을 당하여 진심으로 충성을 다하였으니 어린 임금과 여주가 이를 힘입어 편안한 지가 3년이 되었다. 불행히 세상을 떠나니 슬프고 애석한 마음을 무어라 표현할 수 없도다. 어린 임금은 다스림에 여군女君은 수렴청정 하여 어려움과 위태로운 일이 눈앞에 가득하니…….
>
> ―《순조실록》 2년(1802) 10월 27일

여주와 여군은 여왕과 같은 뜻이다. 왕이 어려 잠시 권력을 이양받은 대비가 어찌 그리 막 나가는 표현을 쓸 수 있단 말인가. 참으로 제정신이 아니며 정순貞純이라는 시호가 무색할 지경이다. 그런 여성에게 다스려지는 나라가 온전할 리 만무하다. 순조 4년(1804)에 순조가 열다섯이 되어 친정을 하고 이듬해 정순왕후가 세상을 떠나지만, 조선은 충분히 망가진 다음이었다. 게다가 당파보다 무서운 안동 김씨의 세도가 발흥했다. 정조가 혼인 동맹을 맺고 파트너로 삼은 자는 김조순金祖淳이다. 정조는 시파에서 충분한 정치력을 보유하고 온건하게 처신하는 김조순을 주목했다. 김조순의 딸을 세자빈으로 맞아 이후에 대비하게 했는데, 과연 김조순은 기대에 어긋나지 않았다. 그러나 정순왕후가 죽고 당파의 구심점이 사라지자 김조순이 본색을 드러내기 시작했다.

◈ 홍경래 일어서다

홍경래가 난을 일으킨 순조 11년(1811)은 혼란이 극에 달한 시기다. 지방의 수령이 아전들과 결탁하여 온갖 부정부패를 저질렀으며, 가뭄과 홍수 등 천재지변에 전염병까지 창궐했다. 민초의 삶은 말할 수 없이 팍팍했지만 탐관오리들이 사정을 봐줄 리 만무하다. 홍경래가 난을 일으키기 전에도 전국이 흉흉했으며, 작은 규모의 민란이 일어나기도 했다. 그런 세상에 '서북 놈'이라는 모멸과 차별을 당하던 북쪽의 백성이 조용히 넘어갔다면 그게 오히려 이상할 노릇이다.

전국이 고달팠지만 특히 평안도가 심했다. 평안도는 북방 세력이 쳐들어오는 통로며, 이시애와 이괄 등 반란군도 그쪽을 이용했다. 병자호란과 이괄의 난을 당한 조정은 평안도의 방비를 강화했는데, 모든 것을 그 지역 백성이 부담해야 했다. 그렇다고 평안도의 생산성이 높은 것도 아니지 않은가. 병력을 충원하고 성곽과 도로를 보수하고 무기와 군량을 위시한 군수물자를 마련하려면 허리 펼 틈도 없었다.

게다가 뻔질나게 오가는 사신의 접대까지 맡으려니 그야말로 죽을 맛인데도 관리들은 제 뱃속 불리기에 바빴다.

'평안감사평양감사는 틀린 말이다도 저 싫으면 그만'이라는 말이 있지 않은가. 전국에서 가장 좋은 자리가 평안도를 총괄하는 감사라는 것인데, 이는 세금을 자체 해결할 수 있었기 때문이다. 평안도의 역할이 중요하다 보니 세금으로 걷은 것을 중앙으로 보내 결재를 받은 다음 타 쓰는 것보다는 감사의 재량으로 필요한 곳에 사용하는 것이 훨씬 효율적이었다. 평안도에서 걷은 세금은 감영監營이 있는 평양으로 입고되어 감사의 결재를 받았지만, 본래 용도보다는 관리들의 배를 불리는 데 쓰였다. 부패한 관리와 상인이 결탁하는 것은 당연한 수순이며, 그에 따라 기생들이 모여 색향色鄕이 되었다. 평양은 언제나 흥청거리고 강아지도 돈을 물고 다닐 정도였지만, 그것을 마련해야 할 백성들은 허리가 휘었다.

먼저 들고 일어난 곳은 함경도다. 순조 8년(1808) 1월에 단천端川에서 백성들이 봉기했으며, 6월에는 북청北靑에서 사단이 벌어졌다. 두 곳 모두 수령의 탐욕이 도가 지나친 데 원인이 있었다. 게다가 홍경래가 거병하기 직전인 순조 11년 2월에는 황해도 곡산谷山에서 백성들이 관아를 들이치고 수령을 몰아냈다. 곡산의 소요는 조정에서 안핵사按覈使와 진압군을 파견해야 할 정도로 심각했다. 겨우 진압하기는 했지만 문제의 본질은 전혀 개선되지 않았다. 게다가 진압 과정이 지나치게 잔혹했으며, 정부군이 약탈을 일삼는 등 더욱 큰 문제가 야기되었다.

마침내 홍경래가 거병했다. 순조 11년 12월 18일, 홍경래는 웅거하던 평안도 가산嘉山 다복동多福洞에서 자신을 평서대원수平西大元帥라 칭하고 반역의 깃발을 올렸다. 부원수는 김사용金士用이고, 참모는 우군칙 禹君則과 김창시金昌始, 선봉장은 이제초李濟初와 홍총각洪總角 등이다. 군수를 조달하는 도총은 부호 이희저李禧著에게 일임했으며, 포섭한 각지의 유력자들에게도 임무를 주었다.

평서대원수는 급히 격문을 띄우노니 관서關西의 부로자제父老子弟와 공사천민公私賤民들은 모두 이 격문을 들으시라. 무릇 관서는 기자와 단군 시조의 옛터로, 예의가 바르고 문물이 뛰어난 곳이었다. 임진왜란에 있어서는 나라를 다시 일으켜 세운 공이 있으며, 정묘호란에는 양무공 정봉수鄭鳳壽가 충성을 능히 바칠 수 있었다. 돈암 선우협鮮于浹의 학식과 월포 홍경우洪景佑의 재주가 또한 이곳에서 나왔다.

그러나 조정에서는 서토西土:평안도 관서를 버림이 더러운 흙[糞土]과 다름없이 하고 있다. 심지어 권문의 노비들도 우리를 보면 반드시 평안도 놈이라 일컫는다. 서토에 있는 자 어찌 억울하고 원통치 않겠는가. 막상 급한 일에 당해서는 반드시 서토의 힘에 의존하고, 과거 시험에 당해서는 서토의 글을 빌렸으니 400년 이래 우리가 조정을 저버린 일이 있는가.

지금 나이 어린 임금이 위에 있어서 권신들의 간악한 짓은 날이 갈수록 심해지고 김조순과 박종경朴宗慶의 무리가 국가의 권력을 제멋대로 하니 어진 하늘이 재앙을 내려 겨울 번개와 지진이 일어나고 재앙이 없는 해가 없으니, 이 때문에 큰 흉년이 거듭 이르고, 굶어 부황 든 무리가 길에 널려 늙은이와 어린이가 구렁에 빠져서 산 사람이 거의 죽음에 다다랐다.

그러나 다행히 오늘 세상을 구제할 성인이 청북 선천 검산의 일월봉 아래 군왕포 위 가야동 홍의도에서 탄생하셨다. 나면서 신령함이 있었고, 다섯 살 때 신승神僧을 따라 중국에 들어갔으며, 성장해서는 강계 사군의 여연에 머무르기 5년에 황명의 세신유족을 거느렸으며, 철기 10만으로 부정부패를 숙청할 뜻을 가지셨다. 그러나 이곳 관서 땅은 성인께서 나신 고향이므로 차마 밟아 무찌를 수가 없어서 먼저 관서의 호걸들로 병사를 일으켜 백성들을 구하도록 하였으니 의로운 깃발이 이르는 곳에 소생을 기다리지 않는 사람이 없다.

 이제 격문을 띄워 각주 군현의 고을 수령들에게 보내니 절대로 동요하지 말고 성문을 활짝 열어 우리 군대를 맞으라. 어리석게도 항거하는 자가 있으면 기마병의 발굽으로 밟아 무찔러 남기지 않으리니 마땅히 명령을 따라서 거행함이 좋으리라. 이 격문을 각지의 수령들에게 내리니 절대로 동요치 말고 성문을 활짝 열어 의로운 군대를 맞으라.

 그날 홍경래가 발표한 격문에서 의도가 대부분 드러난다. 홍경래는 평안도가 나라를 위해 공이 큰데도 소외당하고 출세가 막힌 것을 성토하여 거병의 명분을 제시했다. 왕이 어리고 간신들이 날뛰어 백성이 도탄에 빠진 것을 지적하는 것까지는 이전의 반란과 다를 것이 없는데, 갑자기 '세상을 구제할 성인'이 나타난다. 그 성인은 《정감록鄭鑑錄》에 예언된 '메시아'로, 홍경래는 자신이 그분의 뜻을 대신하여 조선을 폐기하고 새로운 나라를 건설하겠다고 천명한다. 홍경래의 난이 나라와 왕조를 그대로 유지하면서 왕을 교체하려던 이전의 반역과 본질적으로 다른 부분이다. 어느 시대나 메시아의 출현은 종전 체제의 종말을 의미하는데, 세상이 혼란할수록 쉽게 먹혀든다. 극도로 궁핍하고 어지럽던 당시에는 참신하지 못한 왕족을 추대하는 것보다 '종말론'을 경유하는 것이 훨씬 수월했으리라. 실제로 홍경래는 남을 설득하는 재주가 뛰어난데다, 풍수에 일가견이 있어 그가 유포한 '종말론과 메시아 출현'은 어렵지 않게 받아들여졌을 것 같다.

홍경래의 출신 성분에 대해서는 여러 가지 설이 있다. 홍경래가 반역을 일으키기 전에 어느 수준 이상 학문을 익히고 풍수에 능했다는 것을 감안하면 천한 신분이 아니라는 추정이 가능하지만, 신분제도가 흔들리던 시절이라는 것에 대입하면 별 의미가 없다. 양반도 재산이 없으면 몰락하여 상민常民이 되고, 노비 출신도 능력이 되면 감투를 사서 '신분 세탁'이 가능한 시대에 출신 성분은 그리 중요하지 않다. 이제는 반역도 가문이나 학벌보다는 '능력 위주'의 세상이 되었다고 할까.

홍경래의 목적이 이전의 반란과 분명히 다르고, 10년이나 준비했다는 점에서 우발적으로 일어난 민란과도 차별화된다. 10년 전부터 기획했다는 것을 그대로 믿을 수는 없겠지만, 홍경래의 직업이 풍수꾼이었다는 것과 밀접한 관련이 있어 보인다. 풍수의 주요 업무는 묏자리를 알아보는 것인데, 그 바닥도 경쟁이 있을 테니 실적과 인맥이 필수적이었을 것이다. 각지를 돌아다니다 보니 자연스레 세상에 눈떴을 테고, 이는 당시의 사회구조에 반감을 가졌다는 것을 의미한다. 홍경래가 끌어들인 김사용과 우군칙, 김창시, 이제초, 홍총각 등 측근도 대부분 제도권에 진입하지 못했으며, 불합리한 구조를 타파하기 위해서는 물리력이라도 동원해야 한다고 믿는 과격파다.

일단 전쟁이 벌어지면 가장 중요한 것은 군수다. 그렇다면 군수 조달을 책임진 이희저의 비중이 가장 크다고 해도 과언이 아니다. 이희저는 왜 안온한 부자의 삶을 버리고 반역에 가담하여 피 같은 돈을 쏟아 부으려 했을까. 이희저뿐 아니라 명성이 자자한 상인들이 자금을 댔는데, 이는 반드시 홍경래의 설득에 넘어간 것은 아니다. 그들이 반역에 동참한 이유는 차별에 따른 역기능 때문이다. 평안도가 차별을 당하여 제도권에 정상적으로 진입하기 어려웠다는 것은 다 아는 사실이다. 그러다 보니 남쪽 지방처럼 사대부 계층이 형성되기 어려웠다. 임기가 끝나면 교체되는 지방관보다는 조정의 고관을 역임하여 권위 있는 지역 출신 사대부들의 지배력이 훨씬 견고하다. 현재의 명문 사학에 해당하는 서원들의 영향력도 대단했는데, 정상적인 출세가 원천 봉쇄된 평안도는 그렇지 않았다. 관서에서는 토박이들이 사대부와 명문 사학의 역할을 대신했다. 토박이들은 아전과 좌수座首 등을 차지하여 수령의 배를 채워주면서 자신의 잇속을 챙겼다. 수령도 알아서 주머니를 채워주는 그들을 마다할 이유가 없었다.

　이후 세상은 변했다. 영조와 정조 시대를 지나면서 중인中人 계층의 약진이 두드러졌다. 생산력이 높아지고 상업이 활성화되자 부유한 백성은 물론, 경제력을 갖춘 노비들까지 나타났다. 중국과 무역을 통해 부를 축적한 상인과 금은광을 개발하거나 장사해서 성장한 신흥 세력과 기득권층의 갈등은 필연적이었다. 신흥 세력이 실력과 능력을 갖춘 반면, 기득권층은 국가권력을 등에 업었다. 기득권층이 권력을 이용하여 금품을 갈취하고 행동을 제약하려 들자 신흥 세력과 갈등 수위가 급격히 높아졌다. 그들이 홍경래를 지원한 것은 손익계산이 맞아떨어진 결과다. 세상의 흐름을 읽을 줄 아는 상인들은 홍경래를 지원하면 승산이 있다고 보았으며, 그것은 일종의 투자였다. 그런 시각으로 보면 홍경래는 상인들의 이득을 대변했다고 해도 과언이 아니다.

❖ 예정된 실패

홍경래의 난은 반역 가운데 가장 완벽하게 준비되었지만 출발부터 삐걱거렸다. 본래 12월 20일에 거병하려다가 탄로 나는 바람에 이틀을 앞당겼고, 18일에 가산에서 거병한 홍경래는 부대를 둘로 나누었다. 북쪽의 정주 방면은 부원수 김사용과 김창시, 이제초 등에게 맡기고, 홍경래는 우군칙과 홍총각 등을 거느리고 남쪽으로 진격했다. 반란이 대부분 그렇듯 처음에는 순조롭게 풀렸다. 반란군은 신성, 곽산, 선천, 철산, 용천, 의주에 이르는 북쪽의 가도街道와 성을 점령했다. 내부 동조자들의 역할도 컸지만 그만큼 지방관들이 무능하고 썩은 탓이다. 홍경래는 점령지의 백성을 위무하고 곡식을 나눠주어 민심을 얻었다.

한편 홍경래가 난을 일으킨 것을 안 조정은 경악했다. 이는 흔한 민란이나 왕족을 추대하려는 반란이 아니라 조선을 뿌리 뽑고 새로운 왕조를 파종하려는 시도다. 조정에서 즉시 진압을 명령해 평안도 병마절도사 이해우李海愚가 출격했다. 박천 인근의 송림에서 반란군과 진압군이 마주친 것은 12월 29일이다. 홍총각이 이끄는 주력이 돌격하여 진압군을 궁지로 몰아넣었지만 이해우는 당황하지 않고 침착하게 지휘했다. 전면적인 야전野戰의 결과 반란군은 무장과 훈련이 우세한 정부군과 이해우의 뛰어난 지휘를 당할 수 없었다. 반란군은 송림에서 크게 패하고 박천과 봉기의 메카 다복동을 잃었다. 주력군의 참패를 안 북쪽의 김사용이 부대를 이끌고 결전을 시도했지만, 그마저 곽산에서 참패하자 전황이 불리해졌다. 전의를 상실한 홍경래는 패잔 부대를 이끌고 정주성으로 들어갈 수밖에 없었다.

반란은 첫 패배가 붕괴로 이어지기 쉽다. 정규군은 패배해도 지휘

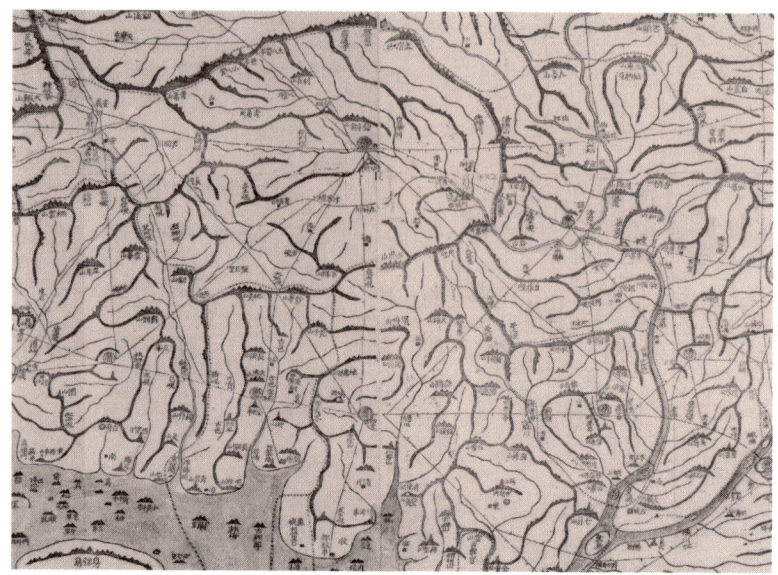

정주성 ■ 대동여지도 중 정주성 부근. 홍경래 반란군이 결사 항전한 정주성은 의주와 평양을 잇는 중간 지점에 구축된 북방의 전략적 요충지다. 비록 실패했지만 홍경래의 난은 평안도는 물론 조선 전역을 뒤흔들었다.

관을 문책한 다음 전열을 정비하여 싸울 수 있지만, 반란군은 일단 패배하면 자신감이 급격히 떨어지면서 미래에 대한 두려움에 빠진다. 그리고 패배는 민심의 이반을 초래한다. 민심의 이반은 다시 보급 불안과 탈영병 속출 현상을 유발하는데, 결국 내분이 발생하고 배반자가 나타나 살기 위해 수괴의 목을 베어 투항하는 것이 일반적인 수순이다. 그런데 홍경래는 결정적 패배를 당한 뒤에도 넉 달이나 항전했다. 그뿐 아니라 정주성에 들어간 다음부터 백성들이 자발적으로 협조하는 등 민중 항쟁의 성격마저 띠었다.

단초는 어이없게도 진압군이 제공했다. 반란 지역으로 들어간 진압군은 재물을 약탈하고 부녀자를 강간하는 등 함부로 행동한데다,

살인도 서슴지 않았다. 무고한 백성을 약탈하고 죽인 다음 공으로 삼기 위해 목을 잘랐으니 어찌 민심을 얻을 수 있겠는가. 진압군의 소행을 목격한 백성들이 곡식을 나눠주고 부하를 엄하게 단속하여 민심을 얻은 홍경래에게 향한 것은 당연한 결과다. 일단 성으로 들어간 백성들은 홍경래를 도와 죽을 때까지 싸웠는데, 국가가 반역의 원인을 제공하고 결사 항전하게 만들었으니 참으로 개탄할 노릇이다.

운명의 날인 순조 12년(1812) 4월 19일, 성벽을 폭파한 관군은 흐드러지게 살육을 즐겼다. 전투가 끝난 뒤 2983명을 생포했는데, 그중 여자 842명과 10세 이하 어린이 224명만 석방하고 나머지 1917명은 즉결 처형했다.

홍경래의 난은 격문에 나타나듯이 민중을 위한 반란이 아니다. 홍경래는 관서 지방의 차별과 신흥 계층을 이용했기 때문에 애초부터 지역과 계층의 한계가 있었다. 성공했다고 해도 《정감록》을 이용하여 새로운 왕조의 태조가 되었을 확률이 높다. 이후 발생한 동학농민전쟁東學農民戰爭 같은 자발적 항쟁과는 유전적 동일성을 찾기 어려우나, 조선을 정면으로 부정하고 폐기 처분하려는 시도 자체가 놀랍다.

새로운 세상의 씨앗
— 갑오동학농민전쟁

◈ 종말의 시대

고종 31년(1894) 11월 15일, 조선 농민의 대부대가 우금치牛禁峙로 진격했다. '녹두장군' 전봉준全琫準을 필두로 하는 농민군은 충의와 의분義憤에 충만했다. 조선을 침략한 일제가 지엄한 경복궁을 침범했다는 악보惡報를 접한 전봉준은 분연히 궐기했다. 서울로 진격하여 왜놈과 간신배를 물리치고 나라를 구하자는 피 끓는 외침에 농민들은 주저 없이 무기를 들었다. 전봉준의 부대에 김개남金開男과 손화중孫華仲, 손병희孫秉熙 등이 이끄는 부대가 합세하자 1만이 넘는 병력이 편성되었다. 우금치를 넘으면 서울이 지척인데, 그곳에는 조선군을 앞세운 일본군 독립 19대대가 포진하고 있었다. 사기충천한 농민군은 함성을 지르며 돌격했지만, 최신식 개틀링Gatling 기관포와 라이플rifle로 중무장하고 높은 지형을 선점한 일본군의 일제사격

개틀링 기관포와 일본 소총 ■ 개틀링 기관포는 총신이 수동식으로 회전하며 발사하는 방식으로, 오늘날 발칸포의 원조라고 할 수 있다. 조선에서는 회선포回旋砲라 불렸는데, 사거리가 길어 밀집 대형으로 돌격한 농민군은 물론 후방의 지휘부까지 치명적인 화력을 집중시켰다. 또 당시 일본군의 개인 화기인 무라타 13식 소총은 1880년에 포병 장교 무라다 쓰네요시가 영국제 스나이더 엔필드Snider Enfield 소총을 일본인 체형에 맞춰 개량한 것으로 조준이 정확하고 사거리와 관통력이 우수했다. 청나라와 일본의 전투에서 압도적인 위력을 발휘했으며, 무수한 농민군과 의병을 참패시킨 무기다.

앞에 죽창과 화승총이 전부인 농민군은 너무나 무력했다.

돌격하던 농민군이 허공을 움키며 비통하게 쓰러지는 것을 무수히 반복했다. 우금치 아래의 벌판은 붉게 물든 흰옷을 입은 사체가 촘촘히 널렸다. 우세한 무기와 전술에 참패한 농민군은 기세가 꺾이고 말았다. 이후 패잔 부대가 산발적으로 재편했지만 토벌대의 추격을 받아 완패했다. 나라를 구하려고 일어난 민중의 의지가 근대의 기술력을 갖춘 제국주의에 비통하게 좌절당한 데 이어 최악의 배반까지 겹쳤다. 외세를 끌어들인 자는 농민군이 구하려던 고종이기 때문이다. 고종은 농민군을 비적匪賊으로, 전봉준 등 애국적 지도자를 비적 두목으로 불렀다. 역사에 보기 드문 암군暗君이라 할 것인데, 흥선대원군興宣大院君 이하응李昰應과 명성황후까지 가세했으니 조선의 미래는 극히 암울했다.

16대 고종은 정말 운 좋게 왕이 된 사람이다. 24대 헌종이 생산 없이 죽자 후계가 초미의 관심사가 되었다. 당시 권력을 잡은 안동 김

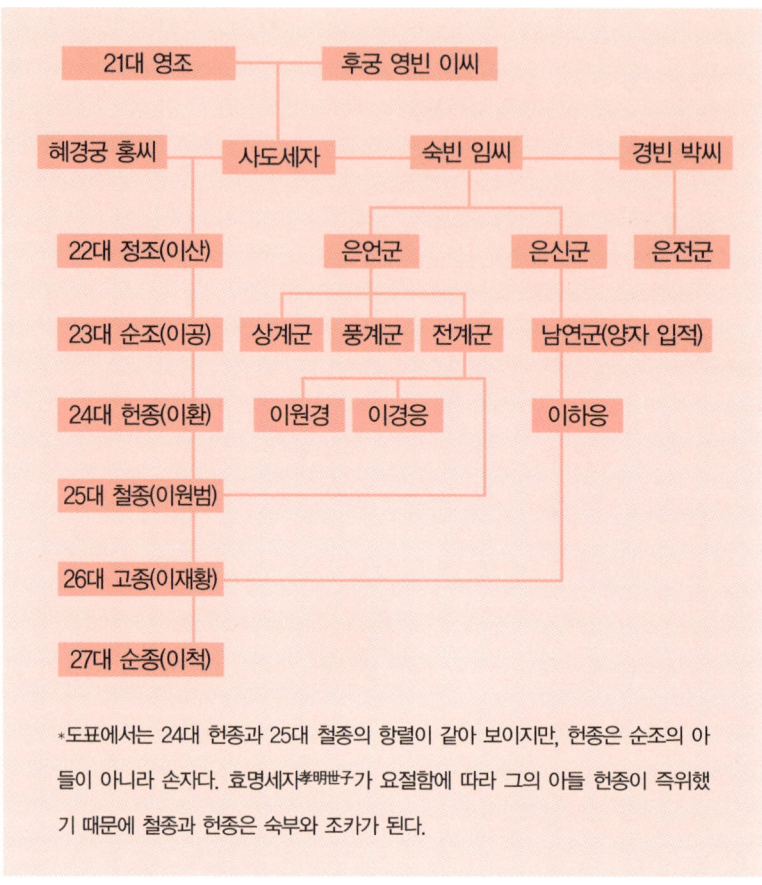

*도표에서는 24대 헌종과 25대 철종의 항렬이 같아 보이지만, 헌종은 순조의 아들이 아니라 손자다. 효명세자孝明世子가 요절함에 따라 그의 아들 헌종이 즉위했기 때문에 철종과 헌종은 숙부와 조카가 된다.

씨는 23대 순조의 왕비로 들인 순원왕후 김씨를 이용하여 영조의 서손 이원범李元範을 후계로 삼았다. 전계군全溪君의 막내아들이자 '강화도령'으로 잘 알려진 이원범은 어릴 때부터 유배되어 강화도에 살다 보니 글자도 제대로 모를 정도로 무식하고 용렬했는데, 그 점이 안동 김씨의 마음에 들었다. 이원범의 집안이 역모에 연루된데다, 헌종의 숙부가 되기 때문에 조카의 뒤를 이어 즉위한다는 것은 있을 수 없지만 안동 김씨는 조금도 개의치 않았다.

이원범을 25대 철종으로 앉힌 안동 김씨는 다시 문중에서 왕비를 들였다. 그러나 후계를 굳히기 위해 들여보낸 철인왕후 김씨가 생산이 없고, 후궁 일곱 명마저 후사를 이어주지 못해 후계 구도가 다시 현안으로 떠올랐다.

그 와중에 철종이 위독해지자 신정왕후 조씨가 지명권을 가졌다. 신정왕후는 23대 순조의 외아들 효명세자의 세자빈이다. 신정왕후는 효명세자가 요절하고 안동 김씨가 득세하자 전혀 실권을 갖지 못하고 권력에서 배

고종 어진 ■ 사람은 좋아 보이는데, 제왕으로서 갖춰야 할 카리스마와 지도력 등이 결핍된 느낌이 든다.

제되었지만, 며느리가 되는 철인왕후는 물론 후궁들까지 왕자를 생산하지 못해 상황이 달라졌다. 아들 헌종이 즉위하여 부친 효명세자를 익종으로 추존한 덕분에 왕비로 승격한데다, 이제는 서열이 가장 높은 대왕대비의 자격을 갖췄으니 신정왕후가 후계자를 지명할 수 있는 것이다.

그러나 순조 이후 지금까지 60년에 이른 안동 김씨의 지배력은 만만치 않았다. 안동 김씨는 갖은 방법으로 신정왕후를 압박했는데, 이때 이하응이 접근했다. 두 사람은 안동 김씨에게 억압당하는 공통점

과 함께 이해관계가 맞아떨어졌다. 신정왕후가 지명권을 행사할 수 있으니 이하응의 아들을 지명해주는 대신, 자신의 집안인 풍양 조씨가 안동 김씨를 대체할 수 있게 해달라는 정치적 거래가 오갔음이 분명하다.

고종은 열두 살(1863)에 즉위했다. 지극히 평범하고 제왕의 수업을 받지 못한 고종이 무슨 안목과 감각이 있겠는가. 고종은 대원군의 '바지사장'에 지나지 않았다. 대원군의 역할은 고종이 친정할 때까지 섭정하는 것이었지만, 고종이 스무 살이나 되어도 섭정을 그만두려 하지 않았다. 명성황후가 제동을 걸지 않았다면 죽을 때까지 권력을 잡았을 것이다. 대원군이 아들을 왕으로 만든 이유가 바로 그것이니까. 굳이 대원군을 재평가하고 싶지는 않지만 그 역시 나라를 망친 혐의를 벗기 어렵다.

고종이 친정을 한 것도 자신의 뜻이 아니라 아내 명성황후 민씨의 조종에 놀아난 결과다. 고종이 민씨의 치마폭에서 논 것은 본인의 기량이 시원치 않고, 대원군이 제왕의 교육을 하기는커녕 자신의 뜻대로 쥐고 흔들었기 때문이다. 무서운 아비 앞에서 숨도 제대로 쉬지 못하던 철부지 아이가 희대의 여걸을 만났으니 오죽했겠는가. 이후 고종은 대원군과 민씨에게 번갈아 조종당했다고 해도 과언이 아니다.

고종 시대에 가장 특징적인 점은 서양의 열강과 일본과 접촉한 것이다. 망국 단계의 조선은 미국과 영국, 독일, 러시아 등 열강이나 근대국가로 성장한 일본과 항쟁할 수 없었다. 아들을 왕으로 앉혀 정권을 장악한 대원군도 별다른 수가 없기는 마찬가지다. 그가 고종의 친정으로 물러난 10년 동안 개혁 정치를 표방하고 여러 가지 혁신적인 조치를 취했다고 하지만, 나라와 백성에 도움이 된 것은 하나도 없다. 언뜻 눈에 띄는 것은 안동 김씨의 세도정치를 척결한 정도인데, 이는 고종이 즉위하면서 자연스레 따라온 옵션과 같다. 중요한 것은 백성의 '삶의 질'인데, 민폐의 주범인 탐관오리와 부정부패의 먹이사슬이 그대로 유지되었으니 도탄에 빠진 백성의 삶은 조금도 나아지지 않았다.

대원군의 치세 가운데 가장 어이가 없는 것은 경복궁의 중수重修와 왕비의 간택이다. 조선의 정궁正宮으로 임진왜란 때 불탄 경복궁이 그때까지도 방치되었다. 대원군은 손상된 왕권을 회복하려면 경복궁을 바로 세워야 한다고 주장하고 중수에 나섰는데, 그것이 엄청난 민폐를 끼쳤다. 전국 각지에서 목재와 석재를 징발하고 백성을 동원하여 원성을 산 것은 물론, 공사비 때문에 국고가 바닥날 지경이었다. 게다가 세금을 신설하거나 더 많이 부과하여 바닥난 재정을 충당하니 백성이 어찌 살아가겠는가. 특히 당백전當百錢을 발행한 것이 백미라 할 것이다. 당백전은 모양과 중량이 당시 통용되던 상평통보의 5~6배에 지나지 않으면서도 명목 가치는 실질 가치의 20배에 달한 대표적인 악화惡貨다. 당백전이 통용되자 실물 경제가 흔들리고 가장 중요한 실물 지수인 곡식 가격이 폭등했다. 그렇지 않아도 죽을 지경인 백성들이 어떻게 되었겠는가. 여하튼 경복궁이 중수되기는 했지만 달라진 것은 없었다. 오히려 민폐가 극심하여 가뜩이나 허약해진 실물 경제가 치명상을 당하고 말았다. 대원군의 경제 개념이 어느 수준인지 잘 입증되는 근거라 하겠다.

명성황후를 간택한 사람도 대원군이다. 명성황후는 여흥驪興 민씨로 대원군의 부인인 부대부인府大夫人 민씨의 친척인데, 당시 집안이 몰락하여 고아가 되는 바람에 몹시 어려웠다. 대원군이 몰락한 집안 출신인 민씨를 선택한 것은 외척 세력의 발호를 경계했기 때문이지만, 그의 판단은 완전히 어긋난다. 며느리 민씨는 야심이 만만하고 탐욕이 무한한 여성이다. 민씨는 무능하기 짝이 없는 남편 고종을 틀어잡고 마음대로 조종했다. 계략을 꾸미는 데 천부적인 소질이 있는 민씨는 마침내 대원군을 끌어내렸다. 이때가 고종 10년(1873)으로 고종이 스물두 살이 되던 해인데, 대원군은 10년 동안 잡은 권력을 놓고 일단 하야했다. 고종의 친정은 곧 민씨의 집권이고, 여흥 민씨가 발호하는 토대가 되었다. 이후 대원군과 민씨는 목숨 건 싸움을 벌이는데, 그토록 외척을 경계하다가 자신이 간택한 민씨에게 뒤통수를 맞은 것을 보면 대원군의 안목은 미루어 짐작이 간다. 그리고 정치를 잘했다면 왜 그런 꼴을 당하겠는가. 대원군이 밀려난 본질적인 원인은 언어도단의 실정을 계속했기 때문이다. 대원군과 민씨는 자신의 이득을 위해 외세를 끌어들이다가 오히려 이용당했으며, 고종도 그것을 반복하다가 결국 나라를 망쳤다.

고종의 시대 역시 하루도 조용할 날이 없었다. '쇄국정책'을 주장한 대원군이 천주교를 탄압했다가 병인양요丙寅洋擾(1866)를 불렀으며, 고종 8년(1871)에는 신미양요辛未洋擾가 일어났다. 1873년 고종이 친정을 하지만 자기 이득밖에 모르는 민씨의 허수아비에 지나지 않는 그가 무슨 정치력이 있겠는가. 민씨 정권의 하수인이 된 고종은 근대화에 성공한 일본과 운명적으로 마주친다. 고종 13년(1876)에 일본과 강화도조약江華島條約:혹은 병자수호조약丙子修好條約을 맺어 개항과 교역을 했는데, 그로써 일제는 대륙 침공의 발판이 되는 '정한론征韓論'을 실현할 수 있었다. 여하튼 일본에게 개항했으니 미국과 프랑스, 러시아 등 열강에게도 문호를 개방해야 했다. 그 과정에서 신흥 강국 일본과 조선의 종주국으로서 전통적인 지배권을 주장하는 청나라가 대립했다. 그들의 대립은 조선에 직접적이고 심각한 영향을 끼쳤다.

고종을 앞세운 민씨의 치세는 최악으로, 고종을 폐위하려는 반역까지 모의될 지경이었다. 최악의 정치와 조선에 영향력을 확대하려는 일본의 시도는 임오군란壬午軍亂(1882)을 불렀다. 그 결과 민씨가 지방으로 도주하고 대원군이 다시 정권을 잡았지만, 일시적인 득세에 지나지 않았다. 민씨 일파가 청나라와 손잡고 반격하는 바람에 대원군은 청나라 군대에 체포되어 톈진天津으로 끌려갔다. 2년 뒤인 고종 21년(1884)에는 김옥균金玉均과 박영효朴泳孝, 서광범徐光範, 홍영식洪英植 등 급진개화파가 갑신정변甲申政變을 일으켰다가 청나라 군대 때문에 실패하는 등 혼란이 극에 달했다. 대원군은 고종 22년(1885)에 귀국하여 기회를 노릴 수 있었지만 그의 재등장은 혼란을 더할 뿐이었다. 철종 시대부터 곳곳에서 발생하던 민란과 궐기는 그칠 줄 몰랐으며, 미래가 보이지 않는 나날이 계속되었다.

◈ 동학이 나타나다

고종 시대에 가장 특징적인 점은 동학으로 지칭되는 농민 세력의 발흥이다. 전봉준을 위시한 조선 말기의 농민 출신 지도자는 모두 동학교도라고 해도 과언이 아니다. 철종 시대부터 대규모 민란이 벌어졌지만, 동학의 봉기는 체계와 목적이 없는 민란과 본질적으로 달랐다.

동학은 최제우崔濟愚가 창시했는데, 천주교를 지칭하던 서학西學과 반대되는 개념이 아니라 무너진 종전의 체제에서 벗어나 새로운 본질을 형성하기 위한 노력이라고 할 수 있다. 유불선儒佛仙의 장점을 두루 갖추고 계급을 철폐하는데다, 천주교의 본질인 평등과 사랑까지 집대성해 '사람이 곧 하늘'이라는 동학의 교리는 급속하게 퍼졌다. 정치가 실종되고 민생이 도탄에 빠져 툭하면 민란이 발생하던 철종 시대는 천도교天道敎가 파종하기 좋은 토양이 되었다. 그러나 권력자들이 동학의 교세가 확장하는 것을 달가워할 리 없다. 동학은 천주교와 함께 사학邪學으로 매도되고, 교주 최제우는 사형에 처해졌다.

> 의정부에서 아뢰기를 "이번에 동학이라고 일컫는 것은 서양의 사술邪術: 천주교을 전부 답습하고 특별히 명목만 바꿔서 어리석은 사람들을 현혹하게 하는 것뿐입니다. 조기에 제거하지 않으면 결국에 청나라의 황건적이나 백련교白蓮敎라는 도적들처럼 되지 않을지 어떻게 알겠습니까. ······조사한 문건에서 단정한 내용을 가지고 미루어보건대, 최복술崔福述: 최제우이 그들의 두목이라는 것은 자백과 조사를 통한 증거가 있으니 군사와 백성들을 모아 놓은 가운데 효수하여 뭇사람들을 경각시킬 것입니다".
> ─《고종실록》1년(1864) 3월 2일

최제우는 죽었지만 동학은 쉽사리 사그라지지 않았다. 2대 교주 최시형崔時亨이 곳곳을 누비며 교세를 확장했고, 지역 책임자 접주接主를 중심으로 단단히 결속했다. 동학은 지역적으로 남과 북으로 나뉘는데, 충청도 이북을 북접北接이라 하여 최시형의 영향 아래 있었으며, 최시형의 제자 손병희 등이 위주가 되었다. 농민운동이 태동한 1890년대 초반, 호남이 위주인 남접南接은 정읍의 접주 손화중과 태인의 접주 김개남, 고부의 접주 전봉준 등이 신망을 얻었다.

그렇지 않아도 탄압을 당하던 동학은 고종 8년(1871)에 철퇴를 맞았다. 그 해 3월 10일 동학교도를 자칭하는 이필제李弼濟라는 자가 경상도 영해에서 난을 일으킨 것이 탄압의 빌미가 되었다. 경상도 문경 출신 이필제는 교조 신원伸寃을 명분으로 난을 일으켰지만, 교주 최시형과는 전혀 논의가 없었다. 이필제는 매우 과격한 자로 철종 14년(1863) 입도한 후 농민을 적극적으로 규합해 체포령이 내려진 상태였다. 그는 《정감록》을 신빙하고 조직의 체계를 따르지 않았으며, 이전부터 충청도 진천과 경상도 진주 등지에서 여러 차례 난을 일으키는 등 정식 동학교도로 보기에는 의문이 많았다. 세 번째 난을 일으킨 이필제는 마침내 체포되어 능지처참을 당했지만, 그 때문에 많은 동학교도가 연루되어 고난을 당하고 동학도 크게 탄압받았다.

동학이 정식으로 세상에 나온 것은 고종 29년(1892)이다. 최시형

최제우와 최시형 ■ 천도교 창시자 최제우와 2대 교주 최시형. 두 사람은 정부에 체포되어 사형을 당했으며, 교주는 민족 지도자 손병희로 이어졌다.

은 충청감사 조병식趙秉式의 탄압을 피해 경상도 상주로 피신했다. 그해 10월 서인주徐仁周, 서병학徐丙鶴, 손천민孫天民, 손병희 등이 교조 신원 운동을 전개해야 한다고 주장했으며, 교도도 그들의 주장에 따랐다. 그에 따라 최시형은 각 지방의 접주들에게 통문을 띄우고, 교도를 전주 삼례에 집결하게 했다.

11월 1일 삼례에 수천 명이나 되는 교도가 모이자 손천민이 임시대표가 되어 충청감사 조병식과 전라감사 이경직李耕稙에게 서장을 보냈다. 서장의 내용은 교조 최제우가 억울하게 누명을 쓰고 죽었음을 호소하고, 동학이 정당한 교리를 평화적으로 실천하는데도 관리들이 지나치게 탄압한다는 점을 지적하는 것이다. 그에 대해 전라감사 이경직은 교조의 신원은 조정에서 처리할 일이므로 자신이 왈가왈부할 수 없지만, 관에서 지나치게 탄압하고 학대하는 것은 바로잡겠다고 약속했다. 감사의 권한으로 교조를 신원할 수 없다는 것은 동학 측에서도 잘 알고, 당시의 집회가 공인을 향하는 출발로 여겼기 때문에 일단 해산하여 귀가했다. 그러나 탄압이 더욱 심해지자 그 이상의 행동이 필요했다.

동학의 지도부는 고종 30년(1893) 2월, 각 도 대표 40여 명을 모은 다음 박광호朴光浩에게 그들을 이끌고 서울로 올라가 왕에게 직접 상소할 것을 결정했다. 박광호가 이끈 대표단은 광화문 앞에서 사흘 밤낮을 통곡하며 원통함을 호소했다. 동학이 과감하게 나선 것은 교세가 충분히 확장된데다, 외국과 수교를 통해 그동안 사교로 배척당하던 천주교와 기독교가 공인되었으니 동학도 승인받을 수 있겠다는 판단에 따른 것이다. 그렇다고 해도 당장 승인이 날 것으로 기대하지는 않았는데, 상황이 이상하게 꼬였다.

상소가 있은 지 얼마 후 성균관 유생들이 동학을 반대하는 시위에 나섰다. 과거 제도가 오래전에 유명무실하여 존폐 위기를 맞은 성균관은 이번 기회에 자신들의 존재감을 확인하려 했다. 그런데 서울에 뿌리박은 외국 세력에게는 종전 세력을 대표하는 성균관과 신흥 세력 동학이 정면으로 대결하는 양상으로 비쳤다. 동학교도가 수만 명이나 올라왔다거나 관군과 충돌하기 일보직전이라는 소문에 서울이 극도로 흉흉해졌다. 게다가 각국의 공관이나 주요 인사들이 거주하는 관사의 담벼락에 '우리는 외국 세력을 배척한다'는 내용의 괘서들이 나붙기 시작했고, 심지어 '기독교는 사교며, 3월 7일까지 돌아가지 않으면 가만두지 않겠다'는 협박성 괘서까지 붙었다. 가뜩이나 흉흉한 판에 그런 괘서가 나붙자 외국 공관들은 자구책을 강구하기에 이르렀다.

인천에는 공관의 요청을 받은 각국의 군함이 들끓었다. 특히 청나라 총리 위안스카이袁世凱가 북양 함대의 주력인 정원定遠과 내원來遠을 급파하자, 일본 공사 오이시 마사미大石正巳는 인천에 군함 한 척이 있는데도 본국에 군함 증파를 요청했다. 그리고 일본 영사 스기무라 후카시杉村濬는 여자와 어린이를 철수할 준비를 갖추고 병력과 경찰은 물론, 성인 남자들을 동원하여 방어할 준비에 들어갔다. 동학의 상소가 어이없게도 국제적 긴장과 함께 일본과 청나라의 대결 구도를 촉발한 것이다.

원하는 바를 얻지 못하고 오히려 탄압이 가중되었지만 최시형과 지도부는 포기하지 않았다. 3월 10일에 충청도 보은에서 전국대회를 개최하자 각지에서 수만에 달하는 교도가 모였다. 그 대회를 '보은취회報恩聚會'라고 했는데, 교조의 신원과 정식으로 승인할 것 등 기본 입장과 함께 일본과 외국을 배척하여 자주성을 회복해야 한다는 내용이 발표되었다.

보은취회는 순수한 민족주의적 회합으로 지극히 평화롭게 진행되고 해산했지만 권력자들은 그렇게 생각지 않았다. 그들의 눈에는 수만의 교도가 모두 반란군으로 비쳤다. 수백 명이 날뛰는 민란을 진압하기도 버거운 판에 저렇게 통솔이 잘 된 수만의 반란군을 어떻게 제압할 수 있겠는가. 병력과 무장이 시원치 않은 지방군으로서는 엄두가 안 났을 것이다. 집결한 교도가 난을 일으킬 것을 우려하여 충청도와 강화도의 병력을 파견해 아무런 충돌 없이 해산했지만 고종은 공포에 질렸다.

고종은 놀랍게도 외세를 끌어들일 생각을 했다.

"서울의 군사는 아직 파견해선 안 될 것이다. 다른 나라의 군사를 빌려 쓰는 것은 역시 나라마다 전례가 있는데, 어찌 군사를 빌려다 쓰지 않는가?" 하니, 심순택이 아뢰기를 "그것은 안 됩니다. 만일 쓴다면 군량은 부득이 우리나라에서 준비해야 합니다" 하였다. 조병세가 아뢰기를 "군사를 빌려 쓸 필요는 없습니다" 하니, 정범조가 아뢰기를 "군사를 빌려 쓰는 문제를 어찌 경솔히 의논할 수 있겠습니까?" 하였다. 하교하기를 "청나라에서는 일찍이 영국 군사를 빌려 쓴 일이 있다" 하니, 정범조가 아뢰기를 "이것이 어찌 청나라 일을 본받아야 할 일이겠습니까?" 하였다. 하교하기를 "여러 나라에서 빌려 쓰려는 것이 아니라 청나라 군사는 쓸 수 있기 때문에 말한 것이다" 하니, 정범조가 아뢰기를 "청나라 군사를 빌려 쓰는 것은 비록 다른 여러 나라와는 다르다고 하여도 어찌 애초에 빌려 쓰지 않는 것보다 나을 수 있겠습니까?" 하였다.

―《고종실록》 30년(1893) 3월 25일

고종은 청나라 군대를 동원하여 동학교도를 섬멸할 의도를 비쳤고, 한술 더 떠 "청나라에서는 일찍이 영국 군사를 빌려 쓴 일이 있다"며 자신의 주장을 합리화했다. 고종이 주장한 논거는 태평천국太平天國의 난(1850~1864)이 일어났을 때 청나라가 영국을 위시한 서양 열강에게 지원을 요청한 데 있다. 당시 참전한 열강의 군대가 우수한 무기와 전술을 앞세워 무자비한 학살을 감행하는 바람에 헤아릴 수 없는 백성이 죽지 않았는가. 고종의 뜻대로 조선 백성을 사람으로 여기지도 않는 청나라 군대가 들어오면 엄청난 학살이 자행될 것이 불보듯 뻔했다.

오직 자신의 안전을 위해 청나라 군대를 불러들이려는 고종이 과연 제정신인가. 게다가 청나라가 군대를 진입시키면 일본도 가만 있지 않을 것이 분명하다. 태평천국의 난이 발생한 원인을 고찰하지 못하고 청나라와 똑같이 외세를 끌어들여 백성을 학살하고 나라를 온통 전쟁터로 만들려는(실제로 그렇게 되었다) 고종은 대체 어느 나라 임금인가. 그저 탄식할 따름이다.

◈ 혁명이 발아하다

동학의 분노가 터진 것은 고종 31년(1894) 1월 10일이며, 진앙은 전봉준이 접주로 있던 전라도 고부다.

민란이 대부분 그렇듯 이번에도 조정에서 보낸 자가 원인을 제공했다. 고부군수 조병갑趙秉甲은 매관매직을 통해 벼슬에 오른 자로, 인간이라기보다는 흡혈귀에 가까웠다. 조병갑이 고부군수로 부임한 다음 농민에게 황무지를 개간하게 하여 면세免稅를 약속하고도 추수 때

강제로 세금을 받고, 백성들에게 수시로 죄명을 씌워 2만 냥 이상 강탈했으며, 인근의 태인군수를 지낸 적이 있는 부친의 송덕비각頌德碑閣을 짓는다고 자금을 강제로 징수한데다, 저수지 만석보萬石洑가 제 기능을 발휘하는데도 강제로 백성을 동원하여 새로운 보를 쌓게 하고 추수 때 수세水稅를 받았다. 그밖에도 부정한 수단을 사용하여 착복한 것이 무수하고, 백성 괴롭히기를 놀이처럼 했으니 고부군민들의 원성이 극에 달했다. 군민들이 찾아가 호소해도 전혀 들어주지 않았으며, 심지어 농민 대표로 찾아와 호소한 전창혁과 김도삼, 정일서 등을 때려죽였는데, 전창혁은 전봉준의 부친이다.

격분한 전봉준이 사발통문沙鉢通文을 돌리고 거병했다. 일시에 1000명 넘게 모여들어 고부 관아로 진격했는데, 조병갑은 눈치 빠르게 도주했다. 관아를 점거한 전봉준은 감옥을 부수어 무고한 백성을 석방하고 원성의 표적이 된 만석보를 허물었다. 전봉준은 관아의 무기를 꺼내 무장하고 조병갑에게 붙어 갖은 악행을 자행하던 아전들을 징치했으며, 부당하게 수탈한 곡식을 백성에게 돌려주었다. 놀라운 소식을 접한 인근의 백성들이 구름처럼 모여들어 합세하니 며칠이 지나지 않아 1만이 넘는 세력으로 불어났다. 그것이 역사에 기록된 '갑오동학농민전쟁'의 시발이다.

한편 조병갑은 감영이 있는 전주로 도주하여 전라감사 김문현金文鉉에게 민란이 발생한 것을 보고했다. 조병갑은 병력을 내주면 진압하겠다고 했지만 김문현은 그를 믿지 않았다. 김문현은 병력을 보내 사태를 확인하는 한편, 중앙에 보고하고 조치를 기다렸다. 이때 김문현이 보낸 병력은 모조리 사로잡히거나 죽음을 당했으며 사태를 더욱 악화시켰을 뿐이다.

조정은 일단 조병갑을 잡아들이고, 김문현을 30퍼센트 감봉에 처했다. 박원명朴源明을 신임 군수로 내려 보내 대화를 시도하는 한편, 장흥부사 이용태李容泰를 안핵사로 임명하여 사태를 조사하게 했다. 그때가 2월 15일인데, 신임 군수로 내려간 박원명이 전봉준을 비롯한 대표들과 대화하여 문제를 알아보고 술과 음식을 내어 백성을 위로했다. 전봉준도 원흉 조병갑을 몰아내고 자신들의 입장을 충분히 전달했기 때문에 더 행동할 생각은 없었다. 인근의 태안, 금구, 부안, 무장 등지에서도 소요가 일어날 확률이 컸기 때문에 전봉준은 그쪽을 설득하여 소요를 가라앉히고, 자신이 주동한 것에 따른 책임을 질 생각이었다. 전봉준은 사리가 분명하고 사심이 없는 인물이기 때문에 그 선에서 사태를 마무리 지으려 했다.

그런데 이번에는 안핵사로 임명된 이용태가 문제를 일으켰다. 안핵사로 임명되었으면 신속히 임지로 가서 백성을 위무한 다음 사태의 전말을 알아내어 중앙에 보고하고 책임 소재를 가려야 할 텐데, 이용태는 한 달이 지난 뒤에야 도착했다. 게다가 역졸을 800명이나 거느리고 와서 위세를 부리더니 모든 책임을 농민에게 전가하고 가혹하게 탄압했다. 이용태는 박원명을 협박하여 무리하게 주모자를 지목하게 했으며, 역졸을 사방으로 풀어 무고한 농민을 체포하고 구타했다. 역졸들은 폭행과 약탈을 서슴지 않았으며, 심지어 부녀자를 강간하는 만행을 저질렀다.

도저히 용납할 수 없는 참상을 유발한 이용태는 날마다 기생을 끼고 술을 마셨는데, 그것을 본 전봉준이 다시 분노가 폭발했다. 3월 21일, 그가 궐기를 외치자 격분한 백성이 삽시간에 모였다. 인근의 고을에서도 속속 모여들어 순식간에 수천 명에 달했다. 손화중과 김개남 등이 휘하의 병력을 이끌고 합세하자 1만이 넘는 대부대가 편성되었다. 동학군은 고부의 백산白山에 모여 대오를 정비하고 싸울 준비에 들어갔다.

3월 25일, 전봉준과 지도부는 궐기의 각오와 대의명분을 밝히고 행동 강령을 발표했다.

　　一. 사람을 죽이지 말고 물건을 해치지 마라 不殺人 不殺物
　　一. 충효를 다하고 세상을 구제하여 백성을 편안하게 하라 忠孝雙全 濟世安民
　　一. 일본 오랑캐를 몰아내고 성도를 깨끗이 하라 逐滅倭夷 澄淸聖道
　　一. 군대를 몰고 서울로 들어가 권귀를 진멸하라 驅兵入京 盡滅權貴

이 가운데 특히 주목되는 것은 네 번째 강령이다. '서울로 들어가 권귀를 진멸하라'는 것은 지금의 체제에서 발생한 매관매직과 부정부패 등 모든 문제를 제거하겠다는 뜻이다. 왕이나 왕조를 교체하자는 언급은 없지만, 자발적으로 평등과 평화를 이루겠다고 천명했으니 어찌 혁명이 아니겠는가. 단순한 민란으로 그치고 말았을 고부의 봉기가 혁명으로 업그레이드된 것인데, 안핵사로 파견된 이용태가 그 빌미를 제공했다니 참으로 아이로니컬하다.

그런데 이번 거병에서 최시형이 이끄는 북접은 참여하지 않았다. 지역적으로도 남접이 위주가 될 수밖에 없었지만 최시형으로서는 교주가 뒤늦게 따라가는 모습을 보이기 개운치 않은데다, 기본적인 노선이 다르다 보니 협조하기 어려웠을 것이다.

다시 봉기가 일어났다는 보고를 받은 조정은 대책 마련에 부심했다. 그러나 본래 준비가 부족한데다, 봉기가 고부 인근의 금산, 장성,

무안 등에 파급되었을 뿐 아니라 경상도와 충청도까지 소란해지는 등 대폭 확대되자 더욱 큰 혼란에 빠졌다. 조정은 문제를 일으킨 이용태를 파면하고, 전라병사 홍계훈洪啓薰을 양호초토사兩湖招討使로 삼아 중앙군 장위영壯衛營 소속 800명과 야포 2문, 구식기관포 2문을 주었다. 홍계훈이 이끄는 중앙군은 인천으로 행군했다. 4월 4일 인천에서 한양호와 창룡호, 평원호청나라의 수송선에 나눠 탄 중앙군 부대는 4월 6일 군산에 닿았다. 중앙군은 다시 하루를 행군하여 4월 7일 전주에 입성했다.

한편 동학군은 4월 5일에 금구와 부안을 점령했는데, 6일에 전주에서 보낸 병력과 일전을 치렀다. 감사 김문헌은 휘하의 이재섭과 이광양, 송봉암 등에게 명하여 지방 병력 250명과 보부상으로 편성된 부대를 이끌고 나가 동학군을 치게 했다. 양측은 4월 6일 황토재黃土峴에서 마주쳤다. 주력이 마주치는 전투였기에 양측에게 매우 중요했다. 그런데 동학군이 민폐를 끼치지 않고 군기가 엄정한 반면, 진압군은 약탈과 방화를 일삼아 누가 관군이고 누가 반란군인지 헷갈릴 지경이었다.

관군이 보부상과 연합하여 군기가 문란한데다, 공을 탐하는 것을 파악한 동학군은 거짓으로 불리한 체하며 후퇴했다. 동학군이 물러가자 승리를 확신한 진압군이 급히 추격했다. 그때 밤이었는데, 동학군은 진압군을 황토재 깊숙이 끌어들인 다음 일시에 기습했다. 이때 진압군은 이광양을 비롯하여 다수가 전사했으며, 그것을 안 중앙군까지 탈영병이 속출할 정도로 사기가 떨어졌다. 4월 22일에는 중앙군마저 참패하여 야포와 기관포를 탈취당했다. 28일에는 마침내 동학군이 전주를 함락했는데, 그 충격은 대단했다. 동학군이 만세를 부르며 감격할 때 반란군에게 조선의 발상지와 곡창 지대를 빼앗긴 조정은 그저 기막힐 뿐이었다.

조정과 동학군은 협상을 시작했다. 계속되는 전투에 동학군의 피해도 적지 않은데다, 농민이 대부분인 동학군은 농사를 지어야 가족을 부양할 수 있기 때문에 하루빨리 돌아가고 싶어했다. 게다가 동학군을 진압한다는 구실로 청나라와 일본이 군대를 파견했다는 소식까지 있어 협상이 시급했다. 조정도 어떻게든 동학군을 해산해야 했기 때문에 협상은 그리 어렵지 않았다. 전봉준과 홍계훈이 협상해 휴전조약을 맺었다. 전봉준은 홍계훈에게 각종 폐정의 개혁과 탐관오리의 제거를 주장하는 '폐정개혁안弊政改革案' 27개조를 제시했으며, 조정의 논의를 거쳐 받아들여졌다. 6월 10일음력 5월 7일 휴전조약이 성립되었는데, 이를 '전주화약全州和約'이라 한다.

휴전이 성립되었지만 전봉준의 협조 없이는 전라도가 제대로 돌아가지 않았다. 신임 전라감사 김학진金鶴鎭은 53개에 달하는 예하 고을의 통치를 전봉준과 상의해야 했다. 전봉준은 탐관오리를 몰아내고 각지에 행정과 사법권을 가진 집강소執綱所를 설치하여 개혁 정치를 실시했다. 전봉준은 백성의 뜨거운 환영을 받았으나 토착 양반과 지주 등 기득권층은 반발했다. 전봉준은 혁명에 반동적인 집단을 단호하게 척결했다. 혁명 정치를 반대하는 지역은 무력을 동원해서 관리와 기득권층을 몰아내고 집강소를 설치했다. 집강소가 설치된 지역은 동학의 조직이 행정과 사법을 장악하여 공정하게 다스렸다. 행정 경험이 미숙하거나 평소 원한을 많이 산 악질적 지주와 토호들에 잔혹하게 보복하는 등 부작용이 없지 않았지만 이전의 체제보다는 백배 나았다. 당시 전라도는 '그 시대 세계를 통틀어 유일한 해방구'라 해도 과언이 아니다.

그러나 해방구로 전환되거나 편입되기를 반대하는 지역이 의외로 많았다. 전주와 함께 전라도의 명칭이 되는 나주에서도 전봉준을 반대했다. 나주목사 민종렬閔種烈은 일찌감치 결전을 준비했다. 전라도를 총괄하는 감영이 있는 전주가 함락돼도 민종렬은 당황하거나 기가 꺾이지 않았다. 나주는 전라도를 방어하는 핵심 기지로 비축한 무기와 탄약이 많았는데, 민종렬이 병력을 훈련하고 진지를 구축하여 전력을 증강하자 철벽의 요새가 되었다.

나주의 중요성을 잘 아는 전봉준은 어떻게든 나주를 손에 넣으려 했으나, 민종렬의 각오가 완강하고 사기와 전투력이 왕성하여 매우 곤란해졌다. 결국 무력을 사용할 수밖에 없었다. 전주에 있는 동학의 대도소大都所·총지휘본부에서 접주 김개남과 최경선에게 나주를 공격할 것을 명령했다. 7월 1일부터 공격이 시작되었으나 나주를 제압하지 못했고, 5일에는 동학군이 민종렬의 유인 전술에 말려 패배하는 등 전혀 진전이 없었다. 지도부에서는 반드시 나주를 함락해야 한다는 주장이 많았다. 그러나 농번기에 접어들어 병력 운용이 원활하지 않은데다, 계속 나주를 공격하다가 실패하면 전력이 급속히 소모되어 각지에 설치한 집강소가 반격당할 우려가 있었다. 임시로 집결한 농민군이 잘 훈련된 정규군을 당하기 어렵다는 것이 입증되었지만, 민종렬도 방어 이상의 행동을 하기는 어려웠다. 그런 저런 이유로 나주는 끝까지 동학의 접근을 거부할 수 있었다.

농민 해방구

엄밀하게 말하면 나주를 제외한 전라도 모든 지역이 농민군의 세력권에 들어간 것은 아니다. 섬이나 산간벽지처럼 접근이 용이하지 못한 지역에는 동학이 침투하기 어려웠으며, 그 지역 수령과 토호들이 동학교도를 박해하는 사례가 많았기 때문이다. 집강소를 이끌 목적으로 보낸 자의 역량이 미치지 못하는 경우에는 해당 지역의 수령들이 계속 지배권을 행사했다. 하지만 농민군이 주요 지역의 행정과 사법권을 장악하여 공정하게 다스린 것은 사실이다.

농민군에 대해 극히 부정적으로 기록한 내용이 적지 않은데, 동학이 등장하는 바람에 몰락한 기득권층의 시각에서는 그렇게 보일 수 있다. 또 불온한 자들이 동학교도를 사칭하여 약탈과 강간을 일삼는 사례가 왕왕 발생했으며, 그것을 진실처럼 기록한 데서 비롯된 결과다. 집강소를 설치하러 왔다고 속여 관청을 약탈하거나, 가짜들이 진짜 동학교도를 참살하는 사례까지 있었다고 하니 당시의 혼란상을 미루어 짐작할 수 있다.

동학군의 눈엣가시, 나주성

나주 공략에 실패한 전봉준은 전라감사 김학진에게 협조를 구한다. 전봉준과 동학군에게 호의적이던 김학진은 전봉준의 요청을 받아들여 나주목사 민종렬과 지휘관 이원우를 파직해달라고 조정에 건의했다. 조정은 다시 김학진의 요청을 받아들여 7월 18일자로 민종렬과 이원우를 파직했다. 후임 목사와 지휘관이 내정되었지만 동학군을 두려워한 토호들이 만류해 민종렬이 나주를 떠나지 못했고, 후임자도 동학군이 두려워 부임하지 못했다.

8월 13일 전봉준이 전라감사 김학진의 신임장을 가지고 나주성에 들어가 민종렬과 담판했으나 뜻을 이루지 못했다. 그러다가 8월 17일 민종

> 렬이 나주목사로 재임명되었으며, 9월 18일에는 전투에 공이 큰 이원우
> 까지 재임명되었다. 이후의 전쟁에서도 강력한 전투력을 보유한 나주가
> 동학군의 배후를 위협해 승부에 큰 영향을 끼쳤다.

2차 전쟁과 파멸

전봉준이 이끈 '1차 동학농민전쟁'은 큰 성공을 거두었지만 아주 달갑지 않은 것을 불러들였다. 앞서 말했다시피 고종은 청나라 군대를 끌어들인다는 망국적 구상을 했는데, 그 구상이 현실이 된 것이다. 고종이 청나라 군대를 빌려 동학을 제압하려는 구상은 1년 전 '보은취회'부터 했지만, 그때는 동학교도가 빨리 해산하는 바람에 실행에 옮기지 못했다. 그러나 전봉준이 봉기하여 관군을 연파하고 전라도가 동학의 수중에 떨어지자 다시 고종의 구상이 수면 위로 떠올랐다. 전봉준의 성공은 전국에 '해방구 열풍'을 가져왔다. 방방곡곡에서 민란이 발생하니, 이러다가 서울에도 집강소가 설치되지 않는다는 보장이 어디 있겠는가. 위기를 느낀 고종으로서는 무슨 수를 써서라도 동학군을 제거해야 했다.

조선이 청에 파병을 요청한 것은 고종 31년 6월 2일음력 4월 29일이다. 청의 파병은 일본의 즉각적인 개입을 불렀다. 일본이 개입하자 조선이 크게 반발했지만 국제조약으로는 합법적이었다. 청나라와 일본은 고종 22년에 '텐진조약'을 맺었는데, 그 내용 가운데 '장차 조선에 어떤 변란이나 중대 사건이 발생하여 청일 양국, 혹은 어느 한 나라가 파병할 필요가 있을 때는 먼저 양국이 문서를 통해 연락을 취할 것이며, 사태가 진정되면 다시 철병할 것'이 포함되었다.

그들이 톈진조약을 체결한 것은 조선의 상황 변동 때문이다. 1882년 임오군란이 일어나자 청나라가 출병하여 이하응을 체포하는 등 주도권을 잡았으며, 1884년 일본의 지원을 받은 개화파가 갑신정변을 일으켰을 때도 청나라가 사흘 만에 진압했다. 조선에서 벌어진 일련의 사건에서 밀린 일본은 정략적으로 만회하려 했다. 갑신정변이 벌어진 다음 청과 일본은 톈진조약을 체결하여 서로 철수한 이후 다시 조선에 출병할 때는 통고하기로 약속했다. 청과 일본은 주력을 조선에서 철수했으나 청은 위안스카이를 조선에 상주시켜 간섭을 강화했다. 그러나 일본 역시 합법적으로 개입할 수 있는 길을 열어두었으며, 마침내 청을 격파할 기회를 잡은 것이다.

청일전쟁의 발발은 필연적이었다. 청은 종주국이라는 종전의 지위와 최근의 우세를 굳히려 했으며, 일본은 반드시 조선을 손에 넣어 강국으로 가는 발판으로 삼으려 했다. 일본의 선제공격으로 청일전쟁이 벌어졌다. 철저히 준비한 일본은 신속하게 행동해 먼저 전략적 목표에 접근했다. 그들은 간교하게도 7월 23일에 경복궁을 장악한 다음 청과 국교를 단절할 것을 강요했다. 이후 일본군은 조선의 요청을 받은 것처럼 꾸며 청에 포문을 열었다. 전쟁은 육지와 바다 모든 면에서 일본의 압승으로 끝났다. 말기적 증상에 시달리던 청은 신흥 일본의 상대가 되지 못했다. 곳곳에서 죽도록 얻어맞고 영토를 할양하고 배상금을 지불하는 등 굴욕적인 항복을 감내해야 했는데, 그들의 전쟁에 휘말린 조선은 그야말로 고래 싸움에 새우 등 터진 격이다. 고종은 조선을 팔아넘기는 계약서를 스스로 작성해 서명한 다음 계약금까지 지불한 것이나 진배없다.

2차 봉기의 빌미도 조정이 제공했다. 9월, 조정에서 장위영 영관領

官 이두황李斗璜에게 동학군 토벌의 임무를 주어 보냈다. 이두황이 경기도와 충청도의 동학교도를 잔혹하게 살상하며 남하하자 전봉준이 다시 봉기했다. 이번에는 먼저 피해를 당한 북접도 가세했다. 이두황의 뒤를 이어 일본군이 진격했다. 청과 전쟁을 마무리하지 못한 일본은 배후의 위협을 신속히 제거하고 싶었다. 조선군을 앞세운 일본군은 남진하며 마주치는 마을을 모조리 불태웠으며, 조선군은 늘 그렇듯 약탈과 강간을 질펀하게 즐겼다. 그들이 저지르는 천인공노할 만행에 격분한 전봉준은 복수를 다짐하며 북상했다. 마침내 짐승 같은 적과 맞닥뜨린 혁명군은 충의와 정의의 깃발을 앞세우고 돌격했지만, 그것만으로는 승리를 거둘 수 없었다. 승부를 결정지은 것은 비교조차 할 수 없는 우수한 무기와

전봉준 ■ 전봉준이 압송되는 모습. 뜻을 이루지 못하고 체포돼 죽음을 눈앞에 두었고 다리까지 부러진 상태지만, 녹두장군의 눈매와 기상은 죽지 않았다. 오른쪽 사진은 상반신 확대.

뛰어난 전술이다.

　죽창을 든 무수한 용사들이 우금치에서 뜨거운 피를 뿜었고 녹두장군은 비통하게 패배했다. 겨우 살아남은 농민군을 기다린 것은 추악한 배반과 밀고다. 혁명을 사갈蛇蝎처럼 증오하던 부호와 아전들은 원금에 이자까지 붙여 보복했으며, 목숨을 걸고 이룬 해방구는 신기루처럼 사라졌다. 전봉준과 최시형을 위시하여 체포된 지도자들의 운명은 결정되었다. 비적의 혐의를 쓰고 최후를 맞은 전봉준을 생각하면 가슴이 먹먹하지만 그는 자신의 선택을 끝까지 확신했을 것이다. 역사는 그런 사람들이 만드는 게 아닌가.

녹두장군과 대원군의 커넥션?

전봉준이 대원군을 만나 밀명을 받았다거나, 이하응이 전봉준에게 사람을 보냈다는 저술이 적지 않다. 심지어 조정과 회담에서 동학군이 대원군과 연계를 입에 담았다는 내용도 있는데, 사실과는 거리가 멀다. 정치력은 있으되 무력이 없는 대원군과 무력을 가졌으나 정치력이 전무한 전봉준은 서로 약점을 보완하는 파트너가 될 수 있지 않겠느냐는 추정은 추정일 뿐이다.

이하응이 얼마나 나라를 망쳤는지는 굳이 반복할 필요도 없는 얘기고, 이하응과 연계한다는 것은 혁명 정신에 정면으로 위배된다. 이하응은 제거해야 마땅할 '권귀' 중 대표적인 자인데, 전봉준이 왜 그와 손을 잡겠는가. 동학교도가 서울로 올라가 호소할 때부터 배후에 이하응이 있다는 소문이 있었지만, 이하응이 의도적으로 흘린 소문일 가능성이 크다. 당시 이하응이 귀국해 다시 권력을 잡을 기회를 노리고 있었는데, 무서운 기세로 일어나는 동학군은 아주 입맛이 당겼을 것이다. 아들도 거침없이 이용하는 이하응이 누군들 이용하려 들지 않겠는가.

상식적으로 생각해도 두 사람의 노선은 너무 다르다. 전봉준과 이하응은 외세를 배격했다는 공통점이 있지만, 전봉준이 순수한 의지에서 발현한 것에 비해 이하응은 전혀 그렇지 않다. 이하응이 대중적 인기가 많은 것은 사실이고 민심을 얻은 것처럼 보이기는 해도 어디까지나 정치적 노력에 따른 결과물일 뿐이다. 민주적 방식으로 투표하여 뽑은 대통령도 막상 그 자리에 앉으면 본질이 나타나기 십상인데 그 시대에는 오죽했겠는가. 이하응의 본질을 충분히 파악했을 전봉준이 그와 손잡는다는 것은 절대 있을 수 없는 일이다.

백번 양보하여 두 사람의 연계가 있었다고 해도 그런 사실을 입 밖에 냈다가는 이하응에게 치명타가 되고도 남을 것이다. 깊이 생각할 것도 없는 사항인데 전봉준이 이하응의 명을 받았다거나 그를 추대하려 했다는 주장을 펴는 사람들을 이해할 수 없다. 실제로 전봉준이 체포된 이후 자백한 공초에는 이하응과 연계가 전혀 나타나지 않는다. 그들은 어떻게든 전봉준과 이하응을 엮고 싶었겠지만, 전봉준은 처지가 위태롭다 해도 남들이 원하는 대로 진실을 왜곡해주는 사람이 아니다.

| 번외 |

영웅이 된 도적들

조선 시대에 가장 유명한 도적으로
홍길동洪吉童과 임꺽정, 장길산張吉山이 꼽힌다.
숙종 때 실학자 이익李瀷도 《성호사설星湖僿說》을 통해
세 사람이 대표적인 도적이라고 증언했다.
현재는 그들을 도적보다는 의적으로 인식하는 경향이 강하지만
이는 사실과 다르다.
차제에 그들의 정체를 밝히자.

가장 화려한 강도 — 홍길동의 난

홍길동은 영웅의 대명사로 지금도 관공서에 가면 서류 양식 견본에 어김없이 그의 이름이 기입될 정도로 지명도가 높다. 전설이나 소설의 주인공으로 치부되기 쉽지만 홍길동은 실존 인물로서 실록에 분명히 기록되었다. 우리가 아는 영웅 홍길동은 허균許筠이 창작한 《홍길동전》의 허구적 캐릭터가 그대로 반영된 것이다.

실제 홍길동은 도술이나 축지법을 사용할 줄 모르고, 영웅이나 의적과도 거리가 멀다. 심지어 일당을 데리고 오키나와沖繩로 건너가 이상향을 세웠다는 등 우상화되었지만, 실제 그는 재물을 탐하고 사람을 함부로 해치는 도적 가운데 정상급에 지나지 않는 자다. 이익은 《성호사설》에서 "왕년에 홍길동이라는 도적이 주로 보부상들을 습격하여 그 운명을 유지하였기에 보부상들이 그를 극도로 싫어하였는데, 어찌된 영문인지 지금의 보부상들은 맹서를 할 때 홍길동의 이름을 대고 맹서를 하고 있다"며 좋지 않게 평한다. 이익의 평가를 봐도 홍길동은 떼강도 이상은 될 수 없는 자다.

> 영의정 한치형韓致亨과 좌의정 성준成俊, 우의정 이극균李克均이 아뢰기를 "듣건대, 강도 홍길동을 잡았다 하니 기쁨을 견딜 수 없습니다. 백성을 위하여 해독을 제거하는 일이 이보다 큰 것이 없으니, 청컨대 이 시기에 그 무리를 다 잡도록 하소서" 하니, 그대로 좇았다.
> —《연산군일기》 6년(1500) 10월 22일

홍길동이 체포되었을 때는 전혀 다른 평가가 나온다. "강도 홍길동을 잡았다 하니 기쁨을 견딜 수 없다. 백성을 위하여 해독을 제거하는 일이 이보다 큰 것이 없다"는 표현은 극찬(?)이다. 쉽게 말해 국가적인 우환이었다는 얘긴데, 고작 보부상이나 털던 떼강도의 리더가 어쩌다가 그렇게 업그레이드되었을까?

기록을 보면 엄귀손嚴貴孫이라는 고위 관리가 연루되었다. 조정에서는 홍길동을 비호한 엄귀손을 '마땅히 곤장 100대를 때려 3000리 밖으로 유배하고 고신告身을 회수해야 한다'고 주청했다. 곤장 100대와 3000리 유배는 사형 아래의 중형이며, 고신을 회수한다는 것 역시 관리의 자격을 박탈하는 가장 무거운 처벌이다. 하지만 엄귀손이 본래 탐욕스러운 자니 굳이 그렇게까지 처벌할 필요는 없다는 의견도 나왔다. 실제로 엄귀손의 기록을 살피면 가는 곳마다 뇌물을 받거나, 심지어 자신이 관리해야 할 국고를 함부로 사용하고 공물을 훔치는 등 품행이 나빴다. 그리 부유하지 않던 엄귀손이 갑자기 서울과 지방에 집을 사두고 곡식이 4000석에 이를 정도로 부자가 되었는데, 그것은 홍길동의 장물을 처분해주었기 때문이다.

그렇다면 엄귀손이 홍길동을 비호한 것은 개인적인 이득을 취하기 위한 목적일 뿐, 역모라든가 기타 정치적인 혐의를 발견하기 어려워 국가의 우환으로 발전할 요인은 아닌 것으로 보인다.

중종이 전교하였다.
"아뢴 뜻이 과연 나의 뜻과 부합된다. 그러나 다만 요즈음은 재계하는 때이므로 속히 판결할 수 없다. 그리고 이 도둑들은 옥관자玉貫子:관자는 상투를 틀 때 머리카락을 고정하기 위해 이마에 두르는 망건에 달린 단추 모양 장식이다. 지체가 높은 왕족이나 관리들은 옥관자를 사용했다.를 갖추고 있다 하니 홍길동이 당상堂上의 의장을 갖추고 있던 것과 다를 것이 없다. 그러므로 길동의 예를 따라 금부에서 추국하는 것이다. 고인 된 자를 포획하는 일은 늦추라."

— 《중종실록》 26년(1531) 1월 1일

중종 시대에 순석順石 등의 도적이 발생했는데, 그들과 홍길동이 직접 대입되고 있다. 순석 등이 옥관자를 갖추었다는 것은 고위층을 사칭했다는 뜻이며, 홍길동 역시 그랬다는 기록이 있다. 그런데 그 때문에 의금부에서 추국을 했다면 단순히 양반을 사칭한 이상의 행위가 있었다는 말이 된다. 실제로 연산군 6년 12월 29일 실록에는 '홍길동이 고위 관리의 차림으로 대낮에 떼를 지어 무기를 가지고 관청에 드나들면서 기탄없는 행동을 자행하였는데'라는 내용이 있는 바, 그것이 주요한 혐의다. 지금도 청와대나 사정 기관을 사칭하여 사기를 치거나 협박하는 자들이 있지만, 신분제도가 사회의 골격인 그 시대에 고위 관리를 사칭한다는 것은 보통 큰 사건이 아니다.

위조지폐가 시장 경제를 위협하는 것처럼 도적이 관리를 사칭한 것은 조선 사회의 골조를 뒤흔드는 사건이다. 지금으로 치면 반국가단체의 조직원이나 무정부주의자가 차관급 이상 고위 공무원을 사칭하여 국가기관을 농락한 것과 흡사하다. 게다가 관리를 사칭하고 떼지어 무기를 들고 관청을 무시로 드나드는데도 감히 고발하는 자가 없으니 조정이 겪었을 위기감은 상상하고도 남는다. 홍길동은 보부상을 터는 떼강도에서 국가가 위협을 느끼는 대도大盜로 성장한 것이다. 그러나 홍길동의 급격한 성장은 국가의 기강이 무너졌다는 반증이다. 조정이 제대로 기능했다면 도적 따위가 감히 고위 관리를 사칭하고 다닐 이유가 없지 않은가. 중종 시대에 나타난 홍길동의 아류는 연산군 시대나 중종 시대나 크게 다를 바 없었다는 것을 입증하는 증거다. 중종이 계속 조광조를 신임했다면 그런 일이 발생했겠는가.

각설하고, 체포된 이후 홍길동의 행적은 확인되지 않는다. 장물아비 엄귀손은 옥에서 죽었지만 홍길동이 처형당한 기록은 없다. 그것이 홍길동이 오키나와로 가서 이상향을 건설했다는 얘기의 빌미가 되지만, 왕과 조정이 전부 미치지 않고야 홍길동을 무사 방면할 리 없다. 홍길동이 저지른 '폭력적 강탈 행위와 신분 위조에 따른 부정이득 추구'는 사형에 처해야 마땅하다. 단순 강도라고 해도 경을 칠 일이거늘 조직을 결성하여 수시로 약탈을 자행한데다, 고위 관리를 사칭한 자체가 법정 최고형에 해당하기 때문이다. 홍길동이 어떻게 죽었는지 모르지만 그는 영웅이 아니다. 허균이 완전히 새롭게 탄생시킨 홍길동은 인위적으로 창조된 캐릭터에 지나지 않는다.

의적은 없다
— 임꺽정의 난

　명종 연간에 나타난 임꺽정은 모든 면에서 홍길동과 달랐다. 임꺽정은 신분과 활동 과정, 최후의 모습 등이 명확하게 기록되었고, 도적으로서 정체성이 분명하여 선배 홍길동이나 후배 장길산과는 다른 인물이다. 경기도 양주에 살던 무지렁이 임꺽정이 무엇 때문에 살인을 서슴지 않는 도적이 되었는지는 정확히 나타난 바 없다. 당시의 저술과 기록으로 추정하건대, 임꺽정의 발호는 필연적이다.

　연산군과 중종 시대를 거치면서 왕권이 약화되자 외척과 권신들이 기승을 부리는데, 그들은 다투어 축재蓄財에 열을 올렸다. 어느 시대나 가장 좋은 재테크는 부동산이며, 특히 수도권의 부동산이 인기다. 척신戚臣들이 경쟁적으로 수도권 부동산을 차지하는 과정에서 민폐가 발생할 수밖에 없다. 생산과 부가가치가 높은 땅은 물론, 주인 없는 땅이라도 거기에 매달려 사는 사람들이 있게 마련이라 어떤 형태로

든 피해가 발생하는 것이다. 예컨대 강화도에는 화문석이 유명한데, 화문석의 재료는 습지에 자생하는 왕골이라는 풀이다. 척신이 아무 생각 없이 차지한 땅이 왕골이 자라는 습지라면 화문석으로 생계를 유지하는 백성이 피해를 당할 수밖에 없지 않겠는가. 임꺽정도 그런 피해자 가운데 하나일 것으로 추정된다.

임꺽정의 직업이 백정이라 도살업에 종사했다고 아는 사람이 많지만, 이는 사실과 다르다. 백정은 소를 잡는 자가 아니라 천한 일에 종사하는 계층을 통칭하는 말이다. 짐승을 잡는 자는 따로 화척禾尺이라 했으며, 버드나무 가지나 질긴 풀을 엮어 바구니와 고리짝을 만들어 파는 자는 양수척楊水尺 혹은 고리백정이라고 했다. 양수척 가운데는 도살업에 종사하는 자도 있었겠지만, 임꺽정의 거주지가 도성에 땔나무와 숯 등을 공급하던 양주라는 점을 감안하면 아무래도 고리백정 쪽에 무게가 실린다.

무엇으로 생계를 유지하든 백정에 대한 사회적 차별은 컸다. 다른 곳으로 이동할 수 없고, 돈이 있어도 비단옷을 입거나 가죽신을 신지 못했다. 또 남자는 갓을 쓰지 못하고 여자는 비녀를 꽂아 머리를 올리지 못하는 등 의복과 복장에서도 차별을 받았다. 길에 다닐 때는 백정이라는 것을 알리기 위해 패랭이를 써야 했고, 행여 죄를 지으면 훨씬 가혹한 처벌을 받았다. 결국 백정은 사람들과 어울리지 못하고 따로 모여 살아야 했으며, 혼인도 백정끼리 할 수밖에 없었다. 그러한 차별은 동학농민전쟁 당시 천인의 대우 개선과 백정이 패랭이를 쓰는 제도를 철폐하라는 요구를 낳게 했다.

각설하고, 누군지 알 수 없지만 힘 있는 자 가운데 하나가 임꺽정 일가의 터전이 되는 땅을 자신의 소유로 등기한 것이 문제의 발단이 아니었을까. 임꺽정 일가는 졸지에 생계를 위협받았다. 보통 백정 같으면 체념하고 다른 생계 수단을 찾았겠지만 임꺽정은 살인과 약탈이라는 극단적인 선택을 한다.

임꺽정이 집을 나선 것은 명종 14년(1559)으로, 경기도와 황해도를 주무대로 3년이나 전국을 공포에 몰아넣었다. 괴력과 신출귀몰한 능력을 겸비한 임꺽정은 관군과 교전을 서슴지 않은데다 대낮에 관아를 들이칠 정도로 대담했으며, 추격하는 관군을 몰살하고 지휘관을 죽이기도 했다. 심지어 가족이 한양으로 잡혀가 구금되자 쳐들어가 구출하려고 했다니 얼마나 대단했는지 미루어 짐작이 간다. 당시 임꺽정은 일개 도적이 아니라 나라를 뒤흔든 반역의 수괴로 대우받기에 충분했다.

그러나 임꺽정의 행적을 검증해보면 반역이나 의적과는 거리가 멀다. 임꺽정 등의 도적 집단이 관아와 악질적인 지주를 들이쳐 박살내면 백성들은 속이 후련했을 것이다. 하지만 임꺽정은 백성의 대리 만족을 위해 그런 것이 아니라, 관아와 지주의 집에 빼앗을 것이 많으니까 들이쳤을 뿐이다. 임꺽정과 그 일당이야 수고스럽게 일한 대가를 모두 가져가고 싶겠지만 당시의 통화通貨로 기능하던 곡식과 베, 비단 등은 무겁고 부피가 크기 때문에 전부 가져가는 것은 애초부터 불가능하다. 오히려 백성이 가져가는 몫이 훨씬 많을 텐데, 대리 만족에 재물까지 듬뿍 얻으니 어찌 고맙지 않겠는가. 재물의 운반과 처분에도 인근 백성의 협조가 필수적이었을 테니, '수고비와 수수료'를 지불하는 것 역시 당연한 결과였으리라.

자연스레 공범 의식이 형성된 백성들은 수탈과 탄압밖에 주는 것이 없는 관아보다는 먹을 것이 나오는 임꺽정을 훨씬 선호하고 따랐을 것이다. 이래저래 백성들은 자발적으로 협조했을 텐데, 주요 정보를 입수할 수 있는 주막이나 중간 기착지가 될 수 있는 사찰과 연계도 필수적이라 하겠다. 나중에는 백성 가운데 상당수가 도적과 밀접히 연관되거나, 아예 도적으로 입신했을 것이다.

백성의 인심을 얻고 그들의 협조를 유발하는 것은 '물고기가 물을 벗어나서는 살 수 없다'는 '빨치산 행동 강령'과 일치한다 하겠으나, 그런 점 때문에 임꺽정이 의적으로 평가받을 수는 없다. 임꺽정이 일정 지역을 장악하고 국가보다 우월한 지배력을 행사한 것은 사실이지만, 이는 어디까지나 불법과 무력에서 비롯된 것이다. 소말리아의 해적이나 남미의 마약 카르텔 등이 자신들의 영역을 확고히 지배하고 주민들의 생계를 책임진다고 해서 그들을 의적으로 부르지는 않는다. 기본적으로 그들의 지배가 불법적 무력에서 비롯된데다, 존재 자체로 국가의 안위를 위협하기 때문이다. 임꺽정 역시 '불법 군벌'의 행태에서 벗어나지 못하며, 의적의 칭호를 받기는 어렵다.

임꺽정은 당근과 함께 극단적인 공포도 거리낌 없이 사용했다.

> 한 백성이 적당賊黨을 고발한 일이 있었는데, 하루는 들에 나가 나무를 하다가 도적들에게 붙잡히어 적들이 살해하려 하였습니다. 그 아들이 산 위에 있다가 바라보고는 달려와서 적들에게 말하기를 '너희를 고발한 것은 나지 아버지가 아니니, 아버지를 대신하여 죽기를 바란다' 하였습니다. 적들이 곧 그 아비를 놓아주고 그 아들을 결박하여 촌가村家에 도착하여 밥을 짓게 하고는 둘러앉아 배를 갈라 죽이고 갔다고 합니다.
>
> —《명종실록》 14년(1559) 4월 21일

보복할 사람에게 밥을 짓게 하여 먹은 다음 태연히 배를 갈라 죽였다니 어찌 두렵지 않겠는가. 그 정도로 잔혹하게 보복하면 설혹 임꺽정의 행방을 안다고 해도 결코 발설하지 못하리라. 차라리 도적의 협조자로 체포당해 고문을 당하다 불구가 되는 것이 백번 나은 선택이다. 이런 자들을 어찌 의적이라 할 수 있는가. 임꺽정 일당이 저질렀다는 증거는 없지만 효과는 그리 다르지 않다.

당시는 전국이 임꺽정으로 들끓었다고 해도 과언이 아니다. 민생이 도탄에 빠져 생업을 잃은 백성이 화적이 되어 곳곳에서 준동했는데, 그들이 임꺽정을 사칭한 것은 당연한 일이다. '임꺽정 프랜차이즈'는 도적질을 수월하게 하고, 책임을 임꺽정에게 전가할 수 있는데다, 수사와 추적에 혼선을 주니 날로 번창했을 것이다. 프랜차이즈가 전국적으로 번지자 조정에서는 반역에 버금가는 위기 상황으로 인식했을 텐데, 그 주인공 임꺽정에게 혐의를 둘 수밖에 없었으리라.

임꺽정을 체포하라는 엄명이 떨어져 곳곳에서 임꺽정이 잡혀왔지만 전부 가짜였다. 가짜를 잡아 보낸 관리들은 조정을 기만했다는 죄목으로 처벌당했으나 그들은 대부분 죄가 없었다. 공을 탐해 애꿎은 백성을 임꺽정으로 꾸민 자도 있었지만, 임꺽정을 사칭하고 화적질한 자들을 체포한 경우가 많았다. 그 과정에서 어쩔 수 없이 민폐가 발생하고 제대로 잡아 오라고 닦달하자 다시 민폐가 증가하는 악순환 역시 임꺽정에게 유리하게 작용했을 것이다.

마침내 사건을 해결할 실마리가 잡혔다. 명종 15년(1560년) 11월 24일, 한양에서 포도대장 김순고金舜皐가 임꺽정의 참모 역할을 하던 서림徐林을 체포했다. 그를 문초한 결과 놀랍게도 임꺽정이 일당을 이끌고 한양에 잠입하여 옥에 갇힌 가족을 구하려 한다는 것을 알아냈다. 그 정보를 이용하여 매복 작전을 폈으나 낌새를 챈 임꺽정이 나타나지 않아 작전이 무산되었다. 서림을 통해 임꺽정의 상당 부분을 알았으나 임꺽정도 만만치 않았다. 관군의 추격을 따돌리기 예사고, 어떤 때는 대담하게 반격했다. 전국을 들쑤신 임꺽정이 체포된 것은 명종 17년(1562) 1월 3일이다. 집요하게 추적하던 토포사討捕使 남치근南致勤이 황해도 서흥瑞興에서 임꺽정을 생포한 것이다. 임꺽정의 최후는 굳이 소개할 필요가 없겠다.

임꺽정이 의적으로 찬양된 것은 탁월한 작가이자 민족 지도자 벽초 홍명희洪命憙가 일제강점기에 민족의식을 고취하기 위해 임꺽정을 선택했기 때문이다. 홍명희가 임꺽정을 주인공으로 하여 쓴 역사소설은 〈조선일보〉에 10년 넘게 연재되었는데, 겨레를 강압하던 일제를 타락한 봉건에 비유하고 그것을 타파하기 위한 영웅이자 의적으로 임꺽정을 설정한 것이다. 임꺽정은 나중에 정여립의 난에 연관되기도 하지만, 홍길동처럼 영웅이나 의적과는 관계가 없다.

> 국가에 선정善政이 없고 교화가 밝혀지지 않아 재상들의 횡포와 수령들의 포학이 백성의 살과 뼈를 깎고 기름과 피를 말려 손발을 둘 곳이 없고 호소할 곳도 없으며 굶주림이 절박하여 하루도 살기가 어려워 잠시라도 연명하려고 도적이 되었다면, 도적이 된 원인은 정치를 잘못하였기 때문이요 그들의 죄가 아니다. 어찌 불쌍하지 않은가.

당시 사관이 비판한 내용에서 도적이 발생한 원인이 적나라하게 드러난다. 군주와 신료들이 정치를 잘하여 태평성대가 되었다면 왜 도적이 나타나 횡행하겠는가. 예나 지금이나 정치를 잘못하면 백성들이 들고 일어나게 마련이다. 선정을 베풀 필요도 없이 겨우 먹고살 정도로만 쥐어짰어도 임꺽정은 굳이 도적이 되지 않았을 것이다. 가난하고 팍팍해도 식솔과 오순도순 살아갔을 임꺽정이 칼을 들었을 때의 심정을 생각하면 착잡할 뿐이다.

임꺽정이 임씨라고?

임꺽정은 임씨가 아니다. 성을 가질 수 없는 천민이 어찌 임씨일 수 있겠는가. 그의 이름은 본래 성은 없이 이름만 '임거칠정'인데, 한자로 기록하다 보니 임씨처럼 보인 것이다. 실록에 나타난 임꺽정 형의 이름도 성이 없는 '가도치'다.

시대가 만든 영웅의 허상
— 장길산의 난

장길산은 홍길동이나 임꺽정과는 다른 면모가 많다. 우선 실록에 총 3회 등장하는데, 그나마 《숙종실록보궐정오肅宗實錄補闕正誤》에 같은 내용이 겹쳐 실제로는 2회 출연(?)한 게 전부다. 그만큼 장길산은 활동량이 적고 출신 성분 등 개인 정보가 전혀 알려지지 않았다. 다음은 장길산이 처음 등장하는 기록이다.

> 대신들과 비국備局:비변사의 여러 재상들을 인견했다. 이때 도둑의 수괴 장길산이 양덕陽德 땅에 숨어 있으므로, 포도청에서 장교를 보내어 잡도록 했는데 관군이 놓쳤다. 대신이 그 고을 현감을 죄 주어 다른 고을들을 경계하도록 청하니, 임금이 옳게 여겼다.
> — 《숙종실록》 18년(1692) 12월 13일

이때 장길산은 평안도 양덕에 있었는데, 중앙의 포도청에서 직접 체포조를 보낼 정도라면 상당한 거물로 보인다. 하지만 거물급 도적의 인적 사항이나 도주 과정 등이 전혀 알려지지 않은 점이 이상하다.

그 후 장길산이 도적으로 활약했다는 기록은 없다. 북변北邊에서 출몰한 도적 가운데 장길산이 있었다는 주장이 있기는 하나, 당시 도적이 들끓었다는 점을 감안하면 반드시 장길산을 주역으로 인지할 이유는 없다. 광대 출신 장길산이 숙종 13년(1687)부터 도당을 모아 세력을 늘리며 활동했다거나, 함경도 서수라西水羅 등지에서 활동하며 부하가 수천 명이 넘는 세력으로 성장했다는 것은 사실무근이다. 홍길동과 임꺽정이 영웅으로 포장될 요소가 없지 않은 데 비해 그는 실체마저 의심스럽다. 《성호사설》에 광대였다는 기록이 있지만, 이후의 행적이 전혀 연결되지 않으니 의혹이 더할 뿐이다.

장길산이 홍길동이나 임꺽정과 가장 다른 점은 반역에 직접 연루되었다는 것이다. 장길산은 처음 실록에 등장하고 5년 뒤인 숙종 23년(1697) 1월 10일 역모에 연루되어 나타난다. 숙종은 여러 차례 환국을 일으켜 정치권을 혼란하게 했는데, 남인을 누르고 서인에게 힘을 실어주는 갑술환국이 일어나고 3년 뒤 반역이 적발되었다. 숙종 23년 1월 10일에 이절李梲과 유선기俞選基 등이 고변했는데, 이영창李榮昌과 운부雲浮라는 승려가 반역의 주모자다. 그들은 놀랍게도 역성혁명을 꿈꿨다.

> 장길산의 무리와 결탁하고, 또 이른바 진인眞人 정과 최 두 사람을 얻어 먼저 우리나라를 평정하여 정성鄭姓을 왕으로 세운 뒤에 중국을 공격하여 최성崔姓을 왕으로 세우겠다고 하였습니다.

역도가 장길산과 결탁하는 것까지는 그럴 수도 있다 하겠는데, 갑자기 모의가 《정감록》 방향으로 빠진다. 게다가 역도는 승려만 해도 100명이 넘는데다 각계각층의 인사가 망라되었으며, 중국까지 발아래 꿇리겠다고 했다. 스케일이 어마어마해서 혐의자를 일일이 거론하기 어려울 지경인데, 아무리 봐도 이상하다. 규모와 성격이 정여립의 난을 훨씬 뛰어넘는 것으로 보아 기획 반역이 분명하지만 문제는 왕의 뜻이 아닌가. 숙종이 펄펄 뛰면서 반역을 뿌리 뽑으라 명하자 다시 한 번 마녀 사냥이 시작되었다. 숙종은 특히 장길산을 주목했다.

> 임금이 또 국청鞠廳에 하교하기를 "극적劇賊 장길산은 날래고 사납기가 견줄 데 없다. 여러 도道로 왕래하여 그 무리가 번성한데, 벌써 10년이 지났으나 아직 잡지 못하고 있다. 지난번 양덕에서 군사를 징발하여 체포하려고 포위하였지만 끝내 잡지 못하였으니, 역시 그 음흉함을 알 만하다. 지금 이영창의 초사를 관찰하니, 더욱 통탄스럽다. 여러 도에 은밀히 신칙申飭하여 (장길산이) 있는 곳을 상세히 정탐하게 하고, 별도로 군사를 징발해서 체포하여 뒷날의 근심을 없애는 것도 의논하여 아뢰도록 하라."
> —《숙종실록》 23년 1월 10일

숙종이 직접 "극적 장길산은 날래고 사납기가 견줄 데 없다. 여러 도로 왕래하여 그 무리가 번성한데, 벌써 10년이 지났으나 아직 잡지 못하고 있다"고 했는데, 과연 장길산이 그렇게 위험한 자인가. 장길산을 다룬 저술에도 대부분 '장길산이 혹은 서수라에, 혹은 벽동碧潼 해천동蟹川洞에도 웅거하며 규모는 마기馬騎 5000, 보병 1000명인데 모두 용감하다'는 내용이 나타난다.

그러나 기병 5000을 거느린 자를 겨우 도적 두목으로 볼 수 있는가. 그 정도 병력이면 다른 자들과 연합할 필요 없이 한양으로 쳐들어가면 그만이다. 기병 5000은 지금으로 치면 군단 급 기갑 병력인데 일개 도적 두목 장길산이 무슨 재주로 그런 병력을 가지며, 또 지방의 현령이 그를 잡지 못했다 하여 벌을 받는단 말인가. 정여립의 난처럼 실체가 없는 것이 분명한데, 실제로 그것을 입증할 근거가 있다.

중은 떠다니는 구름 같기 때문에 운부로 중 이름을 허위로 지었고…….

고문을 당하던 주모자 이영창이 나중에 운부에 대한 자백을 바꿨다. 주모자라고 자백한 운부의 이름 자체가 허위라는데 역모가 사실일 수 있겠는가. 운부는 정여립의 난이 발생했을 때 배후로 지목된 길삼봉과 같은 가공 인물이다. 그런 자가 주도한 반역에 개입된 장길산 역시 길삼봉과 흡사한 냄새가 풍긴다. 그러고 보니 길삼봉과 장길산은 이름부터 비슷하다. 우선 길吉자가 같은데, 봉우리와 산은 같은 뜻이 아닌가. 그렇게 접근하면 장길산은 길삼봉의 다른 이름이라고도 할 수 있다.

숙종이 장길산을 지칭한 '극적劇賊'도 다시 한 번 음미할 필요가 있다. 극적이라면 '극악極惡한 도적'이라는 의미의 극적極賊이라고 써야 할 텐데, 전혀 다른 글자를 썼다. 당시의 극은 광대들의 놀이판을 이르니 장길산은 곧 '광대 출신 도적'이라는 뜻이다.

물론 광대라고 해서 인물이 나지 말라는 법이 없고, 그들 가운데서 도적이 나오지 말라는 법도 없다. 그러나 당시는 정치가 지극히 혼란했고 기록적인 천재지변이 겹치는 바람에 산 사람보다 굶어 죽는 백성이 많았다. 도처에서 소름 끼치는 식인이 발생했으며, 낟알 한 줌과 누더기 때문에 살인이 예사로 벌어지는 세상이었다. 광대도 사람이고 자식이 있을 텐데, 큰 기근이 들었다고 곱다시 굶어 죽을 수는 없지 않은가. 민족 영웅 장길산은 황석영黃晳暎의 동명 소설에서 존재할 따름이다.

■ 부록 조선 연표

1374년(공민왕 23)	9월 고려 공민왕 사망, 우왕 즉위
1388년(우왕 14)	5월 이성계가 위화도에서 회군
1392년(태조 즉위년)	7월 17일 이성계가 개경 수창궁에서 고려 국왕으로 즉위
1393년(태조 2)	2월 국호를 조선으로 개칭
1394년(태조 3)	10월 한양으로 천도하고 한성으로 칭함
1398년(태조 7)	8월 1차 왕자의 난
	9월 태조, 장남 방과에게 왕위를 물려줌. 정종 즉위
1399년(정종 1)	정종이 개경으로 환도
1400년(정종 2)	1월 2차 왕자의 난
	11월 정종, 방원에게 왕위를 물려줌. 태종 즉위
1401년(태종 1)	7월 신문고 설치
1402년(태종 2)	11월 조사의 난 발생
1405년(태종 5)	10월 다시 한성으로 환도, 이후 수도를 변경하지 않음
1408년(태종 8)	6월 태조 이성계 사망
1418년(태종 18)	8월 태종이 셋째 아들 충녕대군에게 왕위를 물려줌. 세종 즉위
1419년(세종 1)	6월 이종무 등에게 명하여 쓰시마 섬 정벌
1420년(세종 2)	3월 집현전 설치
1422년(세종 4)	11월 태종 사망
1429년(세종 11)	5월 정초가 《농사직설》 편찬
1434년(세종 16)	6월 장영실이 자격루 발명, 같은 해 동북면에 육진 설치
1443년(세종 25)	12월 훈민정음 창제
1445년(세종 27)	4월 《용비어천가》 편찬
1446년(세종 28)	9월 훈민정음 반포

1447년(세종 29)	7월《월인천강지곡》완성
1450년(세종 32)	2월 세종 사망, 문종 즉위
1452년(문종 2)	2월 김종서 등이《고려사절요》편찬
	5월 문종 사망, 단종 즉위
1453년(단종 1)	10월 수양대군과 한명회 일당이 반역을 일으킴. 같은 달 이징옥이 수양대군에게 대항하여 군사를 일으키려다 실패
1455년(단종 3)	윤6월 단종이 수양대군에게 왕위를 물려줌. 세조 즉위
1456년(세조 2)	6월 사육신의 거사 실패
1457년(세조 3)	6월 노산군으로 강등당해 영월에 유배된 단종 사망
1463년(세조 9)	11월 홍문관 설치
1467년(세조 13)	5월 이시애의 난 발생
1468년(세조 14)	9월 세조 사망, 예종 즉위
1468년(예종 즉위년)	10월 남이가 반역죄로 처형
1469년(예종 1)	11월 예종 사망, 성종 즉위
1470년(성종 1)	11월《경국대전》교정본 완성
1479년(성종 10)	6월 연산군의 생모 중전 윤씨를 폐비하고 서인으로 강등하여 궁궐에서 몰아냄
1482년(성종 13)	8월 폐비 윤씨에게 사약을 내림
1494년(성종 25)	12월 성종 사망, 연산군 즉위
1498년(연산군 4)	7월 무오사화 발생
1500년(연산군 6)	10월 홍길동의 난 발생
1504년(연산군 10)	10월 갑자사화 발생
1506년(연산군 12)	9월 중종반정, 박원종 등이 연산군을 폐하고 진성대군을 옹립. 중종 즉위
1506년(중종 즉위년)	11월 연산군이 유배지 강화도에서 사망
1510년(중종 5)	4월 삼포왜란 발생
1519년(중종 14)	4월 조광조의 건의에 따라 현량과 실시
1517년(중종 14)	12월 기묘사화 발생, 조광조 일파 제거당함
1530년(중종 25)	8월《신증동국여지승람》편찬
1544년(중종 39)	11월 중종 사망, 인종 즉위
1545년(인종 1)	7월 인종 사망, 명종 즉위
1545년(명종 즉위년)	8월 을사사화 발생
1555년(명종 10)	5월 을묘왜변 발생

1559년(명종 14)	3월 임격정의 난 발생
1567년(명종 22)	6월 명종 사망, 선조 즉위
1575년(선조 8)	7월 사림이 동인과 서인으로 분당
1580년(선조 13)	정철이 《관동별곡》 지음
1589년(선조 22)	10월 정여립의 난이 발생하여 동인이 크게 피해를 당함
1591년(선조 24)	정철이 선조에게 세자를 세우자고 청했다가 서인이 크게 당함. 이 사건으로 동인이 남인과 북인으로 갈라짐
1592년(선조 25)	4월 임진왜란 발발, 선조는 도성을 버리고 피란
	5월 도성 함락, 이순신이 처음으로 출전하여 대승을 거두기 시작
	6월 곽재우가 경상도에서 거병하여 왜적을 격파하기 시작
	8월 이순신이 역사적인 한산도대첩, 금산전투에서 조헌과 영규의 의병 전원 순국
	9월 이순신이 왜적의 본거지 부산포를 공격하여 대승을 거둠
	10월 1차 진주성전투, 용장 김시민이 대첩을 거두고 전사
	12월 명나라의 지원군이 압록강을 건넘
1593년(선조 26)	1월 조선과 명나라 연합군 평양성 공격하여 탈환
	2월 권율이 행주산성에서 대승
	4월 조선군이 도성 수복
	6월 2차 진주성전투, 조선군이 패하여 전원 옥쇄
	7월 이순신이 한산도에 강력한 기지와 함대 건설
	8월 이순신 삼도수군통제사에 임명
1594년(선조 27)	1월 송유진의 난 적발
1596년(선조 29)	7월 이몽학의 난 발생
1597년(선조 30)	1월 정유재란 발발, 이순신이 모함당해 백의종군하고 원균이 삼도수군통제사에 임명
	7월 원균이 칠천량에서 왜적에게 대패하여 삼도수군이 몰락
	9월 복귀한 이순신이 13척을 이끌고 명량에서 압도적인 왜적을 격파
1598년(선조 31)	11월 이순신이 노량에서 왜적을 크게 격파하고 전사, 왜적이 철수하여 정유재란 종결
1608년(선조 41)	선조 사망, 광해군 즉위. 광해군이 즉위년에 대동법 실시
1609년(광해군 1)	광해군이 친형 임해군 죽임
1610년(광해군 2)	8월 허준이 《동의보감》 완성

1613년(광해군 5)	4월 칠서의 난 적발, 광해군의 계모 인목대비의 부친 김제남이 연루
1614년(광해군 6)	2월 광해군이 인목대비의 아들이자 이복동생 영창대군 죽임
1618년(광해군 10)	1월 인목대비의 호를 삭탈하고 서궁으로 칭함
1619년(광해군 11)	3월 명나라의 요청으로 보낸 지원군 패배, 도원수 강홍립은 후금의 누르하치에게 항복
1623년(광해군 15)	3월 인조반정 발생, 이귀를 비롯한 서인이 반역하여 광해군을 몰아내고 능양군 추대
1624년(인조 2)	이괄이 반란을 일으킴
1627년(인조 5)	1월 후금이 침공하여 정묘호란 발발
	3월 조선과 후금이 강화하여 후금이 물러감
1636년(인조 14)	12월 국호를 청으로 바꾼 후금의 태종이 직접 군사를 이끌고 침공. 병자호란 발발
1637년(인조 15)	1월 인조가 삼전도에서 청 태종에게 항복, 소현세자와 봉림대군을 비롯한 왕자들과 대신, 무수한 백성이 청나라로 끌려감
1641년(인조 19)	7월 광해군이 유배지 제주도에서 사망
1645년(인조 23)	4월 돌아온 소현세자가 독살 당함, 이후 세자빈 강씨와 아들들도 죽음을 당함
1649년(인조 27)	5월 인조 사망, 효종(봉림대군) 즉위. 북벌 정책 추진
1654년(효종 5)	7월에 청나라의 요청으로 보낸 지원군이 러시아를 격파하고 귀환, 1차 나선정벌
1659년(효종 10)	5월 효종 사망, 현종 즉위. 효종의 계모 자의대비가 상복 입는 기간을 놓고 1차 예송논쟁 벌어짐. 송시열을 앞세운 서인이 승리
1674년(현종 15)	2월 2차 예송논쟁 벌어짐, 현종이 남인에게 힘을 실어줌
	8월 현종 사망, 숙종 즉위
1680년(숙종 6)	4월 경신환국으로 남인이 밀려나고 다시 서인이 정권을 장악, 이후 서인은 노론과 소론으로 분파
1689년(숙종 15)	2월 기사환국 발생. 숙종이 장희빈 소생의 왕자를 후계자로 삼으려 하자 노론이 극력 반대하다가 숙종의 분노를 사 실각하고 남인이 집권
	6월 숙종이 자신의 결정에 결사반대하던 송시열에게 사약을 내림
1693년(숙종 19)	3월 안용복이 1차로 일본에 건너가 울릉도와 독도가 조선의 영토라고 강력히 주장
1694년(숙종 20)	3월 갑술옥사 발생, 숙종이 다시 노론을 등용하고 남인을 배제

1696년(숙종 22)	5월 안용복이 2차로 일본에 건너가 집요하게 활동. 결국 일본은 울릉도와 독도가 조선의 영토라는 것을 인정
1701년(숙종 27)	10월 장희빈이 인현왕후를 저주했다 하여 사약을 받음
1712년(숙종 38)	5월 백두산정계비 세움
1720년(숙종 46)	6월 숙종 사망, 장희빈 소생의 세자 경종 즉위
1721년(경종 1)	8월 노론이 경종에게 이복동생 연잉군(영조)을 왕세제로 삼을 것을 강요
	12월 신축옥사 발생. 경종과 뜻을 함께 하는 소론이 반격하여 노론을 궁지에 빠뜨림
1722년(경종 2)	3월 목호룡의 고발로 임인옥사 발생, 노론이 치명적인 타격을 당하고 연잉군도 목숨이 위태로움
1724년(경종 4)	8월 경종 사망, 영조 즉위
1728년(영조 4)	3월 이인좌의 난 발생
1750년(영조 26)	7월 균역법 실시
1755년(영조 31)	2월 나주 괘서 사건으로 소론이 몰락, 사도세자는 소론 지지
	5월 토역 경과 투서 사건으로 소론이 완전히 몰락, 사도세자는 이때도 소론 지지
1762년(영조 38)	윤5월 사도세자가 뒤주에 갇혀 죽음, 이후 노론이 벽파와 시파로 분파
1776년(영조 52)	3월 영조 사망, 사도세자의 아들 정조 즉위
1776년(정조 즉위년)	9월 규장각 설치
1777년(정조 1)	7월 노론벽파의 강경파가 정조 암살 시도
	8월 정조를 암살하려던 자들을 일망타진
1785년(정조 9)	7월 친위 부대 장용영의 전신 장용위 설치
1791년(정조 15)	2월 신해통공을 실시하여 금난전권을 폐지
1798년(정조 17)	1월 수원을 화성으로 바꾸고 부사를 유수로 승격해 장용영의 대부대를 주둔시킴, 정약용에게 명하여 화성을 축조
1800년(정조 24)	6월 정조 사망, 7월 순조 즉위
1801년(순조 1)	2월 신유박해 발생, 천주교를 사학으로 규정하여 청나라 신부 주문모와 이승훈, 이가환, 정약종 등 천주교도와 진보적 사상가들이 300여 명이나 처형되고 정약용이 유배당하는 등 무수한 교도와 선비들이 몰락
1805년(순조 5)	8월 기해박해 발생, 서양인 앵베르 주교와 모방 신부, 샤스탕 신부를 위시한 무수한 교도와 무고한 백성이 죽음을 당함
1811년(순조 12)	12월 평안도에서 대규모 민란이 발생

1814년(순조 13)	11월 제주도에서 민란 발생
1827년(순조 27)	2월 순조가 효명세자에게 대리청정을 명함
1830년(순조 30)	5월 효명세자 사망
1831년(순조 31)	9월 로마 교황청이 천주교 조선 교구를 설치
1834년(순조 34)	11월 순조 사망, 헌종 즉위
1844년(헌종 10)	8월 민진용의 역모 적발
1846년(헌종 12)	7월 조선 최초의 신부 김대건 순교
1848년(헌종 14)	이양선이 전국 각지에 출현
1849년(헌종 15)	6월 헌종 사망, 철종 즉위
1862년(철종 13)	2월 진주에서 대규모 민란 발생
1863년(철종 14)	11월 동학교주 최제우 체포
	12월 철종 사망, 고종 즉위. 흥선대원군 이하응이 집권
1864년(고종 1)	3월 동학교주 최제우 대구에서 사형
1865년(고종 2)	4월 대원군이 경복궁 중건 지시
1866년(고종 3)	1월 병인박해 시작, 프랑스인 베르뉘를 비롯한 선교사 9명과 남종삼을 비롯한 천주교 신자 수천 명을 처형
	3월 민치록의 딸을 왕비로 간택, 후일의 명성황후
	7월 제너럴셔먼호 사건 발생
	10월 병인양요 발생
1868년(고종 5)	4월 독일인 에른스트 오페르트가 이하응의 부친 남연군의 묘를 도굴. 외국에 대한 감정이 더욱 악화
	7월 궁궐을 경복궁으로 이전
1871년(고종 8)	6월 신미양요 발생
1873년(고종 10)	최익현이 대원군을 탄핵한 것이 계기가 되어 고종이 친정. 동시에 민씨 일파의 세도정치 시작
1875년(고종 12)	9월 운요호 사건 발생
1876년(고종 13)	1월 조일수호회담 열림
	4월 일본에 김기수를 단장으로 수신사 76명 파견
1879년(고종 16)	12월 지석영이 충주 덕산에서 처음으로 40여 명에게 종두 시행
1881년(고종 18)	4월 일본에 신사유람단 파견
1882년(고종 19)	4월 '조미 수호통상조약' 협약
	6월 임오군란 발생

	7월 '제물포조약' 체결
	8월 도주한 민비가 환궁
	10월 '조중 상민수륙무역장정' 조인
1883년(고종 20)	10월 박문국이 〈한성순보〉 발간
1884년(고종 21)	10월 갑신정변 발발, 정변이 실패하여 김옥균을 비롯한 갑신정변 주모자들이 일본으로 망명
1885년(고종 22)	3월 거문도사건 발발
1889년(고종 26)	9월 함경도감사 조병식이 함경도에 방곡령 실시
1892년(고종 29)	11월 동학교도 삼례집회 개최
1893년(고종 30)	3월 동학교도 보은집회 개최
1894년(고종 31)	1월 갑오농민전쟁 발발
	3월 농민군이 고부 백산에서 봉기
	4월 농민군이 황토현에서 관군과 보부상의 연합 부대를 대파
	6월 갑오개혁 시작, 농민군이 집강소 설치하고 폐정개혁안 실시
	9월 농민군 2차 봉기했으나 우금치를 비롯한 곳곳에서 참패
	11월 전봉준이 전라도 순창에서 체포
1895년(고종 32)	4월 시모노세키조약으로 청일전쟁 종료
	8월 을미사변으로 민비(명성황후) 참살
	11월 단발령 내림
1896년(고종 33)	고종이 러시아 공사관으로 도피하는 아관파천 발생
	4월 서재필이 〈독립신문〉 창간
1897년(고종 34)	8월 연호를 독자적인 광무로 고침
	10월 국호를 대한제국으로 결정
	12월 손병희가 동학 3대 교주가 됨
1898년(고종 35)	2월 흥선대원군 이하응 사망
	12월 정부가 군대를 동원하여 만민공동회 해산
1899년(고종 36)	12월 〈독립신문〉 폐간
1901년(고종 38)	5월 제주도 대정군에서 이재수의 난 발생
1903년(고종 40)	5월 러시아가 용암포 강점 점거
1904년(고종 41)	2월 한일의정서 체결
1905년(고종 42)	7월 일본과 미국이 '가쓰라-태프트밀약' 체결
	9월 러시아와 일본이 '포츠머스강화조약' 체결하여 러일전쟁 종료

	11월 을사조약이 강압적으로 체결, 장지연이 〈시일야방성대곡〉을 발표하고 민영환과 황현 등 우국지사들이 분을 참지 못하고 자결
1906년(고종 43)	2월 일제가 통감부를 설치하여 식민 지배 시작
1907년(고종 44)	1월 국채보상운동 시작
	4월 고종이 헤이그에 밀사 파견
	7월 이완용과 송병준 등 매국노들이 헤이그 밀사 파견을 이유로 고종에게 퇴위를 강요, 고종이 퇴위하고 마지막 왕 순종이 즉위, 한국의 권리를 완전히 말살하는 '한일신협약'에 따라 '정미7조약' 체결
	8월 전국 각지에서 의병이 봉기
	12월 13도창의군이 도성으로 진격
1908년(순종 1)	3월 전명운과 장인환 열사가 친일 미국인 스티븐스 저격
	12월 일제가 수탈 기관 동양척식주식회사 설립
1909년(순종 2)	10월 안중근 의사가 이토 히로부미 사살
1910년(순종 3)	8월 경술국치 발생, 22일에 총리대신 이완용이 조선총독 테라우치 마사타케와 한국 통치권을 일본 왕에게 양도하는 한일합병조약 문서에 서명하고 29일에 공포, 조선은 건국 27대 519년 만에 멸망

*고종은 1919년 1월 21일에, 순종은 1926년 4월 25에 사망했다. 순종은 생산이 없으며, 순종의 이복동생으로 고종이 총애하여 황태자가 된 영친왕도 대가 끊겼다. 후궁 장씨 소생의 왕자 의친왕에게 후손이 있지만 머지않아 왕실의 대가 끊길 것으로 우려된다.